Feiertagsschutz für Minderheiten

Friedensauer Schriftenreihe

Herausgegeben von
Johann Gerhardt
Wolfgang Kabus
Horst Rolly
Udo Worschech

Reihe B
Gesellschaftswissenschaften
Band 11

PETER LANG
Frankfurt am Main · Berlin · Bern · Bruxelles · New York · Oxford · Wien

Andreas M. Huber

Feiertagsschutz für Minderheiten

PETER LANG
Europäischer Verlag der Wissenschaften

Bibliografische Information der Deutschen Nationalbibliothek
Die Deutsche Nationalbibliothek verzeichnet diese Publikation in der Deutschen Nationalbibliografie; detaillierte bibliografische Daten sind im Internet über <http://www.d-nb.de> abrufbar.

Zugl.: Heidelberg, Univ., Diss., 2006

Lektorat, Layout und Druckvorstufe:
Dipl.-Kulturwiss. Andrea Cramer, Glaucha.

D 16
ISSN 0947-2339
ISBN 3-631-55668-3

www.peterlang.de

Für meinen Vater

Inhalt

Vorwort

Die Modernisierungstheorie prognostizierte noch vor 30 Jahren, dass Wesenszüge der Gemeinschaftsbildung von religiösen und ethnischen Minderheiten in fortgeschrittenen säkular-demokratischen Nationalstaaten tendenziell abnehmen und in soziale und wirtschaftliche Merkmale von Klassengesellschaften transformiert werden. Diese Erwartungen haben sich nicht oder nur zum Teil erfüllt. Betroffene Bevölkerungsanteile zeitigen ein nachhaltiges Bedürfnis, ihre Zugehörigkeit zu einer Minderheiten-Gruppierung durch soziale Bindungen, kulturelle Institutionen – wie das Einhalten religiöser Feiertage – und rechtliche Garantien zu sichern. Dieses Bedürfnis ist dabei keinesfalls einer mangelnden sozialen und wirtschaftlichen Integration geschuldet, auch erfolgreiche und am öffentlichen Leben partizipierende Angehörige von Minderheiten pflegen bewusst soziale Distinktion zur Erhaltung des Besonderen gegen landläufige Wertverallgemeinerungen.

Das Insistieren auf den Feiertagsschutz für Minderheiten, mit dem sich die vorliegende Dissertation befasst, ist ein wesentliches Merkmal der Behauptung einer tendenziell von Auflösungsprozessen bedrohten religiösen Identität. Feiertage lassen sich auf ein biblisches Gebot, Schöpfungsgeschichten oder den Führungsanspruch eines Religionsgründers zurückverfolgen.
Die Trennung von Kirche und Staat auf der Grundlage der Emanzipation des Rechts von Religion ist die Voraussetzung für die verfassungsmäßige Garantie der Umsetzung des Feiertagsschutzes unterschiedlicher Religionsgemeinschaften.
Der damit gepflegte Partikularismus steht zugegebenerweise manchmal mit dem „evolutionären Universalismus“ der Mehrheitskultur im Widerstreit, fordert sogar Überlegungen über neue Konzepte der Universalität heraus, die letzten Endes auf einen Pluralismus konkurrierender Wertsysteme hinauslaufen. Mit dem dadurch produzierten „Regenbogen von Weltbildern“ lässt es sich in demokratisch-säkularen Gesellschaften gut leben, solange Teile dessen nicht die öffentliche Ordnung zum Schaden der Allgemeinheit unterlaufen. Schließlich tragen Weltbilder zur Bereicherung der Lebenswelt bei, zumal Diversität nicht nur toleriert, sondern auch zelebriert werden kann.
Die Tatsache, dass sich dabei Minderheiten auch für die Belange der Mehrheit einsetzen, z.B. für die Beibehaltung des einheitlichen Sonntagsschutzes, zeigt nicht nur eine über die Minderheitenposition hinausgehende gesamtgesellschaftliche Verantwortung an, sondern auch eine Differenzierung innerhalb von Minderheiten für weiterführende Pluralisierungsprozesse zwischen Absonderung und Anpassung.
In jedem Fall ist die Freiheit der Religionsausübung, bezogen auf den Feiertagsschutz, ein geschichtlich erwachsener Rechtsanspruch, dessen Aktualität der

Autor Andreas M. Huber mit dieser Veröffentlichung in vortrefflicher Weise an religiösen Minderheiten in der Bundesrepublik Deutschland dokumentiert.

Friedensau/Berlin, im August 2006 Prof. Dr. Horst Friedrich Rolly

Danksagung

Die vorliegende Arbeit wurde im Wintersemester 2005/2006 von der Juristischen Fakultät der Universität Heidelberg als Dissertation angenommen. Das Manuskript wurde im Juli 2005 abgeschlossen, vor der Veröffentlichung aktualisiert und leicht überarbeitet.
Die freundliche Betreuung der Arbeit erfolgte durch Herrn Prof. Dr. Jörg Winter, dem ich herzlich danke. Für die Erstellung des Zweitgutachtens danke ich Herrn Prof. Dr. Dr. h.c. Rüdiger Wolfrum.
Als Rechtsanwalt durfte ich verschiedene Gläubige vertreten, die konsequent ihren Feiertag einhalten wollten und dafür auch rechtliche Hilfe benötigten. Dies war Ansporn, das vorliegende Thema intensiv zu bearbeiten. Für den ersten Anstoß hierzu danke ich Herrn Klaus Siebelhoff.
Meinen Mitarbeitern im Süddeutschen Bauverein danke ich für die zeitweise durch die Entstehung dieses Buches bedingte Mehrarbeit und ihre Geduld. Insbesondere danke ich meiner Assistentin Daniela Canedo für die zahlreich notwendige technische Unterstützung. Dank gilt auch meiner Mutter und meiner Schwester für das Korrekturlesen; meiner Frau sowie den Kindern Chantal und Lemuel für ihre Geduld mit mir.

Der Theologischen Hochschule Friedensau, an erster Stelle Herrn Rektor Prof. Dr. Udo Worschech und Herrn Dekan Prof. Dr. Horst Friedrich Rolly, danke ich für die Aufnahme der Dissertation in die Friedensauer Schriftenreihe sowie Frau Andrea Cramer für ihr engagiertes Lektorat und die sachkundigen Hinweise.

Stuttgart, Juli 2006 Andreas M. Huber

Einleitung

> „Das Wissen über die Gemeinsamkeiten und Unterschiede der Religionen und Kulturen sowie ihren Beitrag zum geistigen und kulturellen Erbe Europas ermöglicht es, die zweifellos vorhandenen Differenzen auch und vor allem als bereichernde Momente europäischer Religions-, Geistes- und Kulturgeschichte zu begreifen."[1]

Das Festlegen und Begehen der Feiertage als Ausdruck der Freiheit der Religionsausübung hat eine zentrale Bedeutung für Menschen jeden Glaubens und jeden Bekenntnisses. Das Miteinander im Gebet ist wesentliches Merkmal jeder Religionsgemeinschaft und findet in den Feier-, Gebets- oder Ruhetagen seine Geltung.

Die Frage nach dem Feiertagsschutz für Religionsgemeinschaften, die nicht den Sonntag als ihren Feiertag haben, ist für zahlreiche Gläubige in unterschiedlichsten Lebenssituationen von großem Interesse. Dies beginnt für viele in der Schule und reicht über Ausbildung oder Studium bis hin zu allen arbeitenden Personen, aber auch zu denen, die dem Arbeitsmarkt zur Verfügung stehen oder auf Sozialhilfe angewiesen sind.

Ganz aktuell befasste sich die Hochschulrektorenkonferenz am 7. Juni 2005 mit der Frage von Prüfungsterminen am Sabbat für jüdische Studierende und gab eine Empfehlung an alle deutschen Hochschulen heraus, diesen Sachverhalt bei dem Anbieten von Prüfungsterminen zugunsten dieser Studenten zu berücksichtigen.[2]

Das zunehmende Bedürfnis von Arbeitnehmern, an Ruhetagen oder zu Gebetszeiten der Arbeit fernzubleiben, stößt besonders in Zeiten hoher Arbeitslosigkeit auf Widerstand oder zumindest auf Unverständnis seitens der Arbeitgeber.

Die Regelungen zu Hartz IV bringen eine Verschärfung für die Betroffenen. Diese provozieren neue gerichtliche Entscheidungen zur Frage der Zumutbarkeit von Arbeit, wobei fiskalische Interessen mit dem Feiertagsschutz der Arbeitnehmer kollidieren. Sie tangieren damit außerdem Mitglieder zahlreicher Religionsgemeinschaften, die besondere Feiertage einhalten.

In diesem Zusammenhang verdient das Urteil des LAG Schleswig-Holstein, bestätigt durch den Beschluss des BAG, besondere Beachtung, welches das Feiertagsschutzbedürfnis einer Arbeitnehmerin höher bewertete als die Unternehmensfreiheit eines Arbeitgebers.[3]

Der für ein gutes Miteinander in unserer Gesellschaft wichtige Umgang mit diesen Fragen des Feiertagsschutzes erfordert eine gründliche juristische und öffentliche Diskussion über den Feiertagsschutz und die Religionsfreiheit. Hierzu will diese Arbeit beitragen.

---

[1] Assmann 2003, S. 9.

[2] FAZ vom 8. 06. 2005, S. 1 u.a.

[3] LAG Schleswig-Holstein, Urteil vom 22. 06. 2005, 4 Sa 120/05 1 Ca 1919 b/04, und BAG, Beschluss vom 10. 11. 2005, 2 AZN 752/05, 4 Sa 120/05.

Spätestens seit dem Urteil des BVerfG vom 24.09.2003 zum „Tragen eines Kopftuches einer muslimischen Lehrerin“ ist die Auseinandersetzung mit Fragen der Religionsfreiheit in der juristischen und vor allem auch allgemeinen Diskussion wieder im Gange.[4] Als Ausdruck dieses Diskussionsbedürfnisses veröffentlichte „Der Spiegel“ im Herbst 2003 auf seiner Titelseite das Bild der Klägerin dieses Verfahrens.[5] Mit der Entscheidung einer baden-württembergischen Stadt, ein Kopftuchverbot auch für den städtischen Kindergarten auszusprechen, ist die nächste Prozesswelle eingeleitet.[6] Durch die Verknüpfung von Kopftuchentscheidung[7] und Feiertagsentscheidung[8] blicken die Gläubigen auch bezüglich ihrer Feiertagsschutzinteressen auf die Entscheidungen zu „islamischen Kopftüchern“.

Ausgezeichnete Filme wie „DaVinci Code – Sakrileg“ oder „Die Passion Christi“ und zahlreiche Folgefilme und Bücher haben religiöse Fragen erneut zum allgemeinen Gesprächsthema stilisiert. Die intensive öffentliche Diskussion zu diesen Filmen ist Ausdruck eines neuen, zunehmenden religiösen Interesses der gesamten Gesellschaft in Deutschland. Seit den Anschlägen vom 11. September 2001 und zuletzt den Anschlägen in London erscheinen in Zeitungen und Nachrichtenmagazinen täglich bzw. wöchentlich Themen mit religiösen Fragestellungen.[9]

Als ein äußeres Zeichen zunehmender Religiosität kann gewertet werden, dass sich die Anzahl der Moscheen in Deutschland von 77 im Jahr 2002 auf 154 im Jahr 2003 mehr als verdoppelt hat. Damit verbunden wird das gemeinsame Gebet und das Begehen der Feiertage wieder an Bedeutung gewinnen. Auch die vom Feiertagsschutz besonders betroffenen christlichen Kirchen, wie die Gemeinschaft der Siebenten-Tags-Adventisten und die Zeugen Jehovas, nehmen an Mitgliedern ständig zu.

Wer die Kompetenz hat, über Feiertagsregelungen zu entscheiden, ist gerade nach der Kopftuchentscheidung des BVerfG nicht so klar, wie es auf den ersten Blick erscheinen mag.

Mit der Entscheidung des BVerfG, diese die Schulen betreffenden Fragen an die Parlamente der Bundesländer zu verweisen, folgt das Gericht seiner Rechtspre-

---

[4] Siehe Winter 2003, S. 129; das Urteil ist abgedruckt in NJW 2003, S. 3111 ff.

[5] „Der Spiegel“, Titelseite vom 29. 09. 2003.

[6] „Stuttgarter Zeitung“ vom 16. 07. 2005, S. 1, 36.

[7] BAG-Urteil vom 10. 10. 2002, in: BAGE 103, S. 11 ff.

[8] LAG Schleswig-Holstein, Urteil vom 22. 06. 2005, 4 Sa 120/05 1 Ca 1919 b/04, das sich ausdrücklich auf die „Kopftuch“-Entscheidung des BAG stützt, und BAG, Beschluss vom 10.11.2005, 2 AZN 752/05, 4 Sa 120/05, der deutlich macht, dass sich das LAG Schleswig-Holstein innerhalb der ständigen Rechtsprechung des BAG mit seiner Entscheidung bewegte, so bereits in Entscheidungen vom 24. 05. 1989, 2 AZR 285/88, in BAGE 62, 59, und 22.05.2003, 2 AZR 426/02.

[9] So auch „Der Spiegel“ und „Focus“ am 25. 07. 2005.

chung zur Festlegung zu schützender religiöser Feiertage.[10] Gleichzeitig dokumentiert dies aber auch eine „Entscheidungsverweigerung“[11] in der Sache, die zu einem religiösen Flickenteppich in Deutschland führen wird, wie dies beim Feiertagsschutz bereits der Fall ist, bei dem unterschiedliche Feiertagsgesetze, Landesstaatsverträge und Verordnungen die Rechtslage in Deutschland unübersichtlich gestalten. Ob die Mütter und Väter der Weimarer Reichsverfassung und des Grundgesetzes im Blick auf die evangelisch-katholische Kleinstaaterei in Deutschland dies wollten, kann zumindest bezweifelt werden.
Gleiches gilt für die Uneinheitlichkeit der Sichtweise zum Sonn- und Feiertagsschutz aus Art. 140 GG i.V. mit Art. 139 WRV. Die Diskussionen hierüber verlangen nach einer Neubestimmung des Verhältnisses von Art. 4 GG zum Sonn- und Feiertagsschutz.
Letztlich geht es bei diesen religionsrechtlichen Fragen darum, wie religiös der weltliche Staat westeuropäischer Prägung werden darf, ohne seine Identität zu verlieren. Demgegenüber steht die Weiterentwicklung der Europäischen Union und ihrer Rechtsprechung.
Spätestens seit dem Urteil Prais vs. Rat[12] des Europäischen Gerichtshofes für Menschenrechte aus dem Jahr 1976 wurde der Feiertagsschutz als Ausfluss des Grundrechtes der Religionsfreiheit im Kanon der gemeinschaftsrechtlich geschützten Grundrechte in Europa festgestellt. Pernice[13] meint, der Gerichtshof habe mit diesem Urteil zugleich die Geltung der Religionsfreiheit im Gemeinschaftsrecht anerkannt und Möglichkeiten zu ihrer weiteren Verwirklichung angedeutet. Das Urteil formuliert nicht nur das Individualrecht, sondern dient auch als Grundlage für die Bestimmung des allgemeinen Verhältnisses der EG zu den Religionsgemeinschaften.
Insofern wird diese Entscheidung der folgenden Erörterung des Feiertagsschutzes für Minderheiten gleichermaßen als Wende- und Ausgangspunkt für neuere

[10] Siehe BVerfG, Beschluss vom 18. 09. 1995, abgedruckt in NJW 1995, S. 3378; Verfassungsbeschwerde, die sich erfolglos gegen die Streichung des Buß- und Bettages als staatlich anerkannter Feiertag wendete. Die Kompetenz hierfür steht den Bundesländern zu.

[11] So Bundesinnenminister Otto Schily unmittelbar nach der Karlsruher Entscheidung zum „Kopftuch“-Urteil, in: „Der Spiegel“ vom 29.09.2003, S. 83.

[12] Siehe Urteil des EuGH vom 27. 10. 1976 „Vivien Prais/Rat der Europäischen Gemeinschaft“, RS 130/75, Slg. 1976, S. 1589, mit Schlussanträgen von Generalanwalt Jean Pierre Warner vom 22. September 1976, S. 1600 ff.
Dieser Leitentscheidung des Gerichtshofes lag der Sachverhalt zugrunde, dass sich eine jüdische Bewerberin aus London auf eine Stellenausschreibung beim Rat beworben hatte. Da der Prüfungstermin auf den ersten Tag des jüdischen Festes Schawuoth fiele, an dem ihr aus religiösen Gründen Reisen und Schreiben untersagt sei, bat sie um die Verlegung der Prüfung. Nach Ablehnung durch die europäische Behörde entschied der Europäische Gerichtshof: „Teilt ein Bewerber der Anstellungsbehörde mit, dass ihn religiöse Gebote daran hindern, sich an bestimmten Tagen zu den Prüfungen einzufinden, so muss die Behörde dem Rechnung tragen und sich bei der Terminbestimmung für die Prüfungen bemühen, diese Daten zu vermeiden.“ Ausführlich siehe Kapitel 8.

[13] Siehe Pernice 1977, S. 777, 780.

Entwicklungen im Staatskirchen- und Religionsrecht vorangestellt. Gleichzeitig bildete diese Entscheidung auch die Grundlage für zahlreiche Entscheidungen des EuGH und des EGMR zu Art. 9 und Art. 14 EMRK.[14]
Es bleibt im Blick auf die derzeitige Diskussion um eine europäische Verfassung gerade nach dem vielleicht auch nur vorläufigen Scheitern der Einführung 2005 die Frage, wie bei zunehmender Verschiedenheit und Vielfalt je eine europäische Identität entstehen kann, in der das Glaubensleben – und hierzu gehört ganz wesentlich die Gestaltung der Feiertage – von allgemeiner Akzeptanz und nicht nur von Toleranz begleitet wird.

Gang der Untersuchung

In der vorliegenden Arbeit werden zuerst die Religionsgemeinschaften aufgeführt, die ihre Feiertage außerhalb der Sonn- und Feiertage i.S. der Art. 140 GG und Art. 139 WRV begehen (Kapitel 1), um aufzuzeigen, welche Relevanz der Feiertagsschutz für diese Gläubigen hat.
Es folgt die geschichtliche Entwicklung des Feiertagsschutzes (Kapitel 2), ohne dessen Verständnis die Komplexität der Kompetenzen und Entscheidungsvorgänge kaum zu verstehen sind. Hieraus folgt dann die unterschiedliche Entwicklung hin zum Sonn- und Feiertagsschutz auf der einen Seite und dem Feiertagsschutz aus Art. 4 GG auf der anderen Seite (Kapitel 3).
Dies hat Auswirkungen auf die verschiedensten Lebensbereiche der Gläubigen (Kapitel 4 bis 7), jeder Einzelfall ist genau zu untersuchen und die Abwägung zwischen dem Interesse der Gläubigen und ihrer andersgläubigen Umwelt vorzunehmen.
Der zunehmende Einfluss der europäischen und internationalen Konventionen, Richtlinien, Gesetze und Rechtsprechungen wird die Zukunft des Feiertagsschutzes in Deutschland wesentlich bestimmen (Kapitel 8). Deutsches Religions-, Feiertags- und letztlich Staatskirchenrecht kann nicht mehr isoliert betrachtet werden. Dies hat Auswirkungen auf das Sonn- und Feiertagsrecht und

---

[14] Art. 9 EMRK: „1. Jedermann hat Anspruch auf Gedanken-, Gewissens- und Religionsfreiheit; dieses Recht umfasst die Freiheit des Einzelnen zum Wechsel der Religion oder Weltanschauung sowie die Freiheit, seine Religion oder Weltanschauung einzeln oder in Gemeinschaft mit anderen, öffentlich oder privat, durch Gottesdienst, Unterricht, Andachten und Beachtung religiöser Bräuche auszuüben.
2. Die Freiheit, seine Religion oder Weltanschauung zu bekennen, darf nur Einschränkungen unterworfen werden, die gesetzlich vorgesehen und in einer demokratischen Gesellschaft notwendig sind für die öffentliche Sicherheit, zum Schutz der öffentlichen Ordnung, Gesundheit, Moral oder zum Schutz der Rechte oder Freiheiten anderer."
Art. 14 EMRK: „Der Genuss, der in dieser Konvention anerkannten Rechte und Freiheiten, ist ohne Diskriminierung, insbesondere wegen des Geschlechts, der Rasse, der Hautfarbe, der Sprache, der Religion, der politischen oder sonstigen Anschauung, der nationalen oder sozialen Herkunft, der Zugehörigkeit zu einer nationalen Minderheit, des Vermögens, der Geburt oder eines sonstigen Statuts zu gewährleisten."

die Frage nach der Rechtfertigung bestimmter staatlich geschützter Feiertage in Deutschland (Kapitel 9).
Hier gilt es, auf der einen Seite unterschiedliche Sichtweisen der Religionen zu berücksichtigen und in Harmonie zu bringen, auf der anderen Seite über den oftmals untersuchten Sonn- und Feiertagsschutz[15] hinaus das Augenmerk neu auf die Feiertagsgestaltung als Ausdruck der Religionsausübungsfreiheit zu lenken. Dabei stellt sich die Frage, welche Erwartungen der Staat an die Gläubigen und ihre Religionsgemeinschaften stellen darf.
Abschließend will diese Arbeit Lösungsansätze aufzeigen, welche die geschichtliche Entwicklung beachten, um zukunftsweisend ein Miteinander der Gläubigen in einer säkularisierten Welt zu ermöglichen (Kapitel 10).

---

[15] Siehe die bereits 1932 von Franz Burtscheidt vorgelegte Dissertation zum Thema „Der Sonn- und Feiertagsschutz nach der Reichsverfassung vom 11. August 1919" oder die geschichtliche Aufarbeitung von Andreas Grube (2003) „Der Sonntag und die kirchlichen Feiertage zwischen Gefährdung und Bewährung", sowie die Dissertation von Jan Heinemann „Grundgesetzliche Vorgaben bei der staatlichen Anerkennung von Feiertagen" (2003).

1. Die Gebets- und Ruhezeiten außerhalb des Sonn- und Feiertagsschutzes nach Art. 140 GG i.V. mit Art. 139 WRV

In der Bundesrepublik Deutschland sind es derzeit fünf Religionsgemeinschaften, die mehrere Feiertage außerhalb des Schutzbereiches des Sonn- und Feiertagsschutzes begehen (siehe Abschnitte 1.1. bis 1.5.). Darüber hinaus existieren Religionsgemeinschaften, die insbesondere für ihre Jugendlichen bei Aufnahme in die Religionsgemeinschaft Unterrichtsbefreiung in den jeweiligen Ländern beantragten (siehe Abschnitte 1.6. bis 1.9.). Diese Religionsgemeinschaften umfassen zusammen ca. 6 % der Bevölkerung der Bundesrepublik Deutschland, sind folglich eine – wenn auch wachsende und auffallende – Minderheit. Auch Christen der beiden großen Religionsgemeinschaften erheben für einzelne – nicht mehr – geschützte Feiertage Feiertagsschutz (siehe Abschnitt 1.10.).[1]
Es mag auf den ersten Blick erstaunlich sein, dass sich nur so wenige Religionsgemeinschaften zum Schutz ihrer Glaubensausübung auf Art. 4, Abs. 2 GG berufen. Die Festlegung eines Ruhetages ist ein wesentliches Merkmal der abendländischen Buchreligionen und findet sich weder bei den größeren östlichen Religionen noch bei zahlreichen neuen Religionen.
Der Staat hat auf die jeweiligen Religionsgemeinschaften mit ihren spezifischen Feiertagen unterschiedlich reagiert. Daher wird im Folgenden jeweils auf deren geschichtliche Entwicklung, ihre Anerkennung als Religionsgemeinschaft und die Grundlagen für ihre Feiertagsheiligung eingegangen.

1.1. Die Gebetszeiten der Muslime

1.1.1. Geschichtliche Entwicklung der Muslime in Deutschland

Die Geschichte des Islam in Deutschland beginnt, entgegen weit verbreiteter Ansicht, nicht erst mit der Anwerbung zumeist türkischer Arbeitnehmer zu Beginn der 1960er Jahre. Bereits infolge der Türkenkriege (16. und 17. Jahrhundert) gelangten türkisch-muslimische Kriegsgefangene nach Deutschland.[2] Es ist überliefert, dass sich 22 türkische Gefangene in Potsdam befanden und ihnen zum Gebet ein Zimmer zur Verfügung gestellt worden war.[3]
Erneute Gefangennahmen von Muslimen geschahen dann im Ersten Weltkrieg, wobei es sich hier um Araber und Afrikaner aus der französischen Armee, Inder aus der britischen Armee und russische Muslime handelte. Besonders bemer-

---

[1] Siehe Anhang I. Übersicht über die gesetzlichen Feiertage in der Bundesrepublik Deutschland.
[2] Siehe Heine 1997, S. 78, 83.
[3] Siehe Abdullah 1981, S. 13 f.

kenswert ist die Errichtung der sogenannten Wünsdorfer Moschee, deren Eröffnung am 13. Juli 1915 stattfand.[4]
Am 4. November 1922 wurde die Islamische Gemeinde zu Berlin e.V. als erster islamischer Verein in Deutschland gegründet und am 19. Februar 1923 in das Vereinsregister beim Amtsgericht Berlin-Mitte eingetragen.[5] Trotz weiterer Vereinsgründungen blieb der Islam bis in die Jahre der Arbeitsmigration hinein eine Randerscheinung im gesellschaftlichen Leben in Deutschland.
Mit verschiedenen Ländern mit einer mehrheitlich muslimischen Bevölkerung, wie die Türkei (1961), Marokko (1963) und Tunesien (1965), waren Anwerbevereinbarungen geschlossen worden; hinzu kamen 1968 albanische und bosnische Muslime aus Jugoslawien. Obwohl am 23. November 1973 ein Anwerbestopp verfügt wurde, wuchs die Zahl der Muslime, vor allem durch Familiennachzug, weiter an.[6] Genaue amtliche Zahlen, wie viele Muslime derzeit in Deutschland leben, existieren nicht. Lediglich die Volkszählung vom 25. Mai 1987 ergab eine Zahl von 1.650.952 Muslimen.[7] Das Zentralinstitut Islam-Archiv Deutschland e.V. beziffert die Anzahl der Muslime in Deutschland zum 15.05.2005 auf 3.224.000, hiervon ca. 950.000 Deutsche.[8]

1.1.2. Anerkennung

Muslimische Organisationen und Gemeinschaften kommen ihren wesentlichen Aufgaben in der Rechtsform des eingetragenen Vereins nach. Die Erlangung der Körperschaftsrechte war bisher nicht Ziel der muslimischen Vereine, da dies für ihre Aufgabenbewältigung keine Rolle spielte.[9] Seit der Entscheidung des Bundesverfassungsgerichts zum Antrag der Zeugen Jehovas auf Anerkennung als Körperschaft des öffentlichen Rechts (KdöR) wird diese Frage auch in muslimischen Kreisen diskutiert und von einigen Verbänden angestrebt. Bereits die Anerkennung als Körperschaft an sich ist eine Sache des Ansehens geworden, unabhängig von weiteren rechtlichen Möglichkeiten.[10]

1.1.3. Pflichtgebete

In den Gebeten drückt sich die direkte Beziehung des Gläubigen zu Gott und der Gehorsam gegenüber seinem Willen aus. Die Verrichtung der Gebete prägt die

[4] Siehe Kahleyss 1998, S. 5 ff.
[5] Siehe Abdullah 1981, S. 20.
[6] Siehe Lemmen 2001, S. 35.
[7] Siehe Leggewie, Joost, Rech 2002, S. 14.
[8] www.islamarchiv.de, April 2006.
[9] Siehe Muckel 1995, S. 313.
[10] Siehe Leggewie, Joost, Rech 2002, S. 39; Muckel 1999, S. 240.

soziale und kulturelle Gemeinschaft der Muslime und gliedert ihren Tages- und Wochenablauf.
Es ist bemerkenswert, dass es nur eine Koranstelle gibt, in der vier vorgeschriebene Gebetsstunden erwähnt werden. In Sure 30, 16 und 17 heißt es:

> Preist Gott am Abend und am Morgen. Lobpreist ihn in den Himmeln und auf Erden, nachmittags und abends.[11]

Kommentatoren sagen einhellig, dass mit „am Abend" sowohl der Abend als auch die Nacht gemeint ist, so dass damit beide Gebetsstunden zusammengefasst sind. Muslime berufen sich wegen ihrer Gebetszeiten auf Mohammed und den Koran. Die Einhaltung dieser Gebetsstunden sind wesentlicher Teil ihrer Religionsausübung. Die Verrichtung der Pflichtgebete zu fünf festgesetzten Tageszeiten wird von vielen Muslimen sehr ernst genommen.[12] An Wochentagen, die keine Feiertage sind, kann dieses Gebet überall, in der Wohnung, auf dem Feld oder der Straße und selbstverständlich auch in der Moschee, stattfinden. Bedingung ist lediglich, dass der Ort rituell rein ist. Um diesen Zustand zu erreichen, wird eine Bodenbedeckung ausgebreitet, häufig der „berühmte Gebetsteppich".[13]
Vom Gemeinschaftsgebet am Freitagmittag abgesehen (Dschumma), kann jeder Muslime diese Gebete für sich allein vollziehen. Dies ist für viele Muslime nicht nur Pflicht, sondern religiöses Bedürfnis von zentraler Bedeutung. Bei den täglichen Pflichtgebeten ist eine gewisse zeitliche Flexibilität bei der Durchführung möglich ist. Wann dieses Freitagmittagsgebet durchzuführen ist, ist zwischen den einzelnen muslimischen Glaubensrichtungen umstritten und wird in Deutschland zu den unterschiedlichsten Zeiten begangen. Während einige diese Zeit für variabel halten, gelten für manche Gruppen feste Gebetszeiten, die sie akribisch einhalten. Das Freitagmittagsgebet, zu dem sich nur erwachsene Männer treffen, ist von allen Gebeten abgehoben und verpflichtend.[14]

1.1.4. Der Freitag als Ruhetag?

Obwohl es im Islam keinen Ruhetag vergleichbar dem Sonntag oder Sabbat gibt, deuten Muslime zunehmend die Aussagen Mohammeds so, dass der Freitag als heiliger Tag, als Ruhetag verbracht wird. Genauere Anweisungen des Begehens dieses Tages, außer dem gemeinsamen Mittagsgebet, gibt es nicht. Mohammed sagte:

---

[11] Der „Koran" 2001, S. 308.
[12] Siehe Heine 1999, S. 20.
[13] Weiteres ebd., S. 22 ff.
[14] Siehe Leggewie, Joost, Rech 2002, S. 19.

> Gott gab sowohl den Juden als auch den Christen den Befehl, den Freitag als Tag der Verehrung zu feiern. Aber sie missachteten diesen Auftrag, und die Juden legten den Samstag und die Christen den Sonntag fest.[15]

Relevanz bei der Betrachtung des Feiertagsschutzes hat daher in erster Linie das Freitagsgebet, von dem Mohammed sagt:

> Wer am Freitag badet und dann pünktlich zum Gebet kommt, wer zu Fuß kommt und sich in die Nähe des Imams setzt und der Predigt lauscht, nichts Leichtfertiges sagt, sondern still dasitzt, dem wird der Lohn für ein ganzes Jahr Andacht und der Lohn für ein ganzes Jahr Fasten und der Lohn für ein ganzes Jahr nächtlichen Gebets zuteil.

Mohammed behauptete, diese Gebetsanweisungen auf seiner nächtlichen Reise in den Himmel erhalten zu haben. Für Muslime haben diese Gebetsanweisungen daher göttliche Verbindlichkeit.[16]
In einer Sure im Koran sehen viele Gläubige die Aufforderung, auch nach dem freitäglichen Mittagsgebet die Arbeit ruhen zu lassen:

> O ihr, die ihr glaubt, wenn am Freitag zum Gebet gerufen wird, dann eilt zum Gedenken Gottes und lasst das Kaufgeschäft ruhen. Das ist besser für euch, so ihr Bescheid wisst. Wenn das Gebet beendet ist, dann breitet euch im Land aus und strebt nach etwas von der Huld Gottes. Und gedenkt Gottes viel, auf dass es euch wohl ergehe. Und wenn sie einen Handel oder eine Gelegenheit zur Zerstreuung sehen, laufen sie hin und lassen dich stehen. Sprich: Was bei Gott ist, ist doch besser als Zerstreuung und Handel. Und Gott ist der beste Versorger.[17]

Die Auslegung dieser Sure ist umstritten. Während beispielsweise das muslimische Land Pakistan, gestützt auf diese Sure, den Freitag zum Feiertag erklärte, herrscht in anderen muslimischen Ländern Geschäftstätigkeit vor, auch nach dem Freitagsgebet. Ähnlich gehen die Auffassungen der Muslime in Deutschland auseinander. Bislang wurde der Freitag als Ruhetag nicht geltend gemacht; dies hatte jedoch aufgrund von Arbeitsfreistellungen ab dem Mittagsgebet keine praktische Relevanz.

1.1.5. Gebetszeiten und Gebetspausen im Licht des Art. 4 GG

Die Gebete stellen für die Muslime einen wesentlichen Teil ihres Glaubens dar. Die hierfür notwendigen Gebetspausen unterliegen daher dem Schutzbereich des Art. 4, Abs. 2 GG. Dabei kommt es nicht darauf an, ob auch der Schutzbereich des Art. 4, Abs. 1 GG betroffen ist. Das Grundrecht der ungestörten Religions-

---

[15] Siehe Hughes 1995, S. 205.
[16] Weiteres ebd., S. 228 ff.
[17] Der „Koran“ 2001, Sure 62, 9–11, S. 430.

ausübung ist nämlich bereits im Begriff der Glaubens- und Bekenntnisfreiheit des Art. 4, Abs.1 GG enthalten.[18]
Zum Recht auf ungestörte Religionsausübung nach Art. 4, Abs. 2 GG gehört auch das Durchführen von Gebeten.[19] Hierbei ist nicht entscheidend, ob die Religion das Beten zu bestimmten Zeiten zwingend vorschreibt, ausreichend ist, dass der Gläubige die religiöse Handlung als verbindlich ansieht.[20] Diese Gebetszeiten haben grundsätzlich für den Gläubigen zwingenden Charakter und werden auch nicht dadurch in ihrer Bedeutung gemindert, dass der Islam in Ausnahmefällen auf die Gewissensnot von Gläubigen Rücksicht nimmt.[21]
In einer Stellungnahme vom 17.03.2001 an das LAG Hamm hat das Zentralinstitut Islam-Archiv Deutschland zur Frage der Verpflichtung des Gläubigen, fünfmal täglich Gebete verrichten zu müssen, Folgendes ausgeführt:[22]

> Angesichts heutiger Nichtorganisiertheit kommt den Gebeten im Leben eines Moslems eine zentrale Bedeutung zu, wenn nicht gar die entscheidende. Sie vermitteln dem Beter das Gefühl, Mitglied einer weltumfassenden Gesellschaft (umma) zu sein. Das trifft insbesondere für das Ritual- oder Pflichtgebet (al-salah) zu, das fünfmal am Tage zu verrichten ist. Von den anderen Gebetsarten unterscheidet sich das Pflichtgebet dadurch, dass es zu bestimmten festen Zeiten verrichtet werden muss. Der Koran kennt eine Reihe von Erleichterungen hinsichtlich der Einhaltung der vorgeschriebenen Gebetszeiten.
>
> Die islamische Rechtsprechung geht aber grundsätzlich davon aus, dass jeder Mensch für seine Handlungen – und damit auch für die Handhabung seiner Religion – allein verantwortlich ist. Verantwortung kann im Islam nicht delegiert werden. Das hat immerhin dazu geführt, dass religiöse Dekrete (fatwa) stets nur Empfehlungscharakter besitzen, keinesfalls aber für alle Moslems gleichermaßen verbindlich sind. Eine fatwa kann die individuelle Verantwortung und Entscheidung nicht aufheben.

Nach der Auskunft des Islamrates handelt es sich bei dem Frühgebet um ein Pflichtgebet. Das Nachholen sei nur unter bestimmten Voraussetzungen möglich. Die Einhaltung der religiösen Regeln sei in die Gewissensentscheidung des einzelnen Gläubigen gestellt.[23] Eine ähnliche Aussage gibt es auch bezüglich des Asr-Gebets, dem Nachmittagsgebet, in der Zeit, in dem der Schatten eines Objekts länger ist als es selbst zuzüglich des Mittagsschattens bis zum Sonnenuntergang. Dabei ist zu beachten, dass diese Zeiten unbedingt eingehalten werden müssen. Grundsätzlich dürfen die Pflichtgebete nicht vorgezogen oder später verrichtet werden.
Wird ein Pflichtgebet vor Eintritt der dafür vorgesehenen Zeit verrichtet, so ist es ungültig. Daher müssen die Pflichtgebete zu Beginn der jeweiligen Gebets-

---

[18] BVerfG in NJW 1991, S. 2623 f.
[19] Siehe Starck 2005 zu Art. 4, Rdnr. 58 m. w. Nachweisen.
[20] Böckenförde 2001, S. 723, 724.
[21] BVerfG in NJW 2002, S. 663.
[22] Sachverhalt dargestellt durch LAG Hamm in NZA 2002, S. 1090.
[23] LAG Hamm in NJW 2002, S. 1970 f.

zeiten verrichtet werden, so in einer Auskunft des Islamrates, die in einem Verfahren vor dem LAG Hamm Verwendung fand.[24]

1.1.6. Weitere besondere Festtage

Besondere Höhepunkte im Jahresablauf sind für die Muslime folgende Feste: das „Fest des Fastenbrechens" als Abschluss des Monats Ramadan und das „Opferfest" als höchstes Fest (türkisch Seker Bayrami oder arabisch Idul Fitr und türkisch Kurban Bayrami oder arabisch Idul Adha). Für diese besonderen Tage beantragten verschiedene islamische Vereine eine Unterrichtsbefreiung für ihre Schüler für jeweils zwei Tage, die nach deutschem Kalender beweglich sind.[25] Die Länder Baden-Württemberg, Brandenburg, Bremen, Hamburg, Niedersachsen, Rheinland-Pfalz, Saarland gewährten allerdings nur den ersten Tag des Festes als unterrichtsfrei.[26] Das Land Nordrhein-Westfalen erweitert die Unterrichtsbefreiung noch zusätzlich um die Feiertage

> 1. Tag des Ramadan, Islamisches Neujahr, das Ashura-Fest (Fasten und Rettungstag des Propheten Moses) und Mevlid (Geburtstag des Propheten Mohammed).[27]

In den Ländern Hessen und Sachsen-Anhalt entscheidet die Schulleitung über Anträge von Schülern, ohne dass die entsprechenden Verordnungen detaillierte Feiertagsregelungen vorsehen. Diese Feiertage finden zwar ihren Ursprung im Koran, beruhen aber letztlich auf allgemein anerkannten Traditionen.

1.1.7. Gerichtliche Überprüfbarkeit bei „Soll-Vorschriften" bezüglich der Feiertagsregelungen

Selbst wenn ein zwingender Charakter des Gebetes nicht festgestellt werden kann und der Islam auf besondere Lebensumstände seiner Gläubigen Rücksicht nimmt und Abweichungen bei den Pflichtgebeten erlaubt, findet die Entscheidung zur Abhaltung der Gebete auch während der Arbeitszeit eine ausreichende Grundlage in den Regeln des Islam. Die Gerichte haben sich daher einer Bewertung dieser religiösen Gewissensentscheidung zu enthalten.[28]

---

[24] LAG Hamm in NZA 2002, S. 1090 f.

[25] So beschrieben in der Bayerischen Verordnung über die „Auswirkungen des Gesetzes über den Schutz der Sonn- und Feiertage sowie anderer religiöser und nationaler Feiertage auf den Unterricht an Schulen" in KWMBl I, S. 630, vom 3. November 1993.

[26] Die einzelnen Verordnungen sind im Anhang III angefügt.

[27] Ebenda.

[28] LAG Hamm in NJW 2002, S. 1970 f.

1.2. Der Sabbat und die besonderen Feiertage der Juden

1.2.1. Der Sabbat

Das Wort Sabbat – hebräisch Schabbat – findet sich im Alten Testament der Bibel über einhundert Mal. Der Sabbat wird als der siebente Tag im Schöpfungsbericht im 1. Buch Mose, Kap. 2,3 erwähnt. Der Sonnenuntergang ist der Beginn dieses Tages. In den Zehn Geboten, dem sogenannten Dekalog, im 2. Buch Mose, Kap. 20, heißt es:

> Gedenke des Sabbattages, dass du ihn heiligst. Sechs Tage sollst du arbeiten und alle deine Werke tun. Aber am siebten Tage ist der Sabbat des HERRN, deines Gottes. Da sollst du keine Arbeit tun, auch nicht dein Sohn, deine Tochter, dein Knecht, deine Magd, dein Vieh, auch nicht dein Fremdling, der in deiner Stadt lebt. Denn in sechs Tagen hat der HERR Himmel und Erde gemacht und das Meer und alles was darinnen ist und ruhte am siebenten Tage. Darum segnete der HERR den Sabbattag und heiligte ihn.[29]

Die Bedeutung des Sabbats im Glaubensleben der Juden ist heute genauso groß wie zu alttestamentlicher Zeit. Mit dem Aufhören des Opfer- und Tempelkultes gewann der Sabbat im Leben, Denken und Fühlen der Juden eine keiner anderen Einrichtung der jüdischen Religion vergleichbare Bedeutung. Immer stärker tritt nun der freudige Charakter dieses Tages hervor, der bereits als Abglanz der kommenden Welt aufgefasst wird.[30] Darüber hinaus finden sich im Talmud, dem jüdischen Lehrbuch zur Heiligen Schrift, 18 Seiten über besondere Regelungen für den Sabbat. Insbesondere die am Sabbat verbotenen Hauptarbeiten sind dort detailliert geschildert, es heißt:

> Vollkommene Sabbatruhe – Die Hauptarbeiten sind vierzig weniger eine, wer sät...[31]

Die Bedeutung dieses Tages für die Juden lässt sich am ehesten der Lehre von den zwei Seelen entnehmen, wozu Rabbi Schimon, Lakischs Sohn, sagte:

> Einen zusätzlichen Odem gibt der Heilige, gelobt sei er, am Vorabend des Sabbat in den Menschen und zum Ausgang des Sabbat nehmen sie diesen von ihm weg, denn es heißt: Hört er auf – wehe der Seele! Sobald er nämlich aufhört, ist die Seele verloren.[32]

Für gläubige Juden ist es sehr wichtig, den Sabbat pünktlich mit Sonnenuntergang zu beginnen, an dem, jedenfalls seit hellenistischer Zeit, Kerzen anzuzünden sind. Ähnliches gilt für die besonderen jüdischen Feiertage.[33]

---

[29] Die „Bibel“ 1985, S. 80.
[30] Ehrlich 1959, S. 79.
[31] Der „Talmud“ 1999, S. 575.
[32] Ebenda, S. 570.
[33] Weiteres bei Ehrlich 1959, S. 80 ff.

1.2.2. Besondere Feiertage

Die jüdischen Feiertage finden allesamt ihre Grundlage im Alten Testament der Bibel und ihre Art der Ausführung im Talmud:

a. Pessach – Fest zum Auszug aus Ägypten, am 1., 2., 7. und 8. Tag, beginnend am Vortage um 17 Uhr
b. Schawuoth – Wochenfest, am 1. und 2. Tag, beginnend am Vortage um 17 Uhr
c. Rosch Haschana – Neujahrsfest, am 1. und 2. Tag, beginnend am Vortage um 16 Uhr
d. Jom Kippur – Versöhnungsfest, beginnend am Vortage um 16 Uhr
e. Sukkoth – Laubhüttenfest, am 1. und 2. Tag, beginnend am Vortage um 17 Uhr
f. Schemini Azeret – Schlussfest, beginnend am Vortage um 17 Uhr
g. Simchat Thora – Fest der Gesetzesfreude, beginnend am Vortage um 16 Uhr

Die Daten der Feiertage beziehen sich auf den jüdischen Mondkalender und werden von Seiten des Zentralrates der Juden in Deutschland den jeweiligen Landesregierungen zwei Jahre im Voraus mitgeteilt.[34] Für gläubige Juden ist es zwingend vorgeschrieben, bei allen diesen Festen nicht zu arbeiten und ähnliche Regelungen wie beim Sabbat zu beachten. Darüber hinaus sind die Vorschriften des Talmud bezüglich dieser Feiertage einzuhalten.[35]

1.2.3. Anerkennung und Staatsverträge

Seit der Gründung der ersten jüdischen Gemeinde in Köln im Jahre 321 erlebten die jüdischen Gemeinden ein ständiges Wachstum. Durch Verfolgungen, zuletzt im Dritten Reich, sank die Zahl der jüdischen Mitbürger erheblich. Heute vertritt der Zentralrat der Juden in Deutschland nahezu alle der ca. 103.000 Menschen jüdischen Glaubens in Deutschland.[36] Dieser ist als Körperschaft des öffentlichen Rechts anerkannt.
Darüber hinaus haben sämtliche jüdische Gemeinden in der Bundesrepublik Deutschland durch Landesstaatsverträge eine Feiertagsschutzregelung mit den dafür zuständigen Landesregierungen geschlossen.[37] Damit gelang es allein den jüdischen Gemeinden, neben den evangelischen Landeskirchen und dem Heiligen Stuhl und seinen Bistümern, Staatsverträge abzuschließen und damit die Durchsetzung ihrer Feiertage für ihre Mitglieder zu erreichen.

---

[34] Siehe beispielsweise den „Vertrag zwischen dem Land Mecklenburg-Vorpommern mit dem Landesverband der Jüdischen Gemeinden in Mecklenburg-Vorpommern", der nahezu gleichlautend mit allen Bundesländern von den jeweiligen Landesverbänden geschlossen wurde, beigefügt als Anhang IV.
[35] Der „Talmud" 1999, S. 585 ff.
[36] www.zentralratderjuden.de, April 2006.
[37] Siehe Schreiben des Zentralrats der Juden in Deutschland vom 19. 03. 2004 an den Verfasser; als Anhang V beigefügt.

Exemplarisch für alle diese fast wortgleichen Staatsverträge sei hier der Staatsvertrag zwischen dem Land Mecklenburg-Vorpommern mit dem Landesverband der Jüdischen Gemeinden in Mecklenburg-Vorpommern vom 14.06.1996 angeführt.[38] Hier heißt es in Art. 1:

> Glaubensfreiheit, Abs. 1: Das Land gewährt Freiheit, den jüdischen Glauben zu bekennen und auszuüben, den Schutz von Verfassung und Gesetz.

Weiter in Artikel 2:

> Jüdische Feiertage, Abs. 1: Der staatliche Schutz der jüdischen Feiertage wird gewährleistet.
> Abs. 2: Folgende jüdische Feiertage sind Feiertage im Sinne von § 7 des Gesetzes über Sonn- und Feiertage (Feiertagsgesetz ...).[39]

Es folgen dann in den weiteren Absätzen die einzelnen jüdischen Feiertage. Juden genießen durch diese Verträge mindestens den gleichen Feiertagsschutz wie die Christen, die den Sonntag und die nach Art. 140 GG i.V. mit Art. 139 WRV geschützten Feiertage halten. Somit sind diese Feiertage mit Gesetzeswirkung festgestellt.
Die möglicherweise im Arbeitsleben in einem Konfliktfall betroffenen Juden können sich auf diesen Vertag berufen und müssen im Gegensatz zu anderen religiösen Minderheiten nicht die Frage des ob, wie und wann eines Feiertages darlegen. Diese Unterscheidung zu anderen Religionsgemeinschaften ist nicht juristisch, wohl aber geschichtlich begründbar und ergibt sich aus den jeweiligen Präambeln.[40]
Ohne die geschichtliche Betrachtungsweise wären Verträge mit anderen Religionsgemeinschaften aus Gründen der Gleichbehandlung i.S. des Art. 3 GG durchaus einzufordern. Im Blick auf intensive – wenn auch zahlenmäßig nicht vergleichbare – Verfolgung im Dritten Reich und Verbot in der DDR könnte ein solcher Vertragsschluss auch für die Zeugen Jehovas geschichtlich begründet werden.

---

[38] Siehe Anhang IV.
[39] Eine Übersicht über die Feiertagsgesetze und die hieraus resultierenden Feiertage finden sich in Anhang I, II und III.
[40] So im bezeichneten Vertrag: ...
- in dem Bewusstsein, für das jüdische Leben in diesem Lande eine besondere Verantwortung zu tragen, die aus der Geschichte Deutschlands erwachsen ist,
- in dem Bewusstsein des unermesslichen Leides, das die jüdische Bevölkerung in Deutschland und Europa erdulden musste, insbesondere der Vernichtung des jüdischen Lebens auch in Mecklenburg und Vorpommern,
- eingedenk der staatlichen Ignoranz in den Jahren der kommunistischen Diktatur gegenüber den jüdischen Gemeinden, die eine Neubelebung jüdischen Gemeindelebens weitgehend verhindert hat,
- in dem Bestreben, das kulturelle Erbe des Judentums im Land zu wahren und zu pflegen,
- in dem Wunsch, der jüdischen Gemeinschaft in Mecklenburg-Vorpommern den Wiederaufbau des Gemeindelebens zu erleichtern...

Am 10. 08. 2003 hat der Bundestag den Vertrag zwischen der Bundesrepublik Deutschland und dem Zentralrat der Juden in Deutschland, KdöR, durch Gesetz gebilligt. Hier wurde unter anderem die Vertretungsbefugnis des Zentralrates für alle Juden in Deutschland manifestiert. Regelungen zum Feiertagsschutz waren aufgrund der Landesstaatsverträge nicht erforderlich.[41]

1.3. Der Sabbat bei den Siebenten-Tags-Adventisten

1.3.1. Der Sabbat als Ruhetag

Der Sabbat findet seine Grundlage im Schöpfungsbericht und Dekalog der Bibel. Für Adventisten ist der Sabbat somit wesentlicher Teil ihrer Religionsausübung. Sie bringen dies auch in ihrem Namen „Gemeinschaft der Siebenten-Tags-Adventisten" zum Ausdruck. Der Sabbat ist für Adventisten Erinnerung an die Schöpfung, Symbol der Erlösung, Zeichen von Heiligung und Treue sowie Symbol der Ruhe in Christus.[42] Im Gegensatz zu den großen christlichen Kirchen sehen die Siebenten-Tags-Adventisten das alttestamentliche Sabbatgebot auch im Neuen Testament bestätigt und in seiner Bedeutung besonders hervorgehoben. Im Neuen Testament sagt Jesus im Buch Markus, Kap. 2,28:

> So ist der Menschensohn ein Herr auch über den Sabbat.[43]

Die Bedeutung des Sabbats in der heutigen Zeit sehen Adventisten auch in der Rede Jesu über die Endzeit, wo es in Matthäus Kap. 24, 20 heißt:

> Bittet aber, dass eure Flucht nicht geschehe im Winter oder am Sabbat.[44]

Den Lehren der Adventisten gegenüber sehr kritisch eingestellte Autoren erkennen den überragenden Stellenwert, den der Sabbat für das Glaubensleben der Siebenten-Tags-Adventisten hat, an.[45] So bezeichnet Hauth den Sabbat als das charakteristische Merkmal der Siebenten-Tags-Adventisten, die ihren Sabbatruhetag unter allen Umständen einhalten wollen. Infolgedessen wird das Feiern des Ruhetages von Freitag Sonnenuntergang bis Samstag Sonnenuntergang als besonderes Treuemerkmal des adventistischen Glaubenslebens bezeichnet.[46] Weitere Feiertage gibt es bei den Siebenten-Tags-Adventisten nicht.

---

[41] Siehe Abdruck des Gesetzes in BGBl 2003, S. 1597, mit Anmerkungen, Gesetzes- und Vertragsbegründung in KuR 2003, S. 187, auch 980, S. 429.
[42] Generalkonferenz der Siebenten-Tags-Adventisten 1996, S. 361, 386.
[43] Die „Bibel" 1985, S. 45.
[44] Ebenda, S. 34.
[45] Siehe Hauth 1994, S. 44.
[46] Weiteres ebd., S. 43 ff.

1.3.2. Geschichtliche Entwicklung und Anerkennung

International

Die Gemeinschaft der Siebenten-Tags-Adventisten hat ihren Ursprung in einer Erweckungsbewegung in den Jahren 1822–1844. Trotz enttäuschter Erwartungen bezüglich der Wiederkunft Jesu am 22. Oktober 1844 gaben die Gläubigen die Hoffnung auf eine baldige Wiederkunft Christus nicht auf. Dieses Datum hatten sie aus einer Prophezeiung im biblischen Buch Daniel[47] entnommen. Heute wird dieser Tag als Beginn der Zeit der Wiederherstellung des Himmlischen Heiligtums gesehen.[48]

Zusammenfassend stellt Hauth fest, dass sich die Adventbewegung in ihren besonderen Lehren auf „Heiligtum", „Sabbat" und „Geist der Weissagung" stützte und sich mit diesem Fundament 1863 durch Bildung einer Generalkonferenz zur Gemeinschaft der Siebenten-Tags-Adventisten zusammenschloss.[49] Heute hat die Gemeinschaft der Siebenten-Tags-Adventisten weltweit ca. 13,5 Millionen Mitglieder[50] und unterhält ca. 600 Einrichtungen im Bereich des Gesundheitswesens sowie über 12.000 schulische Einrichtungen.

In Deutschland

1889 entsandte die Generalkonferenz, das höchste Leitungsgremium der Siebenten-Tags-Adventisten, den ersten deutschsprachigen Prediger nach Hamburg. Im Jahre 1891 wurden in Deutschland 100 Adventisten gezählt. Bereits 1893 wurde der „Hamburger Siebenten-Tags-Adventisten (STA)-Verein" als Körperschaft anerkannt.

Zu Beginn des ersten Weltkriegs lebten in Deutschland ca. 15.000 Adventisten, 1930 waren es bereits 30.000. 1933 wurde die Gemeinschaft der STA aufgrund einer Verfügung Hermann Görings verboten und ihr Besitz beschlagnahmt. Nachdem während des Nationalsozialismus bzw. des Zweiten Weltkrieges ca. 15 % der Gemeindeglieder umgekommen waren oder vermisst wurden, stieg die Zahl der Adventisten wieder und führte in den 1970er Jahren zur Erlangung des Status der Körperschaft des Öffentlichen Rechts in allen Bundesländern.[51] Heute zählt die Gemeinschaft der Siebenten-Tags-Adventisten ca. 36.000 Mitglieder in Deutschland.[52]

Für ihre Kinder im Schulalter hat die Gemeinschaft der Siebenten-Tags-Adventisten in allen Bundesländern entsprechende Regelungen in den Schulbesuchsverordnungen erreichen können.

---

[47] Die „Bibel" 1985, S. 852.
[48] Generalkonferenz der Siebenten-Tags-Adventisten 1996, S. 468.
[49] Siehe Hauth 1994, S. 21, 23.
[50] Siebenten-Tags-Adventisten: Auf einen Blick, siehe Anhang VI.
[51] Siehe ausführlich Hauth 1994, S. 23, 30.
[52] www.adventisten.de, April 2006.

1.4. Die Versammlungstage der Zeugen Jehovas

1.4.1. Gedächtnismahl und Kongresse

a. Das Gedächtnismahl (Abendmahl; Gedenken an den Tod von Jesus Christus am 14. Nissan 33 – Zeitrechnung der Zeugen Jehovas; höchster und wichtigster Feiertag im Jahr); die Umrechnung auf den deutschen Kalender wird den Gläubigen und Behörden im Jahr zuvor mitgeteilt.
b. Bezirkskongress (3- oder 4-tägig; im Sommer an wechselnden Terminen, zweitwichtigstes religiöses Fest, mehrere Veranstaltungsorte im Bundesgebiet).
c. Kreiskongress (2-tägig, im Frühjahr oder Herbst, immer am Wochenende).
d. Tagessonderkongress (1-tägig, im Frühjahr oder Herbst, gegengleich zum Kreiskongress, immer am Wochenende oder an gesetzlichen Feiertagen).

Die Bedeutung dieser Kongresse lässt sich gut aus der Teilnehmerzahl ermessen. Während es im Jahr 2003 166.000 Verkündiger (aktive Gemeindeglieder) gab, nahmen im gleichen Jahr am Gedächtnismahl 280.000 Personen teil, am Bezirkskongress 183.000.
Gegenüber der Religionsgemeinschaft besteht keine Teilnahmeverpflichtung der Gläubigen an den Feiertagen. Diese fühlen sich hierzu jedoch verpflichtet. Der einzelne Zeuge Jehovas wird in aller Regel eine Pflicht zur Teilnahme gegenüber Gott erkennen und die Mitwirkung am Gedächtnismahl oder den Kongressen als seinen religiösen Dienst ansehen. Dies ergibt sich aus Beiträgen in eigenen Veröffentlichungen wie:

> Wir Christen sind verpflichtet, uns am Predigtdienst und den Zusammenkünften zu beteiligen. Das ist uns nicht freigestellt. ... Wir erweisen uns Jehova gegenüber als dankbar, wenn wir freudig unserer Verantwortung nachkommen, zu predigen und zu lehren und uns mit unseren Brüdern regelmäßig zu den Versammlungszusammenkünften versammeln.[53]

Die Mitglieder der Religionsgemeinschaft werden über die religiöse Bedeutung der Feiertage und ihre Verpflichtung Gott gegenüber jedes Jahr durch entsprechende Artikel in den Zeitschriften „Der Wachtturm“ oder „Erwachet!“ und im „Unser Königreichsdienst“ belehrt.[54] Hier wird stets verdeutlicht, wie wichtig für die Zeugen Jehovas die Feste aus biblischer Sicht sind, und ermutigt, alles daran zu setzen, bei den Veranstaltungen aktiven Anteil zu nehmen.[55]

---

[53] Der „Wachtturm“ vom 1. Dezember 2003, S. 17.
[54] „Unser Königreichsdienst“, März 2004.
[55] Der „Wachtturm“ vom 15. März 2004, S. 1, 7.

1.4.2. Geschichtliche Entwicklung und Anerkennung

International

Die Gemeinschaft der Zeugen Jehovas entstand im letzten Drittel des 19. Jahrhunderts in Amerika aus der damals verbreiteten endzeitlichen Naherwartung der Wiederkunft Christi (Parusie) und der Errichtung eines neuen Jerusalems. Um 1870 sammelte der amerikanische Geschäftsmann Charles Taze Russell (1852–1916) eine kleine Gemeinschaft an der Erforschung der Bibel Interessierter um sich, die unter dem Namen „Ernste Bibelforscher" die Bibel auf ihre endzeitlichen Aussagen hin studierten.
1880 wurde die „Watch Tower Bible and Tract Society" gegründet; seit 1909 hat sie ihren Hauptsitz in Brooklyn, New York.[56]

In Deutschland

Die Zeugen Jehovas sind in Deutschland seit dem Jahr 1890 tätig. Im Jahr 1897 erschien „Der Wachtturm" erstmals in deutscher Sprache.
Als Hitler Anfang 1933 an die Macht kam, gab es im Deutschen Reich etwa 25.000 Zeugen Jehovas. Bereits wenige Wochen nach Hitlers Machtantritt wurde die Glaubensgemeinschaft verboten, und die Bücher der Wachtturm-Druckerei in Magdeburg wurden beschlagnahmt und verbrannt. Zwischen 1933 und 1945 wurden ca. 10.000 Zeugen Jehovas Opfer des Nationalsozialismus und Krieges; allein 2.000 starben in den Konzentrationslagern, wo sie eine eigene Häftlingskategorie bildeten, die durch den lila Winkel gekennzeichnet war.[57]
In der DDR waren die Zeugen Jehovas von 1950 bis 1989 verboten, 5.000 von ihnen wurden inhaftiert. In Deutschland gab es im Jahr 2005 170.000 aktive Verkündiger; hinzu kommen nicht getaufte Kinder und ältere Mitglieder, die nicht mehr als Verkündiger zählen. Dies ergibt eine Gesamtzahl von derzeit ca. 210.000 Zeugen Jehovas in Deutschland.
Wie kaum eine andere Religionsgemeinschaft kämpfen die Zeugen Jehovas um ihre Anerkennung als Körperschaft des öffentlichen Rechts. In dem bereits 14 Jahre andauernden Rechtsstreit der Zeugen Jehovas mit dem Land Berlin hat das Bundesverfassungsgericht mit Urteil vom 19. 12. 2000[58] die ablehnende Entscheidung des Bundesverwaltungsgerichts aufgehoben und die Sache an das BVerwG zurückverwiesen. Den Zeugen Jehovas war die Verleihung der Körperschaftsrechte mit der Begründung versagt worden, dass die Gemeinschaft dazu aufrufe, an öffentlichen Wahlen nicht teilzunehmen und dies ein Verstoß gegen Art. 79, Abs. 3 GG darstelle. Dem widersprach das BVerfG. Das Lebenselement der Demokratie sei die freie geistige Auseinandersetzung.[59] Deshalb ist das Verhalten der Zeugen Jehovas gegenüber Wahlen ein Aspekt, der zwar bei der gebotenen typisierten Gesamtbetrachtung Berücksichtigung finden kann, der

---

[56] Siehe Yonan 1999, S. 486.
[57] Siehe Yonan 1999, S. 487 ff.
[58] BVerfG in NJW 2001, S. 429 ff.
[59] BVerfGE 69, S. 315, 344 auch abgedruckt in NJW 1985, S. 2395.

aber für sich allein nicht die Annahme einer Gefährdung der unantastbaren Grundwerte des Demokratieprinzips trägt. Eine Gefährdung der dem staatlichen Schutz anvertrauten Grundrechte Dritter wie auch eine Verletzung der Grundprinzipien des freiheitlichen Religions- und Staatskirchenrechts konnte nicht festgestellt werden. Eine darüber hinausgehende Loyalität zum Staat verlangt das Grundgesetz nicht.[60]
Da nach Ansicht des BVerfG nach dem bisherigen Sach- und Streitstand nicht abzusehen war, ob den Zeugen Jehovas der Status einer Körperschaft des öffentlichen Rechts aus anderen Gründen zu versagen wäre, erfolgte die Zurückverweisung. Es gab dem BVerwG auf, insbesondere die Frage der empfohlenen Erziehungspraktiken der Zeugen Jehovas zu prüfen, inwiefern diese das Wohl der Kinder beeinträchtigen. Ob die Zeugen Jehovas austrittswillige Mitglieder zwangsweise oder mit vom Grundgesetz missbilligten Mitteln in der Gemeinschaft festhält, ist ebenso zu prüfen.

1.5. Die Religionsgemeinschaft der Bahá'i

1.5.1. Die Bahá'i-Feiertage

Der Bahá'í-Kalender gliedert das Jahr in 19 Monate mit je 19 Tagen. Um mit dem gregorianischen (deutschen) Kalender in Übereinstimmung zu kommen, werden zwischen dem 18. und 19. Monat vier – in Schaltjahren fünf – zusätzliche Tage eingeschoben, so dass damit die Bahá'i-Feiertage präzise und unverrückbar bestimmt werden können.[61] Diese sind:

21. März	Naw-Rúz, Neujahrsfest (Jahresbeginn)
21. April	1. Tag des Ridván-Festes (höchster Feiertag)
29. April	9. Tag des Ridván-Festes
02. Mai	12. Tag des Ridván-Festes
23. Mai	Erklärung des Báb
29. Mai	Hinscheiden Bahá'u'lláhs
09. Juli	Märtyrertod des Báb
20. Oktober	Geburtstag des Báb
12. November	Geburtstag Bahá'u'lláhs

An diesen Tagen halten die Bahá'i Arbeitsruhe ein. Die Bahá'i begehen die Feiertage, je nach Charakter des Ereignisses, auf festlich-fröhliche oder feierlich-ernste Weise. Die Gestaltung ist den jeweiligen Gemeinden überlassen. In der Regel werden, umrahmt von Musik, Gebete und Texte aus der Heiligen Schrift gelesen. Ein geselliger Teil mit Bewirtung schließt sich an. Zu den Feiertagen heißen die Bahá'i alle Menschen willkommen.[62]

[60] BVerfG in NJW 2001, S. 429, 433.
[61] www.bahai.de, April 2006.
[62] Siehe Bahá'i-Verlag 2002, S. 8.

Bemerkenswert ist, dass die Bahá'i weltweit den Freitag als Ruhetag festgesetzt haben;[63] in Deutschland wurde diese Regelung aufgrund des Sonntagsschutzes nicht umgesetzt. Im Europäischen Haus der Andacht in Hofheim-Langenhain finden daher – wie in den örtlichen Gemeinden – die Andachten jeweils sonntags um 15 Uhr statt.[64]

1.5.2. Geschichtliche Entwicklung und Anerkennung

International
Bahá'u'lláh begründete im 19. Jahrhundert die Bahá'i-Religion. Als Beginn des Wirkens kann der Kalenderbeginn des eigenen Kalenders im Jahr 1844 angesehen werden. Die Bahá'i geben ihr offizielles Gründungsdatum mit der Verkündigung ihres Religionsstifters, er sei der Gottesoffenbarer, 1863 in Bagdad an. Heute hat die Bahá'i-Gemeinde weltweit ca. 6 Millionen Anhänger und ihren Sitz in Haifa, Israel.[65]

In Deutschland
Die Bahá'i-Gemeinde hat im Jahr 1907 in Deutschland Fuß gefasst. Seit dem Jahr 1922 gibt es hier rechtlich verfasste Bahá'i-Gemeinden und einen nationalen geistigen Rat, dessen Mitglieder jährlich aus dem Kreis aller in Deutschland lebenden Bahá'i gewählt werden. Auch die örtlichen Gemeinden werden von gewählten Selbstverwaltungskörperschaften („Geistigen Räten") geleitet, die vereinsrechtlichen Status haben. Die Bahá'i kennen weder eine beamtete Geistlichkeit noch ein Priesteramt, so dass für die ca. 5.000 Bahá'i in Deutschland an ihrem Verwaltungssitz in Hofheim lediglich fünf hauptamtlich Beschäftigte tätig sind.

Die Bahá'i wollten in den 1980er Jahren in Baden-Württemberg ihre örtlichen Gemeinden als gemeinnützige Vereine eintragen lassen. Dies wurde ihnen mit der Begründung verwehrt, dass sie nicht über die für das Vereinsrecht erforderlichen demokratischen Strukturen verfügen und nicht als Religion im staatskirchenrechtlichen Sinne einzustufen seien. Die Frage, welche Glaubensgemeinschaft zur Erlangung des Vereinsstatus notwendig sei, war umstritten. Das Bundesverfassungsgericht hat diese Rechtsfrage in einem Beschluss vom 5.02.1991 geklärt.[66]
Das BVerfG stellte fest, dass der Bahá'ismus nicht nur nach seinem Selbstverständnis, sondern auch nach aktueller Lebenswirklichkeit, Kulturtradition im Allgemeinem wie auch im religionswissenschaftlichem Verständnis als Religion

---

[63] Siehe in Hornby 1988, S. 109, Anmerkung Nr. 372: „Abdu'l-Bahá gives no reason whatever why Friday has been chosen as the day of rest in the Bahá'I calender. He just affirm it."
[64] Siehe Bahá'i-Verlag 2002, S. 15.
[65] www.bahai.de, April 2006.
[66] BVerfGE 83, S. 241 abgedruckt auch in NJW 1991, S. 2623.

einzustufen ist. Darüber hinaus wurde konstatiert, dass die inneren Strukturen einer Religionsgemeinschaft in den Selbstverwaltungsbereich der Religionsgemeinschaft gehören. Daraufhin konnten alle Gemeinden nach der vereinsrechtlichen Struktur gebildet werden. Derzeit bereiten die Bahá'i einen Antrag auf Anerkennung als Körperschaft des öffentlichen Rechts vor.

1.6. Die Worldwide Church of God als Teil der Pfingstgemeinde

1.6.1. Feiertage

Die Versammlungen und Gottesdienste dieser Religionsgemeinschaft werden grundsätzlich sonntags abgehalten. Besondere Feiertage der Worldwide Church of God sind:

a. Posaunenfest (ein Tag)
b. Versöhnungstag (ein Tag)
c. Tage der ungesäuerten Brote (erster und letzter Tag)
d. Laubhüttenfest und Letzter Großer Tag (insgesamt acht Tage)

Diese Feiertage wurden u.a. im Gesetz über den Schutz der Sonn- und Feiertage des Freistaates Bayern aufgenommen. An diesen Tagen haben die Schüler der Worldwide Church of God unterrichtsfrei. Da die genauen Tage nach dem gregorianischen Kalender nicht bestimmbar sind, werden diese rechtzeitig von Seiten der Religionsgemeinschaft an die Schulbehörden mitgeteilt.[67]

1.6.2. Geschichtliche Entwicklung und Anerkennung

International

Die Church of God (Gemeinde Gottes) besteht seit 1880 und hat ihren Ursprung als Zusammenschluss verschiedener amerikanischer Glaubensgemeinschaften.[68] Diese zumeist enthusiastisch-apokalyptisch eingestellten Glaubensgemeinschaften sind Teil der weltweiten Pfingstbewegung. Der Name Pfingstbewegung ergibt sich ursprünglich aus der Erwartung der „endzeitlichen Ausgießung des Heiligen Geistes".[69] Die Betonung liegt auf der persönlichen Heiligung der Gläubigen, die sich in den Gottesdiensten durch spontane Bekenntnisse, die auf dem Wirken des Heiligen Geistes beruhen sollen, ausdrückt. Weiteres Merkmale der Gottesdienste sind die sogenannte Zungenrede (Glossolalie) und darauf aufbauende prophetische Aussagen sowie spontane Gebetsheilungen.
Die Pfingstbewegung ist weltweit stark wachsend; aufgrund fehlender Organisationsformen kann ihre Mitgliederzahl nur sehr grob geschätzt werden. Hierbei

---

[67] Siehe Feiertagsgesetze der Bundesländer, Anhang VII.
[68] Siehe Brockhaus Enzyklopädie 1996, Bd. 4, S. 571.
[69] Ebenda.

gehen die Schätzungen weit auseinander. Sie liegen zwischen 120 und 480 Millionen Mitgliedern weltweit.[70]
In der Weltpfingstkonferenz haben die Pfingstkirchen seit 1947 ein internationales Forum, dem auch die Church of God angehört.

In Deutschland
In Deutschland wurde die Pfingstbewegung 1888 zuerst innerhalb der Gemeinschaftsbewegung (Gnadauer Verband) wirksam, ohne eine eigene Religionsgemeinschaft zu bilden. Erst 1909 kam es zu einer Abspaltung von den Kirchen und zur Bildung einer eigenständigen Religionsgemeinschaft.
Heute sind die Pfingstgemeinden im Wesentlichen in unabhängigen Zusammenschlüssen wie dem „Christlichen Gemeinschaftsverband Mühlheim/Ruhr", dem „Bund freikirchlicher Pfingstgemeinden", der „Volksmission entschiedener Christen", der „Apostolischen Kirche – urchristliche Mission" und der „Gemeinde Gottes" organisiert.
Daneben gibt es seit den 1960er Jahren zahlreiche charismatische Bewegungen, die teilweise aus Mitgliedern der Pfingstkirchen, aber auch aus nichtorganisierten Gläubigen bestehen. Die Mitgliederzahl in Deutschland lässt sich aufgrund der möglichen Mitgliedschaft auch in anderen Kirchen sehr schwer schätzen. Es sind neben den ca. 50.000 organisierten Gläubigen noch einmal so viele nicht organisierte.[71]
Teilweise sind die Gemeinden als Vereine organisiert; andere lehnen jegliche organisatorische Verbindung ab. Die organisierten Gemeinden arbeiten zumeist als Gäste in der Arbeitsgemeinschaft der christlichen Kirchen (ACK) in Deutschland mit und sind Mitglied im Ökumenischen Rat der Kirchen (ÖRK).

1.7. Die Tage der Jugendweihe der Freireligiösen Gemeinde

1.7.1. Feiertage

Die Freireligiösen haben Feierstunden, die zur Erbauung, zur Information oder zur Stärkung der Religiosität dienen. Diese finden in der Regel an Sonntagen statt. Neben den Festen, die nach Ansicht der Freireligiösen der Jahreslauf vorgibt – Weihnachten als Wintersonnenwende sowie die Sommersonnenwende – gehören diejenigen Feste dazu, die den Menschen auf seinem Lebensweg begleiten.
Für die Feiertagsfrage außerhalb der Sonntage ist für die Schüler der freireligiösen Gemeinde die Jugendweihe relevant. Sie ist die feierliche Begleitung des Kindes beim Schritt zum Erwachsenwerden und die Aufnahme des Jugendlichen als selbständiges Mitglied der Gemeinde.[72]

---

[70] So Ehrke 2003, S. 120.
[71] Brockhaus Enzyklopädie 1996, Bd. 4, S. 413.
[72] www.BFGD.de, April 2006.

Im Bundesland Baden-Württemberg ist in der Schulbesuchsverordnung geregelt, dass die Schüler der freireligiösen Gemeinde am Montag nach Jugendweihe schulfrei haben.[73]

1.7.2. Geschichtliche Entwicklung und Anerkennung

Die freireligiöse Gemeinde hat ihren Ursprung in der deutschen Bewegung der „protestantischen Freunde“ zu Beginn des 19. Jahrhunderts. Seit 1841 als Lichtfreunde in einem Verein zusammengeschlossen, beriefen sich diese, entgegen Orthodoxie und Erweckungsbewegung, auf die „protestantische Glaubensfreiheit“ und setzten sich für die freie Forschung und eine vernunft- und zeitgemäße Verkündigung ein.[74]
Ihren Höhepunkt erlebte die Bewegung in der Revolutionszeit 1848/1849. 1859 schlossen sich die Lichtfreunde mit den Deutschkatholiken, die das päpstliche Primat ablehnten und wie die Lichtfreunde ein rationalistisch geprägtes Glaubensleben führten,[75] zum Bund freireligiöser Gemeinden zusammen. Die damalige Mitgliederzahl wird auf ca. 70.000 geschätzt; heute sind dies ebenso viele Gläubige.[76] Die freireligiösen Gemeinden sind heute im Bund Freireligiöse Gemeinden, KdöR, zusammengefasst.[77]
Nach freireligiöser Auffassung ist der Mensch nicht Sünder vor Gott, sondern nur sich selbst verantwortlich, und das Böse ist nur Durchgang zum Guten. Die Freireligiösen bezeichnen sich trotz ihres christlichen Ursprungs als nichtchristliche Religionsgemeinschaft, deren Zeichen das Sonnenkreuz (auch Sonnenrad genannt) bedeutsame Gegenstände im Zusammenhang mit der freireligiösen Gemeinde ziert.

1.8. Die jesidische Glaubensgemeinschaft

1.8.1. Feiertage

Die Feiertage dieser Glaubensgemeinschaft werden hier exemplarisch für die „kleinen“ Glaubensgemeinschaften aufgeführt, die es in Deutschland zahlreich gibt. Diese bestehen zumeist aus ausländischen Mitbürgern, welche als Mitglieder eigenständiger Religionsgemeinschaften nach Deutschland kamen. Sie sind jedoch nur in einigen Bundesländern präsent. Von dem Verbleib der Mitglieder in Deutschland hängt die Vertretung dieser Glaubensgemeinschaften ab.

---

[73] Siehe Anhang III.
[74] Brockhaus Enzyklopädie 2002, S. 368.
[75] Ebenda, S. 418.
[76] Ebenda, S. 636.
[77] www.BFGD.de, April 2006.

Im Bundesland Bremen wurde für die Schülerinnen und Schüler jesidischen Glaubens in der Richtlinie über Unterrichts- und Dienstbefreiung an religiösen Feiertagen festgelegt, dass diese am Freitag nach dem 13. Dezember (Ezi-Fest) und am Freitag nach dem 13. Januar (Batizmi-Fest) unterrichtsfrei haben.[78]

1.8.2. Geschichtliche Entwicklung und Anerkennung

Die Jesiden, auch Jeziden, Jezidis oder Yeziden, sind Angehörige einer unter den Kurden verbreiteten Religionsgemeinschaft. Von ihren muslimischen Nachbarn werden die Jesiden auch Teufelsbeter genannt, weil im Mittelpunkt ihrer Religion der aus dem Himmel verstoßene und dann wieder in Gnaden aufgenommene Engel steht, den sie als Pfau, auf einem Kandelaber stehend, abbilden und Engel Pfau nennen. Ihr Glaube, den sie oftmals vor Andersgläubigen verbergen, enthält altorientalisch-heidnische und häretisch-christliche Elemente, die nur oberflächlich betrachtet islamisiert erscheinen. Ihre Mitgliederzahl in Deutschland ist nicht bekannt; sie sind auch, soweit ersichtlich, nicht in rechtlich strukturierter Form organisiert.

1.9. Die orthodoxen Kirchen

1.9.1. Feiertage

Für die Gläubigen der orthodoxen Kirchen ist der Besuch der Sonn- und Feiertagsgottesdienste wünschenswert, aber nicht Pflicht. Für die von den gesetzlichen Feiertagen in der Orthodoxie abweichenden besonderen Feiertage haben die jeweiligen Patriarchate für ihre Schüler entsprechende Anträge an die jeweiligen Landesregierungen gestellt. Es ergaben sich keinerlei Schwierigkeiten in der Anerkennung.

Auf die Anfragen des Verfassers haben die Berliner Diözese der Russischen Orthodoxen Kirche des Moskauer Patriarchats am 15. 03. 2004[79] und die Griechisch-Orthodoxe Metropolie von Deutschland am 16. 03. 2004[80] übereinstim-

---

[78] Siehe Übersicht Unterrichtsbefreiung, Anhang III.

[79] Schreiben des Erzpriester M. Divakov i. A. der Berliner Diözese der Russischen Orthodoxen Kirche des Moskauer Patriarchats vom 15. 03. 2004 als Anhang VIII.

[80] Schreiben des Herrn Dr. Zimmermann i. A. des Metropoliten Augoustinos der Griechisch-Orthodoxen Metropolie von Deutschland vom 16. 03. 2004 als Anhang IX.
Die hier relevanten Fragen lauteten:

1. Ist die Einhaltung des Feiertages bzw. Ruhetages oder arbeitsfreien Tages für die Mitglieder ihrer Glaubensgemeinschaft verpflichtend oder nur wünschenswert? Wo ist dies innerhalb ihrer Glaubensgemeinschaft geregelt?
2. Liegen Ihnen staatliche Stellungnahmen zu Ihren Feiertagen bzw. Freistellungswünsche vor? Haben Sie gerichtliche Entscheidungen für Ihre Glaubensmitglieder bewirkt?

mend erklärt, dass kirchliche Feiertage wenn möglich an Werktagen begangen, diese aber an darauffolgenden Sonntagen auch nachgeholt werden können.
Nur wenige Gläubige nehmen sich für diese Gottesdienste Zeit. Trotz der großen Zahl der Gläubigen gibt es keine gerichtlichen Auseinandersetzungen. Dies zeigt, dass die Arbeitsruhe an den kirchlichen Feiertagen keine erhebliche Bedeutung aufweist, auch wenn dies von beiden Kirchen als wünschenswert angesehen wird. Die innere Verpflichtung, an kirchlichen Feiertagen den Gottesdienst zu besuchen, ist bei den orthodoxen Gläubigen nicht so stark ausgeprägt wie dies bei den zuvor untersuchten Religionsgemeinschaften der Fall ist. Dies gilt auch für die serbisch-orthodoxe Kirche, von der eine schriftliche Stellungnahme leider nicht zu erhalten war.

1.9.2. Geschichtliche Entwicklung und Anerkennung

Die orthodoxen Kirchen als Nachfolger der aus der nachkonstantinischen Reichskirche hervorgegangenen Ostkirche haben weltweit ca. 140 bis 170 Millionen Mitglieder. Während die russische Orthodoxie ihren Anfangspunkt in Deutschland mit der Einweihung der Botschaftskapelle in Berlin im Jahre 1718 sieht, ist bei der griechischen Orthodoxie vom Ende des 18. Jahrhunderts auszugehen.
Einen erheblichen Zuwachs erhielten die orthodoxen Kirchen in Deutschland infolge der Anwerbeabkommen und Übersiedlungen aus der Sowjetunion, dort insbesondere durch die deutschstämmigen Auswanderer. Die Zahl der Gläubigen kann aufgrund fehlender Mitgliederlisten nur geschätzt werden. Dies sind in der griechischen Orthodoxie nach eigenen Angaben ca. 360.000 Gläubige,[81] in der russischen Orthodoxie mehrere hunderttausend Menschen[82] (davon ca. 15.000 aktive Mitglieder), ebenso zahlreich ist die serbisch-orthodoxe Kirche präsent.[83]
Alle orthodoxen Kirchen haben in Deutschland kirchliche Strukturen, die sich in zahlreichen Kirchengemeinden und einer deutschlandweiten Kirchenführung zeigen. Alle orthodoxen Kirchen sind seit den 1970er Jahren als Körperschaften des öffentlichen Rechts anerkannt und arbeiten in der Arbeitsgemeinschaft der christlichen Kirchen (ACK) als Mitglieder mit.

---

3. Seit wann ist Ihre Glaubensgemeinschaft in Deutschland präsent, wie viele Mitglieder hat Ihre Glaubensgemeinschaft in Deutschland?
4. Wie gestalten Sie Ihre besonderen Feiertage, wenn diese nicht auf einen Sonntag oder sonstigen staatlichen Feiertag fallen?

[81] Siehe Schreiben der griechischen Orthodoxie, Anhang IX.
[82] Siehe Schreiben der russischen Orthodoxie, Anhang VIII.
[83] Siehe Brockhaus Enzyklopädie 1997, Bd. 16, S. 324.

1.10. Nicht geschützte Feiertage evangelischer oder katholischer Christen

1.10.1. Staatliche Feiertage

Im Gegensatz zu den bisher erörterten kirchlichen Feiertagen geht es evangelischen und katholischen Christen beim Feiertagsschutz nicht um den persönlichen Schutz der für sie geltenden Feiertage, sondern um die Frage, welche kirchlichen Feiertage als staatliche Feiertage anerkannt werden.
Bis zum Jahr 1994 war das Thema, ob sich Christen der beiden großen Religionsgemeinschaften auf nicht geschützte Feiertage als Tage der Arbeitsruhe berufen, praktisch nicht relevant. Im Zusammenhang mit der Einführung der Sozialen Pflegeversicherung (SGB XI) musste das Bundesverfassungsgericht[84] ebenso wie verschiedene Landesverfassungsgerichte[85] die Frage klären, ob die landesgesetzliche Abschaffung (in allen Bundesländern, mit Ausnahme Sachsens) des Buß- und Bettages als staatlich anerkannter kirchlicher Feiertag gegen die Religionsfreiheit verstößt.[86] Die Entscheidungen aller Verfassungsgerichte waren nahezu gleichlautend.

1.10.2. Die Buß- und Bettagsentscheidung des Bundesverfassungsgerichts

In dem Verfahren vor dem Bundesverfassungsgericht hatte ein Angehöriger der evangelisch-lutherischen Kirche geltend gemacht, die Abschaffung des Buß- und Bettages als staatlich anerkannter kirchlicher Feiertag verstoße gegen die Religionsfreiheit, Art. 4 GG, und gegen Art. 140 GG i.V. mit Art. 139 WRV (Schutz der Sonntage und staatlich anerkannter Feiertage). Als gläubiger Christ sei er am Buß- und Bettag grundsätzlich zur Kirche und zum Abendmahl gegangen. Darüber hinaus trug er vor, dass in der Streichung des Buß- und Bettages als arbeitsfreiem Feiertag eine mit Art. 3, Abs. 3 GG nicht zu vereinbarende Benachteiligung gegenüber Nichtchristen und Andersgläubigen liegt. Diesen sei es gleichgültig, ob sie an diesem Tag arbeiten müssten oder nicht.
Er sei gezwungen, für einen Kirchenbesuch einen Tag Urlaub zu beantragen, wobei nicht sicher sei, ob ihm dieser, gegebenenfalls wegen entgegenstehender betrieblicher Belange, auch bewilligt werde. Die Kammer nahm die Verfassungsbeschwerde nicht zur Entscheidung an. Die Voraussetzungen des § 93a, Abs. 2 BVerfGG seien nicht erfüllt. Eine Verletzung von Verfassungsrecht sei nicht nachweisbar.[87]

---

[84] BVerfG in NJW 1995, S. 3378 f.

[85] BerlVerfGH in NJW 1995, S. 3379 f. und BayVerfGH in BayVBl 1996, S. 305 f.

[86] Eine Übersicht über die staatlich anerkannten gesetzlichen Feiertage findet sich als Anhang I.

[87] Kritisch hierzu Kästner 1995, S. 349. Er hält den Bundesländern, die den Buß- und Bettag aus der Liste der staatlich anerkannten Feiertage gestrichen haben, eine rein politische Betrachtungsweise vor, die „das Feiertagsrecht zur Erzielung volkswirtschaftlicher finanzieller Entlastungseffekte ohne weiteres instrumentalisiert, ohne dass der hierfür vorgesehene ver-

Aus Art. 140 GG i.V. mit Art. 139 WRV könne der Beschwerdeführer keine subjektiv-rechtliche Rechtsposition ableiten. Der genannte Normenverbund enthalte lediglich eine objektiv-rechtliche Institutsgarantie.[88] Dies gewährleiste nicht das Fortbestehen der staatlichen Anerkennung bestimmter Feiertage und umfasse keinen Bestandsschutz eines konkreten Feiertages.[89]
Zu Recht hielt die Kammer auch Art. 4 GG nicht für verletzt. Zum einen bleibt dieser Tag ein kirchlicher Feiertag, zum anderen werden die Gläubigen gesetzlich nicht daran gehindert, diesen Tag als kirchlichen Feiertag entsprechend ihres Bekenntnisses zu begehen. Die vom Beschwerdeführer angeführten Nachteile und Erschwernisse sind allein Folgen der in das gesetzgeberische Ermessen fallenden Entscheidung, ob und in welchem Umfang er kirchliche Feiertage staatlich schützen möchte. Art. 4 GG begründet keinen Anspruch des Einzelnen auf den Erhalt bestimmter staatlich anerkannter Feiertage.
Im Ergebnis ist auch keine Verletzung von Art. 3, Abs. 3 GG erkennbar. Die vom Beschwerdeführer geltend gemachten Auswirkungen der Feiertagsaufhebung sind zwangsläufige Folgen der Abschaffung des Feiertags. Der Gesetzgeber beabsichtigt keine Benachteiligung, die am Glauben oder der religiösen Überzeugung des Beschwerdeführers anknüpft.[90] Damit werden entsprechend dem Grundsatz der staatlichen Neutralität die von der Streichung des Buß- und Bettages Betroffenen nicht schlechter gestellt als die in den Abschnitten 1.1. bis 1.10. genannten Gläubigen.
Durch die Erwähnung des Buß- und Bettages in allen Feiertagsregelungen der Länder werden die von der Streichung des Buß- und Bettages Betroffenen (immer noch) besser gestellt als Gläubige kleiner oder nicht als Körperschaft anerkannter Religionsgemeinschaften.[91] Hieraus folgt auch die verfassungsrechtliche Konsequenz, dass die Gläubigen dieser religiösen Minderheiten unter dem Gesichtspunkt der Gleichbehandlung des Art. 3 GG keinen Anspruch auf die Einführung eines ihrer Feiertage zum gesetzlichen Feiertag i.S. der Art. 140 GG i.V. mit Art. 139 WRV haben. Allerdings wäre meines Erachtens – wie bei der Diskussion um die Abschaffung des Buß- und Bettages als gesetzlicher Feiertag – bei der Einführung eines beispielsweise nicht-christlichen Feiertages als gesetzlicher Feiertag die religiöse und gesellschaftliche Bedeutung und Akzeptanz zu prüfen. Hierbei spielt dann die Anzahl der diesen Feiertag begehenden Gläubigen unter dem Aspekt der Gleichbehandlung nach Art. 3 GG sicherlich eine Rolle. Dem Gesetzgeber steht hier aber auch ein weiter Ermessensspielraum wie bei der Entscheidung der Abschaffung des Buß- und Bettages zu.[92]

---

fassungsrechtliche Rahmen auch nur im Ansatz angemessen in Betracht gezogen worden wäre". In der Sache ist die Kritik berechtigt, im Ergebnis aber ist die Entscheidung des BVerfG sicherlich richtig.

88 So ständige Rechtsprechung vgl. BVerwGE 79, S. 236, 238.

89 Ebenso Kästner 1995, S. 340.

90 Siehe BVerfG in NJW 1995, S. 3379.

91 Siehe die Länderregelungen als Anhang VII.

92 Siehe BVerfG in NJW 1995, S. 3379.

2. Die geschichtliche Entwicklung des Feiertagsschutzes

2.1. Relevanz

Die geschichtliche Entwicklung des Feiertagsschutzes außerhalb der Sonn- und Feiertage in Deutschland ist wesentlich geprägt von der tatsächlichen Relevanz, das heißt vom Vorhandensein von Gruppen, die dies für sich in Anspruch nehmen. Die Religionsgemeinschaften, die aus den Erweckungsbewegungen des 19. Jahrhunderts hervorgingen, traten in Deutschland erst zu Beginn des 20. Jahrhunderts nennenswert in Erscheinung. Die Muslime wurden wesentlich später, in den 1960er Jahren, in Deutschland wahrgenommen.
Die Relevanz für Juden trat in den Jahren um die Hardenberg'schen Reformen herum auf. Das Edikt über die Emanzipation der Juden vom 11. März 1812 bewirkte die Anerkennung als Glaubensgemeinschaft im öffentlichen Leben. Damit konnten sie eigene Rechte in erheblichem Umfang geltend machen.[1]

2.2. Erste Schritte zur Religionsfreiheit

Die Frage des Feiertagsschutzes war eng verknüpft mit der Frage der Trennung von Staat und Kirche. Damit einher ging die Anerkennung der Religionsausübung auch außerhalb von katholischer und evangelischer/protestantischer Kirche. Erste Ansätze der Religionsfreiheit brachte der Augsburger Religionsfrieden von 1555, der allerdings erst die Wahl zwischen katholischer und augsburgischer Konfession bot.[2]
Mit dem Westfälischen Frieden von 1648 folgte die Glaubensfreiheit. Es wurde nunmehr neben dem evangelischen und katholischen das reformierte Bekenntnis zugelassen. Andere Glaubensrichtungen waren, wenn auch bekannt, weiterhin verboten.[3]
Denjenigen, denen die öffentliche Ausübung ihres Glaubens untersagt war, wurde jedoch die Möglichkeit der Hausandacht ermöglicht, so dass hier die ersten Wurzeln eines eigenständigen Feiertagsrechtes, neben dem staatlichen Schutz der Feiertage in Deutschland, angelegt sind. Dies wurde zunächst als Minderheitenschutz mit der Formulierung „conscientia liberia" (Gewissensfreiheit) proklamiert.
Hinzu kamen nun die Entwicklungen außerhalb Deutschlands. Die Glaubens- und Gewissensfreiheit fand Eingang in kodifizierte Grundrechtskataloge. Erstmals hielt sie 1663 in die Kolonialcharta von Rhode Island Einzug. Diese mündete 1791 in die Bill of Rights zur US-Bundesverfassung. Durch diese Verbürgungen der Glaubensfreiheit, die hier prinzipiell als freedom of conscience (Ge-

---

[1] Huber 1988, Band I, S. 198.
[2] Muckel 2002, Art. 4, Rdnr. 1.
[3] Morlok 2004, zu Art. 4 GG, Rdnr. 4.

wissensfreiheit) ausgestaltet waren, entwickelte sich die daraufhin auch in den deutschen Verfassungen verbürgte Garantie der Gewissensfreiheit. Sie wurde zunächst als Parallelrecht zur Glaubensfreiheit, dann als Teil der einheitlichen Glaubens- und Gewissensfreiheit verstanden.[4]
In Preußen entwickelte sich über die Rechtsgarantien des Westfälischen Friedens hinaus eine staatliche Gleichbehandlung der Konfessionen. Sekten wurden toleriert. Dies führte schließlich zu einer Festschreibung im Preußischen Allgemeinen Landrecht von 1794.[5]

2.3. Das Allgemeine Preußische Landrecht von 1794

Bei der Betrachtung des Prinzips der Trennung von Staat und Kirche markierte das Allgemeine Preußische Landrecht von 1794 einen beachtlichen Schritt hin zur freien Religionsausübung.[6] Dieses Landrecht beinhaltete nicht nur die Bekenntnisfreiheit, einen Glauben zu haben oder nicht zu haben, sondern auch die Freiheit, einen Glauben in Worten zu bekennen oder nicht zu bekennen, sich einer Glaubensgemeinschaft anzuschließen oder nicht anzuschließen und an Religionsübungen teilzunehmen oder nicht teilzunehmen.[7]
Erstmals betrieb der preußische Staat offen eine Politik der Neutralität gegenüber den verschiedenen Konfessionen. Er sah es als Vorteil, sich aus dem religiösen Bereich seiner Untertanen zurückzuziehen, um auch denjenigen, die nicht die Religion des Herrschers teilen, die Identifikation mit dem Staat zu ermöglichen.[8]
Selbst Kritiker der Anerkennung anderer als der beiden großen christlichen Glaubensgemeinschaften sahen im Allgemeinen Preußischen Landrecht den Ursprung der Respektierung kleinerer Religionsgemeinschaften und ihrer Glaubensübungen. Selbst der wenig liberale von Freytagh-Loringhoven stellte fest:

> „Schon im Preußen des Friedrichs des Großen hatte jeder nach seiner Fasson selig werden dürfen. Das Allgemeine Landrecht von 1794 gewährte jedem Einwohner im Staat eine vollkommene Glaubens- und Gewissensfreiheit. Art. 12 der alten preußischen Verfassung verbürgte die Freiheit des religiösen Bekenntnisses und der gemeinsamen häuslichen und öffentlichen Religionsausübung. In den anderen Bundesstaaten herrschte derselbe Rechtszustand [und]... § 5 des Allgemeinen Preußischen Landrechts... ist eine Sicherung für die noch umstrittene Gleichberechtigung des religiösen Bekenntnisses.“ [9]

---

[4] Campenhausen 1989, Bd. VI zu § 136, Rdnr. 24 f.
[5] Morlok 2004, zu Art. 4 GG, Rdnr. 7.
[6] Der Text auszugsweise abgedruckt in Huber 1973–1995, S. 3 ff.
[7] Huber 1988, Bd. III, S. 106.
[8] Campenhausen 1989, Bd. VI zu § 136, Rdnr. 19.
[9] Freytagh-Loringhoven 1924, S. 333 f.

Im Allgemeinen Preußischen Landrecht wurde unter anderem geregelt, dass der Genuss bürgerlicher und staatsbürgerlicher Rechte sowie die Zulassung zu staatlichen Ämtern unabhängig von dem religiösen Bekenntnis zu erteilen sind. Hierzu bemerkte von Freytagh-Loringhoven in einem Lehrbuch zur Weimarer Verfassung:

> „Diesen Satz finden wir in ... Art. 12 der alten Preußischen Verfassung ... und ist in der linksgerichteten Presse als Errungenschaft gefeiert worden, und zwar deshalb, weil er angeblich einem alten Unrecht ein Ende bereitete. In der Kaiserzeit sei den Juden der Zutritt zum Offizierskorps, in die Diplomatie und die Verwaltung verschlossen gewesen, dies sei nun nicht mehr der Fall. Abgelehnt und mit Recht abgelehnt wurde nicht der Bekenner der mosaischen Religion, sondern der Vertreter einer fremden Rasse, dem Führerstellung nicht eingeräumt werden durfte." [10]

Das Allgemeine Preußische Landrecht öffnete für weitere, auch nichtchristliche, Religionsgesellschaften Perspektiven. Zugleich brachte dies eine Erweiterung der religiösen Freiheitsrechte für ein breites Spektrum an Personen und Glaubensgemeinschaften.[11]

Es folgten weitere deutsche Verfassungen, die ebenfalls zusätzliche Religionsgemeinschaften zuließen, wenn auch zwischen der Hausandacht und der öffentlichen Andacht differenziert wurde.[12] Die Verfassung des Kurfürstentums Hessen von 1831 brachte als deutsche Verfassung die Bekenntnisfreiheit mit sich.[13] Weitere Auflockerungen für die Religionsausübungsfreiheit erreichten im Vormärz das Edikt über die Emanzipation der Juden (1812) und das Religionspatent (30.03.1847), die schließlich in die Paulskirchenverfassung von 1849 mündeten.[14]

2.4. Die Paulskirchenverfassung von 1849

Bereits bei der Diskussion über eine Verfassung in der neu gebildeten Nationalversammlung spielten religiöse Fragen eine erhebliche Rolle. Bei der Verfassungsdiskussion in der Paulskirche machte der Abgeordnete Jürgens folgenden Formulierungsvorschlag für die Verfassung:

> „Jeder Deutsche ist unbeschränkt in der Ausübung der christlichen Religion; auch ist die öffentliche Ausübung der jüdischen Religion allen Beschränkungen enthoben."

Zu dieser Formulierung kam es in der Konsequenz einer strikten Trennung von Staat und Kirche jedoch nicht, da keine Religionsgesellschaft in der Verfassung

[10] Ebenda, S. 337.

[11] Morlok 2004, zu Art. 140, Rdnr. 8.

[12] Siehe Titel VI der Verfassungsurkunde für Bayern, 1818, §§ 9, 10, 19 und Verfassungsurkunde für Württemberg, 1819, § 27.

[13] Campenhausen 1989, Bd. VI zu § 136, Rdnr. 27.

[14] Huber 1957, Bd. III, S. 106.

erwähnt werden sollte. Dieses Verständnis wurde aber der späteren Verfassung zugrunde gelegt.[15] Dass auch andere als die großen Religionsgemeinschaften hierbei im Blickfeld der Diskussion standen, zeigt die Diskussion um die bereits vorhandene Befreiung der Mennoniten vom Wehrdienst und die Frage der Vereinbarkeit mit Art. 12 der Paulskirchenverfassung.[16]
Die Forderungen nach Unabhängigkeit von Kirche und Staat wurden sowohl von kirchlichen Stellen als auch von antikirchlichen Gruppen gestellt, was der Abgeordnete Knoodt wie folgt zusammenfasste:

> „Lesen Sie die Petitionen! In fast allen wird verlangt die Unabhängigkeit der Kirche vom Staat." [17]

In der Konsequenz enthielt sich die Paulskirchenverfassung jeglicher kirchlicher, sogar christlicher Bezeichnung. Dafür schuf sie ein grundlegendes individuelles Recht des Einzelnen auf Religionsfreiheit im heutigen Sinne und übte bestimmenden Einfluss auf die preußische Verfassung von 1850 aus. Von da an war Religionsfreiheit für den Einzelnen nicht mehr nur ein Gewähren staatlicher Toleranz, sondern ein subjektives Recht, das er gegenüber dem Staat geltend machen konnte.[18]
Die Paulskirchenverfassung (Art. 5) und die ihr folgende Preußische Verfassung von 1850 (Art. 12–19) gewährleisteten erstmals die freie Bildung von Religionsgemeinschaften sowie die freie öffentliche Religionsausübung. Glaubens- und Gewissensfreiheit erschienen hier als konstitutives Prinzip des Staates und der Gesellschaft, während sich die Toleranz aus Gründen praktischer Politik ergab.[19] Die herrschende Lehre verstand Art. 12 überdies nicht nur als Gewährleistung der positiven, sondern auch der negativen Religionsfreiheit.
Selbst als der preußische König in einem Gegenschlag zur Revolution von 1848 die Nationalversammlung auflöste und eine revidierte Verfassung in Kraft setzte, stimmte diese in den staatskirchenrechtlichen Bestimmungen mit der Paulskirchenverfassung größtenteils überein.[20] So konnten sich Juden zum Schutze des Sabbathaltens auf § 145 der Verfassung berufen, der aussagte:

> „Jeder Deutsche ist unbeschränkt in der gemeinsamen häuslichen und öffentlichen Übung seiner Religion."

In der Folge galt aufgrund des als Reichsgesetz übergeleiteten Gesetzes des Norddeutschen Bundes von 1869 im gesamten Kaiserreich das Recht der Gleichbehandlung ohne Rücksicht auf den individuellen Glauben.[21] In diesem Zusammenhang kam es auch zum Erlass des ersten formell geregelten Rechts

---

[15] Scholler 1982, S. 180.
[16] Anschütz 1933, S. 200.
[17] Scholler 1982, S. 178.
[18] Muckel 2002, zu Art. 4, Rdnr. 1.
[19] Campenhausen 1989, Bd. VI zu § 136, Rdnr. 28.
[20] Huber 1973–1995, Bd. III, S. 34.
[21] Campenhausen 1989, Bd. VI zu § 136, Rdnr. 29 f.

auf Unterrichtsbefreiung für jüdische Schüler an Sabbaten und besonderen jüdischen Feiertagen.[22]

2.5. Die Weimarer Verfassung

2.5.1. Entstehung

Bei der Entstehung der Weimarer Verfassung wurde die Diskussion, ähnlich wie bei der Schaffung der Paulskirchenverfassung, wieder von der Frage bestimmt, wie Staat und Kirche weitestgehend getrennt oder zumindest ein gesetzliches Mindestmaß von Berührung staatlicher und kirchlicher Fragen festgesetzt werden kann.[23]
So war konsequenterweise in den ersten Entwürfen zur Weimarer Verfassung von einem Sonn- und Feiertagsschutz nicht die Rede. Erst aufgrund einer Intention des Deutschen Evangelischen Kirchenausschusses wurde eine entsprechende Vorschrift aufgenommen, die sich an der als Arbeiterschutzgesetz bezeichneten Novelle zur Gewerbeordnung vom 01.06.1891 orientierte.[24] Dies zeigt deutlich, dass der individuelle Feiertagsschutz aller Gläubigen bereits in der Weimarer Verfassung nicht auf Art. 139 WRV basierte, sondern auf dem Recht auf ungestörte Religionsausübung, Art. 135 WRV. So prallten bei der Diskussion um die Religionsgesellschaften die Fronten bei der Verfassungsdiskussion um den Status der Gesellschaften hart aufeinander, während Art. 139 WRV fast unbeachtet blieb, da die sozialistischen Parteien darin die sozialpolitisch erwünschte Festschreibung eines arbeitsfreien Tages in der Woche erblickten und die bürgerlichen Parteien einen Fortbestand des Sonntags und der christlichen Feiertage sahen.[25]
Bei der Diskussion um die Feiertagsregelung standen zahlreiche, damals noch nicht rechtsfähige Religionsgemeinschaften im Blickfeld:

> „Die Gesellschaft der Freunde, die evangelische Gemeinschaft der orthodoxen anatolischen Kirche, die evangelisch-lutherische Freikirche, die Nazarener, die Templer, die neue Kirche, die altreformierte Kirche, die evangelisch-reformierte Freikirche, die anglikanische Kirche, die freien evangelischen Gemeinden, die Gemeinde Gottes, die Methodistenkirche, die Adventisten vom Siebenten Tage, die Vereinigung ernster Bibelforscher, die offenen Brüder, die christliche Wissenschaft, die Kirche der Heiligen der letzten Tage, die freireligiösen Gemeinden und die Buddhisten.“ [26]

[22] Landé 1929, S. 306 ff.
[23] Ziegler 1932, S. 125.
[24] Brecht 1922, S. 66.
[25] Campenhausen 1999, Art. 140 GG – Art. 139 WRV, Rdnr. 3.
[26] Giese 1925, zu Art. 137, Ziff. 8.

2.5.2. Feiertagsschutz

Das Feiertagsschutzrecht wurde in zwei völlig verschiedenen Bereichen verankert, zum einen im Feiertagsschutzrecht, das seine Ausformung in Art. 139 WRV fand, zum anderen im Begriff der „vollen Glaubens- und Gewissensfreiheit“, Art. 135, Abs. 2 WRV. Es war offensichtlich, dass bei dem in Art. 139 WRV deklarierten Sonntagsschutz nicht so sehr der religiöse, als vielmehr der sozialpolitisch-ethische Gesichtspunkt im Mittelpunkt stand.[27] Hingegen wurde bei der Diskussion um die Religionsausübungsfreiheit und des Feiertagsschutzes deutlich, dass die verfassungsgebende Versammlung beispielsweise auch Juden und Adventisten im Blickfeld hatte, da diese offensichtlich nicht den Sonntag als ihren Feiertag ansahen.[28]
Bezüglich der Sonn- und Feiertage spricht Art. 139 WRV sogar ausdrücklich von „Schutz“.[29] Diese Norm erfüllt eine Doppelfunktion. Neben einer Konkretisierung des Sozialstaatsgebots „als Tage der Arbeitsruhe“ stellt er auch eine Ausprägung des Religionsschutzes – „und der seelischen Erhebung“ – dar. Hier wird von „Förderung der Religionsausübung“ gesprochen.[30] Es wird argumentiert, dass der Schutz der christlich-kirchlichen Feiertage und der Sonntage aufgrund ihrer Natur in erster Linie für christliche Gemeinschaften bedeutend ist. Dies kann aber zur Zeit der Entstehung der Weimarer Reichsverfassung im Blick auf die bereits vorhandenen nichtchristlichen Religionen bezweifelt werden.
Hieraus aber zu folgern, dass dies eine zulässige Durchbrechung des Paritätsgebotes sei, mit dem Argument, dass eine strikte Parität nicht in jedem Fall vorrangig vor der kulturellen Verwurzelung des Staates im christlich-abendländischen Kulturkreis sei[31], geht am Grundverständnis des Art. 139 WRV vorbei. Vielmehr sagt dieser aus, dass

> „der religiös neutrale Staat zu paritätischer Behandlung aller Religionsgemeinschaften und ihrer Mitglieder sich verpflichtet. Die Orientierung der staatlichen Feiertagsgesetzgebung an der christlichen Tradition bedeutet als solche noch keine Verletzung der Paritätspflicht“.[32]

Daher war der Schutz der Feiertage der Minderheiten im Rahmen der Religionsausübungsfreiheit kein Gegensatz zum Feiertagsschutz des Art. 139 WRV. Hierdurch trat die positive Grundeinstellung den Religionsgemeinschaften gegenüber hervor. Die Religionsausübungsfreiheit fand sich in Art. 136 der

---

[27] Ebenda, Art. 139, Ziff. 2.
[28] Ebenda, Art. 137, Ziff. 7 und 8.
[29] Kästner 1995, S. 341 f.
[30] Camphausen 1999, Art. 140 GG – Art. 139 WRV, Rdnr. 17; ebenso Kästner 1995, S. 337, 350, der Art. 139 WRV als ausdrückliche Förderung religiöser Belange bezeichnet.
[31] So Pagels 1999, S. 184.
[32] Camphausen 1999, Art. 140 GG – Art. 139 WRV, Rdnr. 14.

Reichsverfassung.[33] Beispielsweise wurden jüdische Schüler an ihren Feiertagen vom Unterricht befreit.[34]

2.6. Die nationalsozialistische Zeit

Die Verfassungsbestimmungen galten formal auch während der Herrschaft der Nationalsozialisten, jedoch war deren Politik auf die Zurückdrängung der Glaubens- und Gewissensfreiheit gerichtet.[35] Erstaunlicherweise erfuhr in der nationalsozialistischen Zeit Art. 139 WRV (in der Verfassungstheorie) keine grundlegende Umgestaltung.[36] Ein Erlass des Reichsministers des Inneren an die Unterrichtsverwaltungen der Länder vom 15.03.1934 besagte:

> „Die jüdischen Schüler können am Neujahr (jüdisches Neujahrsfest) 2 Tage, am Versöhnungsfest 1 Tag, am Laubhüttenfest 2 Tage, am Beschlussfest 2 Tage, am Passahfest die 2 ersten und die 2 letzten Tage und am Pfingstfest 2 Tage dem Unterricht fernbleiben. An den gewöhnlichen Samstagen können die jüdischen und adventistischen Schüler auf Ansuchen der Erziehungsberechtigten ganz oder für die Stunde des Gottesdienstes vom Schulbesuch befreit werden. Wer hiervon keinen Gebrauch macht, muss am gesamten lehrplanmäßigen Unterricht, auch in Zeichnen, Schreiben, Handarbeit und Werkunterricht teilnehmen. Für die aus derartigen Versäumnissen entstehenden Folgen kann die Schule keine Verantwortung übernehmen." [37]

Die Folgen gingen für die betroffenen Schüler meist sehr weit. Die theoretische Religionsausübungsfreiheit machte der Reichsminister für Volksaufklärung und Propaganda, Joseph Goebbels, in einer Rede am 4.08.1935 auf einem Parteitag deutlich:

> „Wir achten jede religiöse Überzeugung. Der Ton liegt auf jede! Wir dulden keine neue Inquisition. Wir eignen uns nicht dazu, wie im Mittelalter Scheiterhaufen aufzurichten. Bei uns kann jeder nach seiner Fasson selig werden [zitiert von Friedrich dem Großen]. Die Jugend zur Religiosität zu erziehen mag Sache der Kirchen sein. Die Jugend politisch zu erziehen ist unsere Sache." [38]

Die Realität sah für Juden, Zeugen Jehovas und Adventisten bekanntermaßen anders aus.

---

[33] Siehe Artikel 136 der Reichsverfassung (Anhang X).

[34] Landé 1928, S. 88; siehe auch die Regelung des Artikel 149 der Reichsverfassung (Anhang X).

[35] Winter 2001, S. 24.

[36] Campenhausen 1999, Art 140 GG – Art 139 WRV, Rdnr. 14.

[37] Religionsfreiheit 1935, S. 65.

[38] Ebenda, S. 9.

2.7. Der Feiertagsschutz bei der Entstehung des Grundgesetzes

In den Beratungen im Parlamentarischen Rat fand keine Diskussion über Art. 139 WRV statt.[39] Diese Aussage verkürzt jedoch das Geschehen im Parlamentarischen Rat, in dem sich der Ausschuss für Grundsatzfragen in immerhin neun seiner Sitzungen mit Fragen des Staatskirchenrechtes befasste. Er beriet allerdings immer Anträge, die keineswegs eine Übernahme der Bestimmungen der Weimarer Reichsverfassung vorsahen.[40]
Vielmehr konzentrierte sich die Diskussion auf die Ausformung des Rechtes der Glaubens- und Gewissensfreiheit, wie sie schließlich in Art. 4 GG ihren Niederschlag fand. Hier drückte sich die Tendenz aus, vom kooperativ vermittelten Recht zum voll entwickelten Menschenrecht im säkularen Staat der Bundesrepublik Deutschland zu gelangen. So rückten bei den Gesprächen um die Formulierungen des Art. 4 GG Minderheiten, die besonders unter dem Nationalsozialismus zu leiden hatten, in das Blickfeld der Diskussion. Dies zeigte sich zunächst bei der Diskussion um die Kriegsdienstverweigerer, Art. 4, Abs. 3 GG, ging dann aber auch auf die Frage des Feiertagsschutzes über.[41]
Erst nach mehreren Anträgen der evangelischen und katholischen Kirche befasste sich der Ausschuss für Grundsatzfragen, der die Grundrechte im Wesentlichen formulierte, in seiner 24. Sitzung erstmals mit Fragen des Feiertagsschutzes, wobei die Ausschussmitglieder in Anerkennung religiöser Pluralisierung auch andere Feiertage als die in Art. 139 WRV aufgeführten im Blick hatten.[42]
Dies belegt das Protokoll dieser Ausschuss-Sitzung, in der der Abgeordnete und spätere Bundespräsident Theodor Heuss festhielt:

> „Wenn Sie an einem Sonntagnachmittag ab 14:00 Uhr durch ein württembergisches Dorf gehen, hören Sie fast aus jedem vierten oder fünften Haus Gesang, weil eine Sekte ihren Spezialgottesdienst abhält. Der normale Pfarrer ist ihnen nicht fromm genug, sie holen sich am Nachmittag noch ihren Kreis zusammen ... Das sind die Sabbatisten usw. Da haben wir einen ganzen Katalog von ehrbaren Leuten ... Ich halte es für einen Pleonasmus. Es ist keine Verbesserung, wenn es hineinkommt [gemeint war der Schutz der privaten Religionsausübung statt des allgemeinen Begriffs der Freiheit des Glaubens, Anm. Verf.].“ [43]

Der Abgeordnete Bergsträsser wünschte dennoch die Aufnahme der privaten Religionsausübung in das Grundgesetz. Der Ausschussvorsitzende von Mangoldt lehnte diesen Vorschlag ab, da er ihn für nicht notwendig hielt. Seiner Ansicht nach sei es durchaus anerkannt, dass die ungestörte Religionsausübung sich sowohl auf die öffentliche als auch auf die private Religionsausübung beziehe: „Das ist nie umstritten gewesen.“ Das weitere Gespräch ergab, dass

---

[39] Campenhausen 1999, Art. 140 GG – Art. 139 WRV, Rdnr. 3.
[40] Ullmann 2002, S. 91.
[41] Morlok 2004, Art. 4, Rdnr. 13 und 14.
[42] Ebenda, Art 140, Rdnr. 11 und 12.
[43] Der Parlamentarische Rat 2003, S. 762.

sich dies ausdrücklich auf die jüdische Religionsausübung bezog. Schließlich wurde übereinstimmend festgehalten, dass

> „in Bezug auf Kirche Religionsausübung usw. den Wünschen, die von ihrer Seite [der für die Glaubensgemeinschaften Sprechenden, Anm. d. Verf.] vorgebracht worden sind, voll Rechnung getragen wurde. Wir haben den Artikel über Religionsausübung [gemeint ist der Art. 4 GG, Anm. d. Verf.] so weit und breit gefasst, dass jeder auf seiner Seite zufrieden sein kann.“ [44]

Somit war geklärt, dass alle diesbezüglichen Ansprüche auf ungestörte Religionsausübung als subjektives Recht durch Art. 4 GG gesichert sind.

[44] Ebenda, S. 812.

3. Religionsfreiheit und Reichsverfassung

Spätestens seit der Entscheidung des Bundesverfassungsgerichts über die rechtmäßige Zulässigkeit der Streichung des Buß- und Bettages als staatlich anerkannter Feiertag, ist für jedermann offenkundig, dass die Berufung auf Art. 140 GG i.V.m. Art. 139 WRV keinen Schutz gegen die „Entstaatlichung" eines Feiertages darstellt.[1] Dies wirft die Diskussion um das Verhältnis des Art. 4 GG zu Art. 140 GG i.V. mit Art. 139 WRV auf.
Das BVerfG hatte ausgeführt, dass Art. 139 WRV lediglich eine objektivrechtliche Institutsgarantie ohne subjektive Berechtigung darstellt. Der Norm kann auch keine Gewährleistung für das Fortbestehen bestimmter Feiertage, also keine Bestandsgarantie für einen konkreten Feiertag oder eine bestimmte Anzahl derselben entnommen werden. Die Bestimmung besagt nur, dass solche Feiertage, soweit sie festgesetzt sind, staatlichen Schutz genießen und dass der Gesetzgeber nicht schlechthin alle Feiertage und damit das Institut selbst beseitigen darf. Gleiches gilt für das weitere Bestehen des Sonntagsschutzes. Dies beruht auf dem Verständnis, dass die durch Art. 140 GG inkorporierten Artikel der Weimarer Reichsverfassung voll gültiges Recht, und zwar Verfassungsrecht geworden sind. Bis hierhin herrscht weitgehend Einigkeit in Rechtsprechung und Literatur.[2]
Schon bei der weiteren Überlegung, ob die inkorporierten Artikel der WRV auf der gleichen Stufe stehen wie die übrigen Normen des Grundgesetzes, gehen die Meinungen auseinander. Dies ist aber entscheidend für die Frage, wie weit der Feiertagsschutz geht und wo seine Grenzen sind.
Auf der einen Seite wird, gestützt auf zahlreiche Entscheidungen des BVerfG, festgehalten, dass ein Nebeneinander von Art. 4 GG und Art. 139 WRV besteht.[3] Betont wird hier die grundsätzliche Gleichrangigkeit der Normen, d.h. die Betonung des subjektiven Rechtsgehaltes des Art. 139 WRV.[4]
Das Bundesverfassungsgericht hat sich in einer Entscheidung[5] auf den Standpunkt gestellt, dass Art. 136 Abs. 1 WRV durch Art. 4 GG überlagert werde. Neureither stellt hierzu fest, dass unter dem Blickwinkel, dass das Staatskirchenrecht stärker als bisher in die allgemeinen dogmatischen Strukturen des Grundrechtssystems eingebettet werden müsse, dieser Ansatz des Bundesverfassungsgerichts jedenfalls plausibel ist.[6]
Auf der anderen Seite wird die Auffassung vertreten, dass Art. 139 WRV keinen eigenständigen Rechtsgehalt mehr besitze und daher, aufgrund der staatlichen Bekenntnisneutralität, lediglich eine deklaratorische Festlegung beinhaltet. Je

---

[1] BVerfG in NJW 1995, S. 3378.
[2] So dargestellt bei Korioth 1998, Art. 140 GG, Rdnr. 8
[3] So BVerfGE 19, S. 219, aber auch schon BVerfGE 1, S. 32.
[4] So Morlok und Heinig 2001, S. 846.
[5] BVerfGE 33, 23, 30f.
[6] Neureither 2002, S. 53.

näher man Art. 139 WRV an Art. 4, Abs. 1 und 2 GG rückt, desto stärker wird die Bekenntnisfreiheit derer, denen ein anderer Tag der Woche oder keiner mehr heilig ist. Diese Ansicht beruht auf dem Verständnis, dass Art. 139 WRV bei der Übernahme in das Grundgesetz seine – für die Vergangenheit unbestrittene – religiöse Dimension verloren hat. Diese Haltung, auch als Lehre vom Bedeutungswandel bezeichnet, verfügt über zahlreiche Anhänger.[7]
Die Gegner der Lehre vom Bedeutungswandel vertreten die Auffassung, dass der ursprüngliche Sinngehalt des Art. 139 WRV als Koppelung weltlicher und religiöser Bedürfnisse weiter besteht.[8] Durch die Schaffung des Art. 4 GG habe sich nichts an der Bedeutung des Art. 139 WRV geändert, noch sei er Art. 4 GG unterzuordnen.
Maunz führt an, dass ein Bedeutungswandel der Artikel der Weimarer Reichsverfassung nach Inkorporierung in das Grundgesetz nicht stattgefunden hat. Vielmehr sei Art. 4 GG an die Stelle des Art. 135 WRV getreten, lediglich mit der Veränderung, dass Art. 4 GG im Gegensatz zu Art. 135 WRV nun ohne Vorbehalt der allgemeinen Gesetze gefasst ist. Dies führt zu dem Schluss, dass die Ausübung der Religionsfreiheit aus Art. 4, Abs. 1 und 2 GG erleichtert wird.[9]
Beide Seiten zitieren in ihren Beiträgen richtig, dass, wie unter § 2 gezeigt, im Parlamentarischen Rat nicht über Art. 139 WRV diskutiert, er lediglich gleichsam kommentarlos über Art 140 GG inkorporiert wurde. Daher kann eine genaue Betrachtung des Wortlautes der Vorschrift weiterhelfen. Dieser ist aber seit 1919 unverändert ein Verfassungskompromiss, der sozialpolitische und sozialethische Anliegen mit religiösen Bedürfnissen in gelungener Weise verbindet.[10]
Ausführlich diskutiert Neureither[11] diese Fragestellung anhand von Eingriffs- und Schrankendefinitionen bei Art. 4 GG. Er stellt zunächst fest, dass Art. 4 GG ohne ausdrückliche Schranken garantiert ist und daher einen ausgesprochen weitreichenden Schutz bietet. Er fragt aber, ob eine Neudefinition des Schrankensystems unter Heranziehung von Art. 136 WRV vorzunehmen ist. Nach der Rechtsprechung des Bundesverfassungsgerichts kann nur konkurrierendes Verfassungsrecht die Legitimation für die Einschränkung der Religionsfreiheit (und anderer, vergleichbar garantierter Grundrechte) liefern.[12]
Dieser Ansatz überzeugt nach Neureither[13] allerdings nur begrenzt. Darüber hinaus erlauben auch die Artikel der WRV nicht Eingriffe beliebiger Art.
Vielfach wird eher der individualrechtliche Charakter von Art. 4 GG verkannt, der auch Minderheitsauffassungen in der Religionsgemeinschaft schützt. Dies

[7] Hierzu zählt Renck 2002, S. 173 ff.
[8] So Kästner 1995, S. 341.
[9] Korioth 1998, Art. 140 GG – Art. 139 WRV, Rdnr. 2.
[10] So Winter 2001b, S. 199.
[11] Neureither (2002) widmet dieser Fragestellung einen wesentlichen Teil seiner Dissertation, so auf S. 51ff.
[12] BVerfGE 32, 98 (108) zu Art. 4 GG.
[13] Neureither 2002, S. 51.

führt Neureither zu dem richtigen Ergebnis, dass die in Art. 4 GG normierte Religionsfreiheit einen deutlich engeren und zugleich klar von anderen Grundrechten zu unterscheidenden Anwendungsbereich aufweist.[14]
Wie bereits in der Einleitung ausgeführt, unterscheiden sich Ansichten häufig bereits im Staatsverständnis, wie religiös der Staat handeln will und darf, so auch hier.
Mit dem Verständnis, dass die Bundesrepublik Deutschland religionsfreundlich handeln will und soll, kommt Hemmrich zu dem Ergebnis, dass Art. 4 GG und Art. 140 GG i.V. mit Art. 139 WRV auf einer Stufe stehen. Er betont aber gleichzeitig, dass

> „die inkorporierten Artikel der Weimarer Reichsverfassung mit den übrigen Verfassungsbestimmungen ein organisches Ganzes bilden und nach dem Sinn und Geist der grundgesetzlichen Wertordnung zu interpretieren sind". [15]

Dabei sei es nur konsequent, das Verhältnis zwischen Art. 4 GG und den inkorporierten Artikeln der Weimarer Reichsverfassung aus der grundgesetzlichen Ordnung heraus selbst zu bestimmen.[16]
Trotz grundsätzlicher Gleichrangigkeit von Art. 4 GG und den Artikeln der Weimarer Reichsverfassung komme der in Art. 4 GG aufgeführten Glaubens-, Gewissens- und Bekenntnisfreiheit besondere Bedeutung und Gewicht zu.[17]
Aufgrund dieser Sichtweise können und sollen die Feiertagsgesetze der Länder Schutzvorschriften für Feiertage kleinerer Religionsgemeinschaften vorsehen.[18]
Der Feiertagsschutz aller Religions- und Weltanschauungsgemeinschaften steht neben den deklaratorischen Regelungen der inkorporierten Artikel der Weimarer Reichsverfassung. Dies ergibt ein gleichberechtigtes Nebeneinander von bekenntnisneutralem Feiertagsschutz und bekenntnisgebundenem staatlichen Sonn- und Feiertagsschutz. Dies bildet die Grundlage dafür, dass, wie Winter betont,

> „der Schutz von Sonn- und Feiertagen ein zentrales Element unserer gesamten öffentlichen Ordnung bildet, weil er einen verbindlichen Ordnungsrahmen für einen kollektiven Zeitrhythmus in allen Lebensbereichen vorgibt." [19]

[14] Ebenda, S. 58.
[15] Hemmrich 2003, Art 140, Rdnr. 48.
[16] BVerfGE 19, S. 206, 219.
[17] Ausführlich BVerfGE 19, S. 206, 219 f.
[18] Morlok 2004, Art. 140 GG – Art. 139 WRV, Rdnr. 14.
[19] Winter 2001b, S. 204.

4. Feiertagsschutz in Schule, Studium und Ausbildung

4.1. Schule

Grundsätzlich gilt, dass die gemeinsame Erziehung der Kinder in der Schule eine unbeschränkte Anerkennung religiöser Feiertage oder freier Wochentage aus religiösen Gründen verbietet. Planmäßiger Unterricht schließt regelmäßiges oder häufiges Fehlen einzelner Schüler aus. Der Sonntag muss wegen Art. 140 GG i.V. mit Art. 139 WRV schulfrei sein. Da es Religionen gibt, die den Samstag heiligen und solche, die den Freitag heiligen, wäre gemeinsamer Unterricht nur noch an vier Tagen in der Woche möglich, was die Schüler bei gleicher Stoffmenge überfordern würde. Die Institution Schule setzt daher der allgemeinen Anerkennung freier Wochentage für Angehörige bestimmter Religionen Grenzen.[1]
In besonders gelagerten Fällen, in denen starker Glaubenszwang mit der erwiesenen Fähigkeit eines Kindes, selbständig zu lernen, einhergeht, gebietet das Verhältnismäßigkeitsprinzip, den religiös geheiligten Wochentag für das betreffende Kind schulfrei zu halten. Hingegen ist bei einzelnen hohen Feiertagen auf Verlangen aus religiösen Gründen stets schulfrei zu geben.[2] Hierbei kommt es nicht darauf an, ob die Gläubigen einer anerkannten Religionsgemeinschaft angehören, wie das BVerwG 1973 in einem Grundsatzurteil entschieden hatte:[3]

Erstes Verfahren: Unterrichtsbefreiung

Sachverhalt: Die Klägerin gehört einem losen Kreis von 20 bis 30 gleichgesinnten Personen an, die etwa einmal im Monat zusammenkommen und sich mit der Bibel und deren Auslegung beschäftigen. Der im Laufe des Verfahrens verstorbene Ehemann der Klägerin war Mitglied der evangelisch-freikirchlichen Baptistengemeinde. Die Klägerin war aus dieser Gemeinde ausgetreten, da diese den Sabbat nicht heiligten. Der Ehemann hatte vor dem Verwaltungsgericht erklärt, er halte die Auffassung der Klägerin für richtig. Die Klägerin und ihr Ehemann beantragten unter Berufung auf die Sabbatheiligung (2. Mose 20,8–11) Unterrichtsbefreiung für ihre schulpflichtigen minderjährigen Kinder. Das beklagte Schulamt lehnte den Antrag ab.

Entscheidung: Das BVerwG stellte zunächst fest, dass die im Land Nordrhein-Westfalen für Kinder jüdischen Glaubens und der Siebenten-Tags-Adventisten vorgesehene Befreiung vom Schulbesuch an Samstagen rechtmäßig ist. Unter dem Gesichtspunkt des Gleichheitssatzes haben auch andere Religionsgemein-

---

[1] Starck 1999, Art. 4, Abs. 1 und 2, Rdnr. 111.
[2] Ebenda, Art. 4, Abs. 1, Rdnr. 111.
[3] BVerwGE 42, S. 128.

schaften denselben Anspruch wie Juden und Siebenten-Tags-Adventisten. Eine Differenzierung nach der Organisation der Religionsgemeinschaft ist hierbei im Hinblick auf Art. 4, Abs. 1 und 2 GG unzulässig.

Würdigung: Ob die Klägerin wegen ihrer auf das biblische Gebot der Sabbatheiligung gestützten Glaubensüberzeugung unmittelbar aus Art. 4, Abs. 1 und 2 GG in Verbindung mit Art. 6, Abs. 2 Satz 1 GG einen Anspruch auf Unterrichtsbefreiung an Samstagen hatte, ließ das Gericht offen. Das Gericht stützte seine Entscheidung auf die Verletzung des Art. 3 GG durch die Vorinstanz.
Die wegen der Sabbatheiligung Juden und Siebenten-Tags-Adventisten gewährte Befreiung vom Schulbesuch ist für jeden Gläubigen, unabhängig der Zugehörigkeit zu einer anerkannten Glaubensgemeinschaft, gültig. Jeder kann in zulässiger Weise sein Grundrecht auf ungestörte Religionsausübung ausüben.
Die Befreiung vom Schulunterricht an einem einzelnen Wochentag aus religiösen Gründen ist laut Art. 4 GG zulässig. Der Grundsatz der religiösen und konfessionellen Neutralität des Staates verbiete dem Staat – entgegen der Auffassung der Vorinstanz – nicht, dass er als Träger der Schulhoheit, mit Rücksicht auf die religiöse Überzeugung von Schülern und deren Erziehungsberechtigten, Befreiung von der Schulpflicht an bestimmten Tagen gewährt. Allerdings wird das durch Art. 7, Abs. 1 GG geschützte staatliche Schulerziehungsrecht, das allen jungen Bürgern gemäß ihren Fähigkeiten Bildungsmöglichkeiten gewähren soll, nicht unerheblich berührt. Dies kann bei regelmäßigen Fehlzeiten soweit führen, dass der Unterricht der gesamten Klasse gehemmt wird. Diese Befreiung verstößt auch nicht gegenüber den anderen Schülern gegen Art. 3 GG.[4] Hierbei genießen Schüler nicht nur eine Eingriffsabwehr, sondern auch eine staatliche Schutzpflicht aus Art. 4 GG.[5]
Zippelius folgend gilt heute unumstritten, dass eine Befreiung vom Schulunterricht aus religiösen Gründen mit Blick auf die Religionsfreiheit nicht nur zulässig, sondern geboten ist.[6] Dies ist vielfach in Schulbesuchsverordnungen deutlich zugunsten des Feiertagsschutzes religiöser Minderheiten geregelt.[7]
So sind die Schüler der Gemeinschaft der Siebenten-Tags-Adventisten und jüdische Schüler in allen Schulbesuchsverordnungen am Samstag vom Schulbesuch befreit. Für jüdische Schüler gilt dies auch an ihren besonderen Feiertagen. Diese Regelung ist eine Fortsetzung der preußischen Schulpraxis,[8] bei der bereits im 19. Jahrhundert Schüler Unterrichtsbefreiung an ihren Feiertagen gewährt worden war. Die Befreiung gilt auch für Klassenarbeiten und Einschulungstermine am Samstag.
Dies ist auch ganz im Sinne einer Entschließung des Europäischen Konzils vom 20.03.1952, die unter Bezug auf die allgemeine Erklärung der Menschenrechte

[4] Mager 1996, Art. 4, Rdnr. 65 – Schulwesen.
[5] Morlok 2004, Art. 140 GG – Art. 139 WRV, Rdnr. 14.
[6] Zippelius 2002, Art. 4, Rdnr. 107.
[7] Siehe die Schulbesuchsverordnungen der Bundesländer, zusammengefasst in Anhang III.
[8] Landé 1929, S. 306 ff.

in Art. 2 festhielt:

> „Jeder hat das Recht auf Bildung. Der Staat, der verschiedene Funktionen im Bereich der Erziehung und des Schulwesens wahrnimmt, muss das Recht der Eltern, die Erziehung und Schulbildung gemäß ihrer religiösen und philosophischen Überzeugung durchzuführen, gewährleisten.“ [9]

Hierzu gehört auch die Möglichkeit, den Glauben gemäß der religiösen Überzeugung zu leben. Das schließt das Einhalten der Feiertage mit ein.
In Berufung auf das o.g. Urteil des Bundesverwaltungsgerichts haben zwischenzeitlich alle in § 1 genannten Religionsgemeinschaften entsprechende Anträge auf Unterrichtsbefreiung gestellt. Diese wurden zwar unterschiedlich im Ergebnis, aber zufriedenstellend in den jeweiligen Schulbesuchsverordnungen umgesetzt.

4.2. Studium

Mancherorts tauchte die Frage nach einer Befreiung bzw. Verlegung von Klausuren, weg von Samstagen, auf. In der Regel wurde dies nicht gerichtlich entschieden, sondern die jeweilige Hochschule genehmigte unproblematisch die gewünschte Befreiung. Dennoch kommt es in diesem Bereich immer wieder zu Streitigkeiten.
Bei einer beantragten einstweiligen Anordnung wegen der Verlegung von Klausurterminen von Samstagen auf andere Wochentage für zwei adventistische Studentinnen, änderte die Hochschule noch vor einer Entscheidung des OVG Nordrhein-Westfalen den Klausurtermin so, dass das Gericht nach übereinstimmender Erledigungserklärung lediglich bei der Entscheidung über die Kosten des Verfahrens den antragstellenden Studentinnen Recht zusprechen konnte.[10]

Zweites Verfahren: Klausurverlegung für Studierende

Sachverhalt: Zwei Studentinnen der Medizin an der Universität Köln beantragten 1982 zunächst beim zuständigen Hochschullehrer, die jeweils auf Samstag angesetzten Klausurtermine des (Pflicht–) Praktikums für physiologische Chemie des Sommersemesters 1983 auf einen anderen Wochentag zu verlegen oder Nachklausuren an einem anderen Wochentag zu bewilligen. Sie machten unbestritten geltend, als Siebenten-Tags-Adventisten aufgrund ihrer religiösen Überzeugung den Sabbat durch Arbeitsruhe zu heiligen. Dies schließe auch ein, an Samstagen nicht zu studieren und folglich auch keine Prüfungen an Samstagen abzulegen.

---

[9] 1. Protokoll des Conseil de l'Europe vom 20. 03. 1952.
[10] OVG NRW Beschluss vom 07. 08. 1984 – 6 L 477/84.

Der Hochschullehrer hatte sich aber, auch nach Einschaltung des Rektors der Universität, nicht zu einem Entgegenkommen bereit erklärt. Im Sommersemester 1983, Wintersemester 1983/84 und Sommersemester 1984 wurden die Klausurtermine erneut auf Samstage festgelegt. Gleiches war auch für die Zukunft geplant. Die vom Rektor unterstützten Bemühungen der Studentinnen, diese Prüfung an einer anderen Universität durchzuführen, scheiterten an den jeweiligen Prüfungsordnungen.

Würdigung: Das Gericht stellte zunächst fest, dass die Antragstellerinnen wesentliche Nachteile, u.a. zwei „Leersemester", in Kauf genommen und durch ihre nachhaltigen Bemühungen um Abhilfe die Ernsthaftigkeit ihrer religiösen Bindung glaubhaft gemacht hatten. Aufgrund der beibehaltenen Terminierungspraxis drohte ihnen ein weiterer unabsehbarer „Leerlauf". Darüber hinaus wurde festgestellt, dass mögliche Terminverlegungen oder Nachklausuren die anderen Studenten im Sinne eines möglichen Verstoßes gegen Art. 3 GG beeinträchtigen.

Die Wissenschaftsfreiheit aus Art. 5, Abs. 3 GG findet, soweit es um Prüfungen geht, in den Grundrechten der Studentinnen aus Art. 12 i.V. mit Art. 4 GG eine immanente Schranke. Im Spannungsfeld zwischen den Interessen der Antragstellerinnen und den Organisationsinteressen der Universität und des verantwortlichen Hochschullehrers haben letztere zurückzustehen. Einwände des Hochschullehrers, Terminverlegungen, Nachklausuren, mündliche Prüfungen oder Einzelprüfungen seien nicht möglich oder würden sich nicht mit dem didaktischen Konzept vertragen, müssen deswegen hinter dem Religionsausübungsrecht der Antragstellerinnen zurückstehen. Der Schutzbereich des Art. 4 GG geht weiter als das weite Ermessen der Hochschule bei der Festlegung von Klausurterminen.
Das Ermessen der Hochschule wird bei entgegenstehenden Grundrechtspositionen – der Feiertagsschutz als Ausdruck der Religionsausübungsfreiheit, Art. 4 GG – erheblich eingeschränkt. Wie die Hochschule dem Anliegen der Studentinnen Rechnung trägt bleibt in ihrem Ermessen.
Die gebotene Rücksichtnahme seitens der Hochschule ist nur möglich, indem sie dem Anliegen der Studentinnen Rechnung trägt, da diese ihr Berufsziel anders nicht erreichen. Ein Hochschulwechsel ist jedenfalls nicht zumutbar.
Zahlreiche Wissenschaftsministerien begegneten nach dieser Entscheidung dieser Fragestellung durch Runderlasse, in denen sie die betroffenen Glaubensgemeinschaften baten, auf ihre Mitglieder dahingehend einzuwirken, rechtzeitig Anträge auf Terminverlegung zu stellen. Die Hochschulen wurden darauf hingewiesen, einem religiös motivierten Antrag auf Verlegung von Prüfungen oder Praktika zuzustimmen.[11]

[11] Runderlass des Ministerium für Wissenschaft und Kunst Baden-Württemberg vom 19.02.1990, als Anhang XI.

Die Abwägung der widerstreitenden Interessen wurde damit klar zugunsten der Religionsausübungsfreiheit der Studierenden entschieden, so dass es keiner weiteren klärenden Gerichtsentscheidungen mehr bedurfte. Dennoch sah sich der Zentralrat der Juden in Deutschland, aufgrund immer wieder stattfindender Universitätsprüfungen an Samstagen, und somit am jüdischen Sabbat, gezwungen, sich an die Hochschulrektorenkonferenz zu wenden. Daraufhin kam es zu einer Empfehlung der Hochschulrektorenkonferenz an alle Universitäten und Hochschulen, den jüdischen Studierenden entgegenzukommen und das Nichterscheinen zu Prüfungen am Sabbat nicht als Fehlversuch zu werten bzw. alternative Prüfungstermine anzubieten.

4.3. Ausbildung

In diesem Bereich kam es bisher zu keinen veröffentlichten gerichtlichen Verfahren, da die Betriebe auf Wunsch der Betroffenen die religiös motivierten Wünsche auf Verlegung von Prüfungen und Ähnlichem akzeptierten und umsetzten. Hierzu wurde eigens eine Untersuchung durch das Wirtschaftsministerium Baden-Württemberg durchgeführt, die diese Vorgehensweise der Betriebe nachvollziehbar gestaltete. Dies bestätigte das Ministerium mit Schreiben vom 27.01.1993 der Gemeinschaft der Siebenten-Tags-Adventisten, auch unter Berufung auf die Entscheidung des EuGH[12] vom 27.10.1976.[13]
Der aus Art. 4 i.V. mit Art. 12 GG gegebene Anspruch Gläubiger auf Verlegung von Prüfungen ist eindeutig vorrangig gegenüber der Ermessensfreiheit der Betriebe und Kammern bei der Wahl ihrer Prüfungstermine.

4.4. Berufszulassungsprüfungen

Erstes Fallbeispiel
Ähnliches gilt auch für Berufszulassungsprüfungen, wie sie z.B. die Prüfung zum Steuerfachwirt darstellt. Eine Bewerberin hatte im Jahr 2003 eine Fortbildung zur Steuerfachwirtin absolviert. Die schriftliche Prüfung fand im Februar 2003 von Dienstag bis Donnerstag statt. Krankheitsbedingt konnte die Bewerberin am letzten Tag der Prüfung nicht teilnehmen. Nach Vorlage eines ärztlichen Attestes wurde ihr die Möglichkeit geboten, diese Klausur bei der nächsten regulären Folgeprüfung im Dezember 2003 nachzuholen. Diese wurde auf die Tage vom 11. bis 13.12.2003 terminiert. Der nachzuholende Prüfungsteil fiel damit auf einen Samstag. Es war das erste Mal, dass ein Teil dieser Prüfung auf einen Samstag gelegt wurde. Nach Auskunft der Steuerberaterkammer Stuttgart, die für diese Prüfung zuständig ist, sei dies auch in Zukunft so

[12] Siehe DÖV 1977, S. 408 ff., ausführlich unter Kapitel 8.
[13] Schreiben des Wirtschaftsministeriums an die Gemeinschaft der Siebenten-Tags-Adventisten vom 27.01.1993, als Anhang XII.

geplant, dass die Prüfung von Donnerstag bis Samstag stattfindet und der Prüfungsteil, welcher der Bewerberin fehle, immer samstags geprüft werde.
Die Bewerberin machte unmittelbar nach Bekanntgabe des Prüfungstermins im September 2003 ihr Feiertagsschutzrecht geltend. Aus Glaubensgründen sei es ihr nicht möglich, am 13.12.2003 an der Prüfung teilzunehmen. Die Steuerberaterkammer Stuttgart teilte der Bewerberin daraufhin mit, dass im Dezember, wenn sie zur Prüfung nicht erscheine, die gesamte Prüfung wegen unentschuldigten Fehlens als nicht bestanden gelte.
Die Steuerberaterkammer machte geltend, dass der bundesweit einheitliche Termin bereits veröffentlicht und die Teilnehmer geladen worden waren. Daher lehnte sie eine Verlegung des Termins bzw. das Anbieten eines Ausweichtermins für die Bewerberin ab. Unter Hinweis auf die bereits oben angeführte Entscheidung des Oberverwaltungsgerichts für das Land Nordrhein-Westfalen[14] erklärte sich die Steuerberaterkammer bereit, die Reihenfolge der Klausuren zu tauschen, so dass die Bewerberin am Freitag die ihr fehlende Klausur nachholen konnte. Die Steuerberaterkammer teilte diese Änderung allen Bewerbern mit und lud entsprechend um.

Zweites Fallbeispiel
Die schriftliche Prüfung zur Erlangung der Fachanwaltsbezeichnung gehört ebenso in den Bereich der Berufszulassungs- oder Berufsausübungsprüfung.
Im Jahre 1997 wurde die Prüfung beim Deutschen Anwaltsinstitut im Fachbereich Arbeitsrecht grundsätzlich an drei aufeinanderfolgenden Samstagen abgehalten. Ein zu prüfender Rechtsanwalt machte beim Prüfer im Vorfeld des dazugehörenden Kurses Feiertagsschutz geltend. Alle Kurse zur Erlangung der Fachanwaltsbezeichnung „Fachanwalt für Arbeitsrecht“ fänden an Samstagen statt, woran er als Adventist gehindert sei. Daraufhin erhielt der zu Prüfende die Möglichkeit, an drei gesonderten Terminen die Prüfung nachzuholen.

Diese Beispiele dokumentieren, dass mit beiderseitig gutem Willen Lösungen gefunden werden können, weshalb es in diesem Bereich des Feiertagsschutzes zu keiner – zumindest nicht veröffentlichter – gerichtlicher Entscheidung gekommen ist.

4.5. Zusammenfassung

1. Das durch Art. 4 GG geschützte Interesse der Gläubigen auf Einhaltung der Gebets- oder Ruhezeiten als Ausdruck der Religionsausübungsfreiheit ist derart hoch einzustufen, dass öffentliche und private Einrichtungen im Bereich der Ausbildung oder Berufszulassung verpflichtet sind, den Gläubigen die Einhal-

[14] Beschluss des OVG NRW vom 07.08.1984, 5 B 1257/84 – 6 L 477/84.

tung der Feiertage zu ermöglichen. Dies kann für die Ausbildungsstätte mit erheblichem organisatorischem Aufwand verbunden sein.

2. Alle, die sich auf ihr Grundrecht der Religionsausübung berufen wollen, müssen rechtzeitig bzw. so zeitig wie möglich den Ausbildungsstellen ihre Konfliktsituationen bekannt geben; ein Abwarten, dass sich Terminkollisionen der Prüfenden mit dem Feiertagsschutzbedürfnis nicht ergeben, geht häufig zu Lasten des Gläubigen. Dies gilt insbesondere dann, wenn anderen Mitprüflingen dieser Termin bereits mitgeteilt wurde.
Eine Ausnahme liegt vor, wenn sich der um Verlegung nachsuchende Prüfling darauf verlassen konnte, dass die Prüfung nicht an einem ihn tangierenden Feiertag stattfindet.

5. Der Feiertagsschutz im Arbeits- und Dienstrecht

5.1. Grundsatz

Art. 4, Abs. 1 GG besagt, dass die Freiheit des Glaubens, des Gewissens und die Freiheit des religiösen und weltanschaulichen Bekenntnisses unverletzlich sind. Es lassen sich jedoch erhebliche Schwierigkeiten beim Umgang mit diesen Grundrechten, speziell mit ihren Auswirkungen bezüglich des Feiertagsschutzes im Arbeitsrecht beobachten; also in einem Rechtsgebiet, in dem in den letzten Jahren die Verweigerung einer Arbeitsleistung aus Gewissensgründen stark zunimmt.
Der Begriff Feiertage bedeutet allgemein arbeitsfreie Tage, festliche Tage. Es sind gesetzliche und kirchliche Feiertage zu unterscheiden.[1]

5.1.1. Gesetzliche Feiertage

An gesetzlichen Feiertagen erhalten Arbeitnehmer – ohne tätig gewesen zu sein – den üblichen Lohn, der ohne den Feiertag angefallen wäre. Für an Feiertagen geleistete Arbeit wird meist ein tarifvertraglich vereinbarter Zuschlag bezahlt. Die Festlegung von Feiertagen geschieht, je nach Regelungsbereich im Allgemeinen, aufgrund der Feiertagsgesetze der Länder.[2] Bundeseinheitlich sind durch entsprechende Landesgesetze folgende neun Feiertage geschützt:

> Neujahrstag, Karfreitag, Ostermontag, Christi Himmelfahrt, Pfingstmontag, 1. Mai, Tag der Deutschen Einheit, 1. und 2. Weihnachtsfeiertag.

Das Grundgesetz enthält keine ausdrückliche Gesetzgebungsbefugnis des Bundes für das Feiertagsrecht.
Ausnahmsweise kann eine Gesetzgebungskompetenz dem Bund nach Art. 74 GG (konkurrierende Gesetzgebung) bzw. aus der Natur der Sache zustehen. So ist der 3. Oktober als Tag der Deutschen Einheit in Art. 2, Abs. 2 des Einigungsvertrages geregelt worden. Unter die gesetzlichen Feiertage fallen sowohl weltliche als auch kirchliche Feiertage. Das Gebot der Sonn- und Feiertagsruhe ist ursprünglich ein kirchliches.
Der Gesetzgeber wurde in Art. 140 GG i.V. mit 139 WRV[3] zum Schutz der Arbeitsruhe an Sonn- und Feiertagen verpflichtet. Das ist die einzige Regelung, die das Grundgesetz in Bezug auf Feiertage enthält. Das Grundgesetz geht von einer privilegierten Stellung der beiden großen christlichen Kirchen aus. Durch diese Regelung stellt das GG den Sonntag und die staatlich anerkannten Feier-

---

[1] Brockhaus Enzyklopädie 1996, Bd. 7, S. 171.
[2] Siehe Art. 70 GG.
[3] Die Grundsätze der WRV zur Frage der Religionsausübung gelten fort.

tage als Tage der Arbeitsruhe und seelischen Erhebung unter besonderen Schutz. Art. 140 GG i.V. mit 139 WRV enthält eine institutionelle Garantie. Das BVerfG fügt hinzu, dass für den Umfang der Sonn- und Feiertagsruhe der Gesetzgeber namentlich die Gewährleistung freier Religionsausübung zu berücksichtigen hat.[4] Hemmerich konstatiert, dass aus Art. 139 WRV kein Anspruch einer einzelnen Religionsgemeinschaft auf die Beibehaltung der gegebenen Feiertage abgeleitet werden kann. Solange generell die Bestimmung von Feiertagen nicht angetastet wird, bestehen keine verfassungsrechtlichen Bedenken gegen Veränderungen. Dies trifft auch zu, wenn damit ein Wegfall einzelner Feiertage verbunden sein sollte.[5]
Anders als beim Sonntag beinhaltet Art. 139 WRV keine Garantie der fortwährenden staatlichen Anerkennung bestimmter Tage oder einer bestimmten Anzahl von Tagen. Morlok bemerkt, dass diesbezüglich von einem legislatorischen Spielraum auszugehen ist.[6]
Die Sonn- und Feiertage werden im Arbeitszeitgesetz geschützt. Ergänzend ist hierzu § 105 b GewO zu erwähnen. Die unterschiedlichen Landesverfassungen beinhalten ebenfalls Garantien des Sonn- und Feiertagsschutzes, die die Feiertagsgesetze der Länder präzisieren. Beispielsweise sind in Sachsen die Sonntage und die gesetzlichen Feiertage nach § 4, Abs. 1 und 2 des Gesetzes über die Sonn- und Feiertage (SächsSFG) als Tage der Arbeitsruhe und der seelischen Erhebung nach Maßgabe der gewerbe- und arbeitsrechtlichen Vorschriften geschützt.[7] Arbeiten und sonstige Handlungen, die die Ruhe des Tages beeinträchtigen, sind verboten. Das Arbeitsverbot an Sonn- und Feiertagen tritt zurück, wenn die Sonntagsarbeit aufgrund der Vorschriften des SächsSFG oder des Arbeitsgesetzes unmittelbar zugelassen oder vom Landratsamt bzw. dem zuständigen Gewerbeaufsichtsamt in Chemnitz bewilligt wird. Für die Beschäftigung von Arbeitnehmern bedarf es daher nur der Erteilung einer Ausnahmegenehmigung nach dem Arbeitsgesetz durch das Gewerbeaufsichtsamt. In anderen Ausnahmefällen erteilt das Landratsamt aus wichtigem Grund die Befreiung nach § 7 SächsSFG.

[4] Siehe BVerfGE 87, S. 393 [zum Sonntagsbackverbot], der Sonn- und Feiertagsschutz war mehrfach Gegenstand höchstrichterlicher Rechtsprechung; beispielsweise BVerfGE 79, S. 236 ff. [keine gewerbliche Vermietung von Video-Kassetten]; BVerfGE 84, S. 86 ff. [Ausnahme vom Sonntagsbeschäftigungsverbot für Pressegroßhändler]; BVerfGE 90, S. 337 ff. [erlaubtes Betreiben eines Bräunungsstudios].
[5] Siehe Hemmerich 2003, Art. 140, Rdnr. 42.
[6] Siehe Morlok 2004, Art. 140, Rdnr. 13.
[7] Siehe Gesetze über Sonn- und Feiertage im Freistaat Sachsen (SächsSFG) vom 10.11.1992, zuletzt geändert durch Art. 4 Aufhebungs- und ÄnderungsG vom 6.06.2002 (SächsGVBl. S. 168); vgl. auch Sonn- und Feiertagsgesetz NRW (Gesetz über die Sonn- und Feiertage im Land Nordrhein-Westfalen in der Fassung der Bekanntmachung vom 23. April 1989, Amtsblatt NRW. S. 222, in der z. Zt. gültigen Fassung; vgl. das saarländische Sonn- und Feiertagsgesetz (SFG) vom 18. Februar 1976, zuletzt geändert durch Gesetz vom 14. Dezember 1991, Amtsblatt 1995, S. 18, und durch Gesetz vom 27. November 1996, Amtsblatt, S. 1313.

Zusammenfassend lässt sich feststellen, dass die Art. 140 GG i.V. mit 139 WRV sowie Art. 4 GG nur einen grundsätzlichen, institutionellen Schutz der Feiertage gewährleisten, d.h. keinen Schutz einzelner konkreter Feiertage.

5.1.2. Kirchliche Feiertage außerhalb der gesetzlichen Feiertage

An kirchlichen Feiertagen (Festtagen), die nicht gesetzliche Feiertage sind, besteht grundsätzlich kein Arbeitsverbot, jedoch ein beschränkter gesetzlicher Feiertagsschutz, besonders zur Teilnahme an Gottesdiensten.
In Baden-Württemberg wurde in § 4, Abs. 1 Sonn- und Feiertagsgesetz[8] festgelegt, dass Personen, die in einem Beschäftigung- oder Ausbildungsverhältnis stehen, das Fernbleiben von der Arbeit zum Besuch des Gottesdienstes ihres Bekenntnisses zu ermöglichen ist, sofern dem keine betrieblichen Notwendigkeiten entgegenstehen.
In Brandenburg hat gemäß § 7 des Gesetzes über die Sonn- und Feiertage (Feiertagsgesetz)[9] der Arbeitgeber dem im Beschäftigungs- oder Ausbildungsverhältnis stehenden Angehörigen der betreffenden Kirche oder anerkannten Religionsgemeinschaft Gelegenheit zum Besuch des Gottesdienstes zu geben, sofern nicht unaufschiebbare oder im allgemeinen Interesse vordringliche Aufgaben zu erledigen sind oder zwingende betriebliche Notwendigkeiten entgegenstehen. Als ein Nachteil kommt für den betroffenen Arbeitnehmer lediglich ein möglicher Lohnausfall in Betracht.
In Niedersachsen werden die Sonntage, die staatlich anerkannten und die kirchlichen Feiertage nach Maßgabe des niedersächsischen Gesetzes über die Feiertage (NFeiertagsG)[10] geschützt. An mehreren kirchlichen Feiertagen ist die Zeit von 7 bis 11 Uhr morgens geschützt, wie etwa am 31. Oktober (Reformationsfest) in Gemeinden mit mindestens zwei Fünftel evangelischer Bevölkerung oder am Donnerstag nach dem Trinitatis-Sonntag (Fronleichnam) und am 1. November (Allerheiligen) in Gemeinden mit mindestens zwei Fünftel katholischer Bevölkerung. Am Donnerstag der Karwoche ab 5 Uhr morgens und am Sonnabend der Karwoche sowie am Vorabend des Weihnachtsfestes (Heiligabend) sind öffentliche Tanzveranstaltungen verboten.

---

[8] Das Sonn- und Feiertagsgesetz Baden-Württemberg (FTG) in der Fassung vom 8. Mai 1995 (GBl. 1995, S. 450).

[9] Gesetz über die Sonn- und Feiertage (Feiertagsgesetz) vom 7. Mai 1991 (GVBl. 1991, S.44), zuletzt geändert durch Gesetz vom 6. Juli 1998 (GVBl. 1998, S. 170).

[10] Niedersächsisches Gesetz über die Feiertage (NFeiertagsG) in der Fassung der Bekanntmachung vom 7. März 1995 (Nds. GVBl. Nr. 5/1995, S. 51), zuletzt geändert durch Gesetz vom 24. Januar 2002 (Nds. GVBl. Nr. 3/2002, S. 17).

Rechtsgrundlage für den Feiertagsschutz in Hessen ist das Hessische Feiertagsgesetz (HFeiertagsG).[11] Die Landesregierung kann durch Verordnung aus besonderem Anlass im Einzelfall einen Werktag zum gesetzlichen Feiertag für das Landesgebiet oder für Teile des Landes erklären. Soweit betriebliche Notwendigkeiten nicht entgegenstehen, haben die Arbeitgeber gemäß § 4 HFeiertagsG Mitgliedern der Kirchen und Religionsgemeinschaften Gelegenheit zu geben, an deren Feiertagen, auch wenn diese nicht zugleich gesetzliche Feiertage sind, den Gottesdienst zu besuchen.

Das Landesgesetz über den Schutz der Sonn- und Feiertage (Feiertagsgesetz)[12] ermächtigt die Landesregierung in Rheinland-Pfalz, aus besonderem Anlass durch Rechtsverordnung, Werktage einmalig zu Feiertagen für das ganze Land zu erklären.

In der Rechtsverordnung ist zu bestimmen, welche Schutzbestimmungen dieses Gesetzes auf den einmaligen Feiertag Anwendung finden. An den kirchlichen Feiertagen, die nicht gesetzliche Feiertage sind, soll gemäß § 9 LFtG in der Nähe von Kirchen oder anderen religiösen Handlungen dienenden Gebäuden alles vermieden werden, was den Gottesdienst unmittelbar stören kann.

Am Buß- und Bettag (Mittwoch vor dem letzten Sonntag nach Trinitatis) ist den evangelischen Beschäftigten und Auszubildenden auf Antrag unbezahlte Freistellung oder Urlaub zu gewähren, soweit nicht zwingende dienstliche oder betriebliche Belange entgegenstehen.

In Mecklenburg-Vorpommern sind die Arbeitgeber verpflichtet, an kirchlichen Feiertagen den in einem Beschäftigung- oder Ausbildungsverhältnis stehenden Angehörigen der betreffenden Kirche oder Religionsgemeinschaft Gelegenheit zum Besuch des Gottesdienstes zu geben. Dies gilt nur, sofern keine unaufschiebbaren oder im allgemeinen Interesse vordringlichen Aufgaben zu erledigen sind. Weitere Nachteile als ein möglicher Lohnausfall für die versäumte Arbeitszeit dürfen den Arbeitnehmern aus ihrem Fernbleiben nicht erwachsen.[13]

Das bayerische Gesetz über den Schutz der Sonn- und Feiertage (Feiertagsgesetz)[14] sieht neben den gesetzlichen Feiertagen die stillen Tage (Art. 3 FTG) und die israelitischen Feiertage (Art. 6 FTG) vor. An den stillen Tagen sind öffentliche Unterhaltungsveranstaltungen nur dann erlaubt, wenn der diesen Tagen entsprechende ernste Charakter gewahrt ist.

---

[11] Hessisches Feiertagsgesetz (HFeiertagsG), in der Fassung vom 29. Dezember 1971, zuletzt geändert durch Art. 1 Sechstes ÄndG vom 26. November 1997 (GVBl. 1997, S. 344) und (GVBl. 1997, S. 396).

[12] Landesgesetz über den Schutz der Sonn- und Feiertage (Feiertagsgesetz) vom 15. Juli 1970, zuletzt geändert durch Art. 4 E-Kommunikation-FörderungsG vom 21. Juli 2003 (GVBl. 2003, S. 155).

[13] Siehe § 7 des Gesetzes über Sonn- und Feiertage (Feiertagsgesetz Mecklenburg-Vorpommern FTG M-V), in der Fassung der Bekanntmachung vom 8. März 2002 (GVBl. 2002 M-V, S. 145).

[14] Gesetz über den Schutz der Sonn- und Feiertage (Feiertagsgesetz FTG) vom 21. Mai 1980, zuletzt geändert durch § 5 Zweites Bayerisches Gesetz zur Anpassung des Landesrechts an den Euro (2. BayEuroAnpG) vom 24. April 2001 (GVBl. 2001, S. 140).

An den israelitischen Feiertagen sind Handlungen verboten, die den Hauptgottesdienst in Synagogen der israelitischen Kultusgemeinde beeinträchtigen können. An den israelitischen Feiertagen steht den bekenntniszugehörigen Arbeitnehmern sämtlicher öffentlicher und privater Betriebe und Verwaltungen das Recht zu, von der Arbeit fernzubleiben. Weitere Nachteile als ein möglicher Lohnausfall für versäumte Arbeitszeit sind nicht vorgesehen. Eine besondere Regelung zum Schutze des Festes Mariä Himmelfahrt beinhaltet Art. 4 FTG.

5.2. Gewissensfreiheit im Arbeitsrecht

Der Feiertagsschutz außerhalb der Sonn- und Feiertage des Art. 139 WRV stößt oftmals an die Grenzen der Rechte aus den vereinbarten Arbeitsverträgen. In Anbetracht dessen taucht die Frage auf, ob und wie sich die „Horizontalwirkung“ der Grundrechte im privaten Recht, insbesondere im Arbeitsrecht auswirkt. Die Grundsätze des öffentlichen Rechts bilden den Hintergrund für die Umsetzung der Gewissensfreiheit im privaten Vertragsrecht.

Das Grundrecht der ungestörten Religionsausübung ist bereits im Begriff der Glaubens- und Bekenntnisfreiheit des Art. 4, Abs. 1 GG enthalten.[15] Die herrschende Meinung besagt, dass Art. 4, Abs. 2 GG prinzipiell keine Drittwirkung im Privatrecht beinhaltet. Die Glaubens-, Gewissens- und Bekenntnisfreiheit entfaltet seine mittelbaren Wirkungen lediglich als Teil der sich in den Grundrechtbestimmungen verkörpernden objektiven Wertordnung.[16] Der Anspruch richtet sich allein gegen den Staat und unterstaatliche Verbände, aber nicht gegen den Einzelnen und Verbände des Privatrechts.[17]

Der Rückgriff auf Art. 2, Abs. 1 GG bei Gewissenskonflikten im Vertragsrecht scheint mithin überholt zu sein. Die grundrechtliche Regelung der Glaubens- und Gewissensfreiheit darf nicht ohne weiteres ins Privatrecht übertragen werden.

Rupp merkt allerdings an, dass die Grundrechte auch und in besonderem Maße im Beziehungsgeflecht der Privaten untereinander gelten müssen. Die Privaten sind geborene Subjekte grundrechtlicher Freiheit. Diese Freiheit ist im Arbeitsrecht durch Pressionen und Freiheitsmissbrauch Privater gefährdet. Das Problem der Umsetzung der Grundrechte in das rechtliche Beziehungsfeld Privater nach Rupp besteht darin, dass im Arbeitsrecht Träger gleicher grundrechtlicher Freiheiten einander gegenüberstehen und nicht – wie in der Bürger-Staat-Relation – grundrechtliche Freiheit auf der einen und freiheitslose Staatsmacht auf der anderen Seite.[18]

In Betracht kommt eine mittelbare Drittwirkung. Eine mittelbare Drittwirkung der Glaubens-, Gewissens- und Religionsfreiheit äußert sich im Zivilrecht vor

---

[15] Siehe BVerfG in NJW 1991, S. 2623 f.
[16] Vgl. LAG Düsseldorf in JZ 1964, S. 258.
[17] Vgl. Ipsen 2003, S. 115.
[18] Siehe Rupp 1991, S. 1038.

allem darin, dass die Auslegung der Rechtsbegriffe sich an den Wertentscheidungen der Verfassung für die Grundrechte zu orientieren hat.[19]
Die grundrechtliche Anreicherung der Rechtsverhältnisse des Privatrechts erfolgt auf dem Wege einer Öffnung der zivilrechtlichen Generalklauseln und der unbestimmten Rechtsbegriffe durch die Ausstrahlungswirkung der Glaubens- und Gewissensfreiheit.
Es geschieht dies im Wege der grundrechtskonformen Interpretation der Institutionen und Strukturen des Zivilrechts nicht zuletzt dadurch, dass die wertausfüllungsfähigen und wertausfüllungsbedürftigen Generalklauseln und offenen Begriffe des Zivilrechts grundrechtsorientiert und grundrechtsfreundlich ausgelegt werden.[20] Darüber hinaus ist es denkbar, die Freiheit des Gewissens im Rahmen der Sittenwidrigkeitsklausel des § 138 BGB oder des Grundsatzes von Treu und Glauben (§ 242 BGB) oder im Rahmen der von § 315 BGB geforderten Billigkeit Geltungskraft zu verschaffen. Die gesetzlichen Generalklauseln begrenzen mithin die Vertragsfreiheit.
Die Horizontalgeltung der Glaubens- und Gewissensfreiheit ist eine nur mittelbare in dem Sinn, dass das Grundrecht erst in der Formentypik des Zivilrechts Inhalt und Gestalt gewinnt.[21]
Die Umsetzung des Art. 4, Abs. 1 GG mit Hilfe der Generalklauseln des Privatrechts bedeutet keine Lockerung der durch autonome Vertragsschließung begründeten Vertragsbindung. Die Vertragsfreiheit findet grundsätzlich keine Schranke in den Menschenrechten. Eine Rolle spielt auch die Frage, inwieweit die Erfüllung von Rechtspflichten nach Treu und Glauben (§ 242 BGB) aus Glaubensgründen abgelehnt werden darf.[22] Die Vertragsbindung beruht auf dem erklärten Willen der Vertragsparteien. Der Vertrag bedeutet die inhaltliche Anerkennung der Vertragspflichten. Die Wirksamkeit eines Vertrages wird durch das Auftreten eines Gewissenskonflikts grundsätzlich nicht berührt. Das BVerfG stellte fest:

> „Auf der Grundlage der Privatautonomie, die Strukturelement einer freiheitlichen Gesellschaftsordnung ist, gestalten die Vertragspartner ihre Rechtsbeziehungen eigenverantwortlich. Sie bestimmen selbst, wie ihre gegenläufigen Interessen angemessen auszugleichen sind und verfügen damit zugleich über ihre grundrechtlich geschützten Positionen ohne staatlichen Zwang.“ [23]

Dies gilt indes nur im Prinzip. Um eine societas leonina zu verhindern, hat das geltende Arbeitsrecht der Vertragsgestaltung Schranken gesetzt, indem der Arbeitnehmerschutz besonders stark ausgebaut ist.

---

[19] Siehe Diederichsen 1972, S. 36.
[20] Dazu zusammenfassend Stern 1977, § 76, Abs. 3, Rdnr. 3; Bethge 1989, § 137.
[21] Vgl. Konzen und Rupp 1990, S. 100.
[22] Siehe Zippelius 2002, Art. 4, Rdnr. 82.
[23] Siehe BVerfGE 81, S. 242, 254 oder NJW 1990, S. 1469 f.; vgl. auch Konzen und Rupp 1990, S. 98 ff.

Böckenförde ist der Meinung, dass das Gewissen im forum externum (d.h. das gewissensgebotene äußere Handeln) sich nicht artikulieren könne. Der Ernst der Gewissensentscheidung und die Glaubwürdigkeit könnten keinen Aufschluss über das tatsächliche Vorhandensein oder Nichtvorhandensein eines Gewissensgebots geben.[24] Der Gewissensappell als innere Stimme im Menschen lässt sich in der äußeren Umwelt nicht vernehmen. Deswegen ist im Privatrecht allein der konkrete Gewissenskonflikt relevant.[25] In der Literatur und in der Rechtsprechung des BVerwG wird eine nach außen tretende, rational mitteilbare und intersubjektiv nachvollziehbare Darlegung der Ernsthaftigkeit, Tiefe und absoluten Verbindlichkeit der Gewissensentscheidung gefordert.[26]
In Rechtsprechung und Literatur wird die Gewissensentscheidung gegenüber anderen Entscheidungen dadurch gekennzeichnet, dass sie als ernste sittliche, d.h. an den Kategorien von „gut" und „böse" orientierte Entscheidung verstanden wird. Der Einzelne erfährt die Gewissensentscheidung in einer bestimmten Lage als „für sich bindend und unbedingt innerlich verpflichtend, so dass er gegen sie nicht ohne ernste Gewissensnot handeln könnte"[27] oder „als ein unmittelbar evidentes Gebot unbedingten Sollens, das den Charakter eines unabweisbaren, den Ernst eines die ganze Persönlichkeit ergreifenden sittlichen Gebots trägt".[28] Die relevante Gewissensentscheidung wird tatbestandlich eingeschränkt. Nur der unzumutbare Gewissenskonflikt wird berücksichtigt.[29] Damit ein bestimmtes Verhalten als Gebot des Glaubens anerkannt wird, darf für den Betroffenen ein Abweichen von dem vorgeschriebenen Verhalten „ohne ernste Gewissensnot" nicht möglich sein.[30] Es kommt dabei auf das Selbstverständnis des Betroffenen an. Rupp merkt beispielsweise an, dass die Berufung auf die Gewissensgebotenheit einer Entscheidung oder Handlung wegen religiöser Dogmen bei einem gläubigen Anhänger dieser Religion keiner langen und rational nachvollziehbaren Plausibilitätskette bedarf, um das Vorliegen eines Gewissensgebots zu bejahen, wenn von ihm ein Verstoß gegen jene Dogmen verlangt wird.[31] Böckenförde sieht das auch im Außenbereich erkennbare Zeugnis einer Gewissensentscheidung in der „Bereitschaft zur Konsequenz". Diese erweise sich darin, dass ihre Ernsthaftigkeit durch die Bereitschaft zur Konsequenz offenbar werde, durch die Bereitschaft nämlich, „bei der getroffenen Entscheidung zu bleiben, sie sich nicht abhandeln zu lassen und dafür auch Nachteile in Kauf zu nehmen".[32]

---

[24] Siehe Böckenförde 1970, S. 64, 70 f.
[25] Siehe Konzen und Rupp 1990, S. 107.
[26] Siehe BVerwG, NVwZ 1989, S. 60; im Anschluss an Bäumlin 1970, S. 8.
[27] Siehe BVerfGE 12, S. 45, 55, oder NJW 1961, S. 355; BVerfGE 23, S. 191, 205 oder NJW 1968, S. 982.
[28] Siehe BVerfGE 48, S. 127, 173 oder NJW 1978, S. 1245.
[29] Vgl. Kissel 1988, S. 145, 151.
[30] Siehe BVerfGE 12, S. 45, 55.
[31] Siehe Rupp 1991, S. 1033.
[32] Siehe Böckenförde 1970, S. 64, 71.

Von dem Gewissenskonflikt sind im Vertragsrecht am meisten die primären Leistungspflichten betroffen. Konzen konstatiert, dass die pflichtwidrige und schuldhafte Leistungsverweigerung den Ersatzanspruch und die Kündigung erleichtert.[33] Der Vertragsinhalt ist bindend, pacta sunt servanda. Es gilt die Vertragstreue. Der Mensch soll frei handeln können, muss aber auch die daraus entstehenden Konsequenzen tragen. Lediglich am Rande leiten sich aus den gesetzlichen Generalklauseln Einschränkungen her. Hierbei gehen Vorstellungen, dass die Vertragserfüllung verweigert werden könne, wenn das Gewissen sie verbietet, sicherlich zu weit und entsprechen nicht dem System der deutschen Rechtsordnung.[34]

5.3. Grundrechtsverzicht bei Arbeitsvertragsschluss

Beim Grundrechtsverzicht gestattet der Grundrechtsträger durch entsprechende Erklärung Eingriffe in seine Grundrechte oder verpflichtet sich rechtlich zum Nichtgebrauchmachen von seinen grundrechtlich verbürgten Rechten[35] – Volenti non fit iniuria. Eine gewisse Rolle spielen eine etwaige Endgültigkeit sowie der Umfang des Verzichts. Ein auf Dauer gerichteter förmlicher Verzicht eines Grundrechtsträgers müsste als verfassungsrechtlich unzulässig bezeichnet werden.[36]
Eine rechtsverbindliche Erklärung gegenüber Privaten kann unter Umständen als Grundrechtsverzicht angesehen werden. Dies gilt auch im Rahmen mittelbarer Drittwirkung für das Recht auf ungestörte Religionsausübung des verzichtenden Arbeitnehmers. Der Grundrechtsverzicht nimmt einer arbeitgeberischen Maßnahme ihren Eingriffscharakter.
Ein solcher Verzicht wird angenommen, wenn der Arbeitnehmer bei Abschluss des Arbeitsvertrags damit rechnen musste, dass die ordnungsgemäße Erfüllung des Arbeitsvertrags mit seinen Verpflichtungen gegenüber seinem Glauben und Gewissen kollidieren könnte.[37] Er wird für zulässig erachtet, da die Verfügung über Grundrechtspositionen eine wesentliche Funktion des Grundrechtsgebrauchs darstellt.[38] Freiwillig eingegangene privatrechtliche Verpflichtungen soll man nicht unter Berufung auf die Glaubens- und Gewissensfreiheit abstreifen können.[39] Daher ist im Einzelfall immer zu prüfen, wie sich die Situation des Arbeitnehmers im Hinblick auf zu erwartende Grundrechtseinschränkungen bei Beginn des Arbeitsverhältnisses darstellte. Es kommt folglich darauf an, ob der

---

[33] Siehe Konzen und Rupp 1990, S. 113.
[34] Vgl. Starck 2005 zu Art. 4, Abs. 1, Rdnr. 137.
[35] Vgl. Ipsen 2003, S. 26, Rdnr. 71.
[36] So zutreffend in Dreier 2004, Bd. 1, Vorb. Rdnr. 129 ff.; Starck 2005 zu Art. 1, Abs. 3, Rdnr. 301.
[37] Vgl. LAG Düsseldorf in: BB 1964, S. 597.
[38] Vgl. Dieterich 2004, Einl. zum GG, Rdnr. 63.
[39] Siehe Starck 1999, Art. 4, Abs. 1 und 2, Rdnr. 137.

Arbeitnehmer voraussehen konnte, dass aus dem Vertrag eine Verpflichtung, wider sein Gewissen zu handeln, erwachsen würde.[40]

5.4. Fallgestaltungen

5.4.1. Sonderregelungen für Beamte

Das Feiertagsschutzrecht könnte für Beamte eingeschränkt sein. Da hierzu bislang keine einschlägigen Urteile in Deutschland vorliegen, lässt sich diese Frage nur anhand anderer Urteile zur Religionsausübung beurteilen.
Bei den Sonderregelungen für Beamte sollen zwei unterschiedliche Fälle berücksichtigt werden. Zuerst hat das BVerwG sich zur Frage geäußert, unter welchen Voraussetzungen die Dienstbehörde einem Polizeivollzugsbeamten verbieten darf, außerhalb des Dienstes in Zivilkleidung durch Hausbesuche für den Glauben der Zeugen Jehovas zu werben.[41] Dieses Urteil klärte die Frage der Grundrechtseinschränkung außerhalb des Dienstes.
Darüber hinaus hat das BVerfG eine Entscheidung zur Streitfrage abgegeben, ob eine Lehrerin im Beamtenverhältnis durch das Tragen eines Kopftuchs in der Schule die Zugehörigkeit zur islamischen Religionsgemeinschaft und ihre persönliche Identifikation als Muslime deutlich machen darf.[42] Das Urteil befasste sich mit der Grundrechtseinschränkung in Ausübung des Dienstes.

Erstes Verfahren: Polizeivollzugsbeamter und Werbung für Zeugen Jehovas

Der Kläger steht als Polizeimeister in einem Beamtenverhältnis und ist ein Anhänger der Glaubensgemeinschaft Zeugen Jehovas. Durch Bescheide der Landespolizeidirektion wurde ihm untersagt, innerhalb seines Dienstbezirks Hausbesuche bei Andersgläubigen zum Zweck der Ausübung einer Tätigkeit abzustatten, die den Anschein der Werbung für die Glaubensgemeinschaft der Zeugen Jehovas zum Ausdruck bringt. Das Verbot enthielt keine zeitliche Einschränkung. Der Kläger will das ihm durch die Bescheide der Landpolizeidirektion auferlegte Verbot nur insoweit anfechten, als ihm die Hausbesuche bei Andersgläubigen außerhalb der Dienstzeit in Zivilkleidung, untersagt wurden.

Entscheidung. Das BVerwG stellte fest, dass das angefochtene Verbot sich in dem durch die Klage abgegrenzten Umfange als sittenwidrig erweist. Der Kläger kann sich mit dem Erfolg auf den Schutz des Art. 4, Abs. 1 und Abs. 2 GG berufen. Selbst wenn man die tatsächlichen Feststellungen weitmöglichst zu Un-

---

[40] Siehe Zippelius 2002, Art. 4, Rdnr. 82.
[41] BVerwGE 30, S. 29, 32.
[42] BVerfG, Urteil vom 24. 09. 2003, 2 BvR 1436/02, oder NJW 2003, S. 3111; vgl. MDR 2003, S. 1296, DVBl 2003, S. 1526, EuGRZ 2003, S. 621, JZ 2003, S. 1164.

gunsten des Klägers auslegt, reichen sie nicht aus, um die beklagte Landespolizeidirektion, also das Bundesland, zu berechtigen, den Kläger in der Ausübung des ihm durch GG gewährleisteten Grundrechts zu beschränken.

Würdigung. Das Gericht hat richtig erkannt, dass in erster Linie die Reaktion der vom Kläger aufgesuchten Staatsbürger auf dessen Werbung Anstoß und Grund für dieses Verbot darstellte. Dass die von einem Beamten aufgesuchten Bürger sich gehemmt fühlen und nicht ebenso reagieren, wie wenn sie von einem normalen „Prediger" aufgesucht würden, ist in erster Linie nicht dem Verhalten des Klägers, sondern einem überholten Obrigkeitsdenken der Besuchten zuzuschreiben.[43]
Eine Gefahr, dass der Kläger künftig bei der Erledigung seiner dienstlichen Aufgaben die seiner Glaubensüberzeugung ablehnend gegenüberstehenden Personen anders behandeln könnte wie seiner Auffassung wohlgesonnener, konnte nicht erkannt werden. Somit wurde der Klage zu Recht stattgegeben.

Zweites Verfahren: Lehrerin mit Kopftuch

Die Klägerin lebt seit 1987 in Deutschland und wurde 1995 eingebürgert. 1998 bestand sie die Zweite Staatsprüfung für das Lehramt an Grund- und Hauptschulen. Ihren Antrag auf Übernahme in den Schuldienst lehnte das Oberschulamt Stuttgart ab. Die Begründung war, ihr fehle die persönliche Eignung, weil sie nicht bereit sei, während des Unterrichts darauf zu verzichten, aus religiösen Gründen ein Kopftuch zu tragen. Mit der Verwaltungsklage begehrte sie erfolglos ihre Einstellung in den Schuldienst des Landes Baden-Württemberg. Sie legte eine Verfassungsbeschwerde gegen die von den Verwaltungsgerichten bestätigte Entscheidung des Oberschulamts Stuttgart ein.

Entscheidung. Das VG hat die Klage abgewiesen. Die Berufung ist ebenfalls erfolglos geblieben.[44] Die Revision, die die Verletzung formellen und materiellen Rechts rügte, hatte ebenso keinen Erfolg.[45]
In Anbetracht dessen hat das BVerfG entschieden, dass die Klägerin in ihren Rechten aus Art. 33, Abs. 2 i.V. mit Art. 4, Abs. 1 und Abs. 2 GG und mit Art. 33, Abs. 3 GG verletzt worden ist. Ein Verbot für Lehrkräfte, in Schule und Unterricht ein Kopftuch zu tragen, so das BVerfG, findet im geltenden Landesrecht keine gesetzliche Grundlage. Der gesellschaftliche Wandel und die zunehmende religiöse Pluralität sind Anlass zu einer Neubestimmung des zulässigen Ausmaßes religiöser Bezüge in der Schule.

---

[43] BVerwGE 30, 32.
[44] VGH Mannheim in NJW 2001, S. 2899, oder ZBR 2001, S. 374, oder DVBl 2001, S. 1534, oder VBlBW 2001, S. 44.
[45] BVerwG, Urteil vom 4. 07. 2002, 2 C 21/01, oder NJW 2002, S. 3344.

Würdigung. Winter konstatiert, dass der Grundrechtsausübung eines Beamten im Dienst Grenzen gesetzt werden können, die sich aus allgemeinen Anforderungen des öffentlichen Dienstes oder aus besonderen Erfordernissen des jeweiligen öffentlichen Amtes ergeben.[46] Das BVerfG hat klargestellt, dass das beiderseits freiwillig eingegangene Beamtenverhältnis ein gegenseitiges Dienst- und Treueverhältnis ist. Aus dem Wesen des Beamtenverhältnisses ergibt sich die Pflicht, sowohl im Dienst als auch außerhalb des Dienstes alles zu vermeiden, „was die dienstlichen Interessen schädigen und damit das Wohl der Allgemeinheit gefährden könnte“.[47] Aufgrund dieser Pflicht kann es zu einer Beschränkung auch solcher Rechte führen, die durch das GG garantiert sind.

Aus beiden Entscheidungen lässt sich festhalten, dass eine Beschränkung der Beamten in der Ausübung des ihnen zustehenden Rechtes auf freie Religionsausübung sich nicht auf ein in manchen Landesregionen vorhandenes Obrigkeitsdenken stützen lässt. Art. 33, Abs. 3 GG verbietet eine Ungleichbehandlung eines Beamten aus Gründen, die mit seiner Glaubensfreiheit unvereinbar sind. Die Bundesrepublik ist kein Polizeistaat. Das Grundgesetz begründet für den Staat die Pflicht zur weltanschaulich-religiösen Neutralität. Diese ist als eine offene und übergreifende, die Glaubensfreiheit fördernde Haltung zu verstehen. Sie hindert den Staat nicht daran, der aktiven Betätigung von Glaubensüberzeugungen Raum zu geben und diese aktiv zu fördern.[48] Ein Beamter ist auch Träger von Grundrechten. Einschränkungen der Grundrechte in diesem Verhältnis sind zulässig, soweit das im Interesse des Amtes erforderlich und gerechtfertigt ist.
Das Recht auf ungestörte Religionsausübung umfasst auch die Möglichkeit, für den eigenen Glauben zu werben und andere von einem fremden Glauben abzuwerben.[49] Religion darf allerdings nicht schrankenlos ausgeübt werden. Bei Missbrauch kann man sich auf den Schutz des Art. 4 GG nicht berufen. Das BVerwG präzisierte, dass dies insbesondere bei Verletzung der Menschenwürde und Anwendung unlauterer Mittel gegeben ist.[50] Dies machte das beklagte Land in der Polizeibeamtenentscheidung selbst nicht geltend. Eine andere Entscheidung wäre möglich, wenn das Verhalten des Beamten beispielsweise die Besorgnis der Parteilichkeit verursachen könnte. Dazu müssen Gründe vorliegen, die aus Sicht eines objektiven Betrachtens geeignet sind, Misstrauen gegen den Beamten zu erregen. Die sachgerechte und objektive Wahrnehmung der Dienstgeschäfte war aufgrund der festgestellten Sachverhalte bei dem Beamten nicht bedroht. Ein Missbrauch des Art. 4 GG lag nicht vor.
Eine Grundrechtseinschränkung für Beamte liegt daher gerade bei der Frage der Religionsausübungsfreiheit nicht vor, dies gilt daher auch für die Wahrnehmung

---

[46] Siehe Winter 2003, S. 129.
[47] Siehe BVerfGE 14, S. 21, 24 f.; vgl. Art. 33, Abs. 5 GG.
[48] Siehe Winter 2003, S. 135.
[49] Vgl. BVerfGE 12, S. 1, 4 f.; BVerwGE 15, S. 134, 136.
[50] Anders wäre es bei einem Beamten, der überzeugtes Mitglied einer politischen Partei ist.

von Feiertagen durch Beamte im und außerhalb des Dienstes, sofern dies den Dienst nicht erheblich beeinträchtigt.
Eine Besonderheit ergibt sich in der Unterscheidung von Gläubigen, die einer öffentlich-rechtlichen Religionsgesellschaft angehören, indem sie gemäß § 7 der Sonderurlaubsverordnung für Bundesbeamte und Richter im Bundesdienst auch eine Freistellung für religiöse Tagungen erwirken können. Dies bleibt Gläubigen, die einer nicht als Körperschaft des öffentlichen Rechts anerkannten Glaubensgemeinschaft angehören, verwehrt. Ob dies verfassungsrechtlich Bestand hat ist allerdings zweifelhaft.
Diese Regelungen wurden auch von der Deutschen Post AG übernommen. Sie spielen auch eine Rolle für die Teilnahme an Sitzungen der Verfassungsorgane oder überörtlicher Verwaltungsgremien der Kirchen oder öffentlich-rechtlichen Religionsgesellschaften, wenn der Postbedienstete dem Verfassungsorgan oder Gremium angehört. Gleiches gilt für die Teilnahme an Tagungen der Kirchen oder öffentlich-rechtlichen Religionsgesellschaften, wenn der Bedienstete auf Anforderung der Kirchenleitung oder obersten Leitung der Religionsgesellschaft als Delegierter oder als Mitglied eines Verwaltungsgremiums der Kirche oder der Religionsgesellschaft teilnimmt. Auch hier ist die Beschränkung auf Kirchen und öffentlich-rechtliche Religionsgesellschaften kaum nachvollziehbar.[51]

5.4.2. Mehrtägige religiöse Feste

Arbeitsbefreiung für ein mehrtägiges religiöses Fest hat das LAG Düsseldorf wegen anderslautender vorheriger Absprache versagt.[52]

Sachverhalt. Der Kläger ist türkischer Gastarbeiter. Er äußerte den Wunsch, zum viertägigen größten Religionsfest des Islam, dem Kurban-Beyram, von der Arbeit während aller vier Feiertage freigestellt zu werden. Die Beklagte erklärte, er stelle die Mitarbeiter, wie vereinbart, für den ersten Festtag frei. An den übrigen Tagen müsse gearbeitet werden. Der Kläger hat seine Arbeit nicht aufgenommen und wurde fristlos entlassen.

Entscheidung. LAG Düsseldorf stellte fest, dass die außerordentliche Kündigung des Klägers durch den Beklagten aus wichtigem Grunde i.S.d. § 124a GewO zulässig ist.
Der Umstand, dass der Kläger aus Glaubens- und Gewissensrücksichten die Arbeit abgelehnt hat, kann diese Ablehnung nicht rechtfertigen, selbst wenn diese auf einem echten Gewissenskonflikt beruht. Eine Arbeitsleistung war bei

---

[51] Mitteilungsblatt der Deutsche Post AG Nr. 38 vom 19. 06. 1997.
[52] Siehe LAG Düsseldorf in JZ 1964, S. 258.

Abwägung der verschiedenen Interessen der Parteien gemäß § 242 BGB dem Kläger zumutbar.[53]

Würdigung. Als wichtiger Grund soll jeder Tatbestand verstanden werden, der es dem Kündigenden unter Berücksichtigung aller Umstände des Falles nach Treu und Glauben unzumutbar macht, das Arbeitsverhältnis bis zum normalen Ablauf fortzusetzen.[54] Man kann eine Freistellung von der Arbeit nur insoweit verlangen, wie das nach den deutschen Gesetzen zulässig ist. Eine echte Gewissensnot kann im Rahmen des § 242 BGB zur Arbeitsverweigerung berechtigen. Wenn aber bei Abschluss eines Arbeitsvertrages der Arbeitnehmer damit rechnen musste, dass die ordnungsmäßige Erfüllung des Arbeitsvertrages mit seinem Glauben und seinem Gewissen kollidieren könnte, ist ihm die Arbeitsleistung zumutbar.[55] Der Kläger hatte die gleichen Rechte und Pflichten wie ein deutscher Arbeitnehmer. Habscheid ist der Meinung, dass eine aus Gewissensgründen erfolgte Arbeitsverweigerung ein wichtiger Grund zur fristlosen Entlassung ist, wenn dieselbe Arbeitsverweigerung auch bei anderen Unmöglichkeitsfällen, beispielsweise bei Krankheit, Invalidität, Familienpflichten einen Entlassungsgrund bildet.[56]

Art. 4, Abs. 1 GG schützt auch das nach Glauben und Gewissen ausgerichtete äußere Verhalten des Menschen. Das Grundrecht der Bekenntnisfreiheit als Teil der sich in den Grundrechtsbestimmungen verkörpernden objektiven Werteordnung, hat auch im privaten Rechtsverkehr seine mittelbaren Wirkungen. Art. 4 steht unter dem allgemeinen Gemeinschaftsvorbehalt des Art. 2, Abs. 1 GG. Daher lässt sich aus Art. 4 GG kein generelles Recht zur Arbeitsverweigerung herleiten.

5.4.3. Religiöse Tagungen

Dem Feiertagsschutz unterliegen keine Tagungen religiösen Inhaltes, sondern ausschließlich die Gottesdienste und Ruhezeiten, die in den Religionsgemeinschaften Ausdruck des gelebten Glaubens sind.[57]

Sachverhalt. Der Kläger ist als Postoberinspektor Beamter und sogleich Leiter des norddeutschen Kirchenbezirks der im Jahre 1926 gegründeten Johannischen

[53] Das BAG zitiert diese Entscheidung in seinem Beschluss vom 10. 11. 2005, 2 AZN 752/05, 4 Sa 120/05 und macht dabei deutlich, dass heute diese damalige Entscheidung des LAG Düsseldorf keinen Bestand mehr hätte und die neuere ständige Rechtsprechung des BAG dem entgegensteht.

[54] Vgl. BAG AP Nr. 3 zu § 626 BGB – grundsätzliche Entscheidung zum Begriff „wichtiger Grund".

[55] Vgl. LAG Bayern SAE 1958, S. 164; LAG Stuttgart ARSt 2, Nr. 889.

[56] Siehe Habschied 1964, S. 248.

[57] Siehe BVerfG in NVwZ 1987, S. 699.

Kirche. Die Johannische Kirche ist ein privatrechtlicher Verein mit Sitz in Berlin. Der Kläger beantragte einen Sonderurlaub zur Teilnahme am Kirchentag der Johannischen Kirche. Obwohl das Postamt H. den Antrag befürwortete, lehnte die OPD den beantragten Urlaub ab.

Entscheidung. Das BVerwG hat die nach erfolglosem Widerspruch erhobene Klage abgewiesen. Es besteht kein Anspruch des Beamten auf Erteilung von Sonderurlaub zur Teilnahme an einer Tagung einer privatrechtlichen Religionsgesellschaft (hier: Johannische Kirche).

Würdigung. Die Sonderurlaubsverordnung (SUrlV) wird auf die Teilnahme am Kirchentag nicht angewendet, da die Johannische Kirche keine öffentlich-rechtliche Religionsgemeinschaft ist. Trotz der selbstgewählten Bezeichnung ist sie keine Kirche im Sinne des § 7, S. 1, Nr. 7 SUrlV.
Unter Kirchen im verfassungsrechtlichen Sinne sollen die traditionellen großen Religionsgemeinschaften, darüber hinaus auch anerkannte Sekten, auf kirchlicher Grundlage verstanden werden.[58] Aus der Systematik des § 7, S. 1, Nr. 7 SUrlV ergibt sich jedoch, dass unter dem Begriff „Kirche" nur Religionsgemeinschaften in öffentlich-rechtlicher Form verstanden werden. Die Regelung ist GG-konform.
Kirchen sind Institutionen mit dem Recht der Selbstbestimmung, die ihrem Wesen nach unabhängig sind vom Staat und ihre Gewalt nicht von ihm herleiten.[59] Kirchen als Körperschaften des öffentlichen Rechts lassen sich angesichts der religiösen und konfessionellen Neutralität des Staates nicht mit anderen öffentlich-rechtlichen Körperschaften vergleichen, die in den Staat organisch eingegliederte Verbände sind.[60]
Mit der Verleihung der Rechte einer Körperschaft des öffentlichen Rechts geht einher die Anerkennung der besonderen Bedeutung der öffentlichen Wirksamkeit einer Religionsgemeinschaft. Der Staat ist nicht verpflichtet, alle Religionsgemeinschaften gleich zu behandeln.[61] Es gibt Religionsgemeinschaften, die ihre Rechtsfähigkeit nach den allgemeinen Vorschriften des bürgerlichen Rechts erwerben und solche, denen die Rechte einer Körperschaft des öffentlichen Rechts auf Antrag zu verleihen sind, weil sie durch ihre Verfassung und die Zahl ihrer Mitglieder die Gewähr der Dauer bieten.[62]

---

[58] Vgl. Maunz 1998, Art. 140, Rdnr. 18 f.
[59] Vgl. BVerfGE 18, S. 385 f., oder NJW 1965, S. 961; BVerfGE 19, S. 1, 5, oder NJW 1965, S. 1427; BVerfGE 30, S. 415, 428, oder NJW 1971, S. 931; BVerfGE 42, S. 312, 321 f., 332, oder NJW 1976, S. 2123; BVerfGE 46, S. 73, 94, oder NJW 1978, S. 581; BVerfGE 57, S. 220, 244, oder NJW 1981, S. 1829.
[60] Vgl. BVerfGE 18, S. 385 f., oder NJW 1965, S. 961; BVerfGE 19, S. 1, 5, oder NJW 1965, S. 1427; BVerfGE 30, S. 415, 428, oder NJW 1971, S. 931; BVerfGE 42, S. 312, 321 f., 332, oder NJW 1976, S. 2123.
[61] Siehe BVerfGE 19, S. 129, 133 f.; BVerfGE 66, S. 1, 20, 24 f.
[62] Vgl. Maunz 1998, Art. 140, Art. 137 WRV, Rdnr. 27.

Ihr öffentlich-rechtlicher Status bedeutet nur eine Heraushebung über andere Religionsgemeinschaften, weil der Anerkennung als Körperschaft des öffentlichen Rechts die Überzeugung des Staates von der besonderen Wirksamkeit dieser Kirchen, von ihrer gewichtigen Stellung in der Gesellschaft und der sich daraus ergebenden Gewähr der Dauer zugrunde liegt.[63] Das einzelne Mitglied muss die verschiedenartigen Rechtsfolgen tragen, die ihren Grund in tatsächlichen Unterschieden der inneren Struktur der Religionsgemeinschaften haben.[64]
Die auf die privatrechtliche Rechtsform der Johannischen Kirche gestützte Ablehnung von Sonderurlaub hat nicht in die Glaubens- und Bekenntnisfreiheit eingegriffen. Die grundsätzlich geschützte Teilnahme an den Veranstaltungen seiner Religionsgesellschaft ist dadurch nicht verwehrt.

5.4.4. Gebetspausen

In zwei Verfahren desselben Klägers hatte sich das LAG Hamm mit den Gebetspausen eines muslimischen Arbeitnehmers auseinander gesetzt.[65]

Erstes Verfahren: Gebetspause während der Arbeitszeit? [66]

Sachverhalt. Der Kläger war türkischer Staatsangehöriger und Muslime. Zunächst begehrte er im Wege der einstweiligen Verfügung je eine bis zu drei Minuten lange Freistellung von der Arbeit zwischen 6 und 8 Uhr morgens, um sein Morgengebet verrichten zu können. Der seit 1994 beschäftigte Arbeitnehmer hat seit 1.01.2002 seine früheste Pause um 9.30 Uhr.
Da er in einem Fertigungsprozess arbeitet, hätte das Niederlegen seiner Arbeit das Ruhen der gesamten Produktion zur Folge. Eine Vereinbarung über das Abhalten von Gebetspausen bestand zwischen den Parteien nicht. Wegen der vorläufigen Befriedungswirkung einer einstweiligen Verfügung sind an den Verfügungsgrund allerdings besonders strenge Anforderungen zu stellen.

Entscheidung. Das LAG Hamm hat entschieden, ein Arbeitnehmer verzichte nicht auf seine Grundrechte aus Art. 4, Abs. 2 GG, weil er bei Abschluss des Arbeitsvertrags damit rechnen musste, dass die ordnungsgemäße Erfüllung seiner arbeitsvertraglichen Pflichten mit seinen Verpflichtungen gegenüber seinem Glauben kollidieren könnten. Deshalb ist ein Arbeitgeber nicht verpflichtet, durch Art. 4, Abs. 1, 2 GG geschützte Gebetspausen des muslimischen Arbeit-

---

[63] Vgl. Art. 137, Abs. 5 WRV; Vgl. BVerfGE 18, S. 385, 387, oder NJW 1965, S. 961; BVerfGE 19, 129, 134, oder NJW 1965, S. 2339.
[64] Vgl. WPfG § 11, Abs. 1, Nr. 3.
[65] Siehe LAG Hamm, Urteil vom 18.1.2002 – 5 Sa 1782/01; LAG Hamm, Urteil vom 26. 02. 2002 – 5 Sa 1582/01 (ArbG Münster, Urteil vom 7. 09. 2001 – 4 Ca 915/01).
[66] Siehe LAG Hamm, Urteil vom 18. 01. 2002. – 5 Sa 1782/01.

nehmers während der Arbeitszeit hinzunehmen, wenn hierdurch betriebliche Störungen verursacht werden.

Würdigung
Das Gericht stellte richtig fest, dass sich bei Arbeitsvertragsschluss Arbeitgeber und Arbeitnehmer nicht als gleichwertige Verhandlungspartner gegenüber stehen. Die Vertrags- und Verhandlungsschwäche des Arbeitnehmers ergebe sich schon daraus, dass er in der Regel auf den Arbeitsplatz angewiesen ist und der Arbeitsmarkt oft wenig nutzbare Ausweichmöglichkeiten bietet. Diese geringe Verhandlungsstärke macht es ihm praktisch unmöglich, für den Arbeitgeber ungünstige Nebenbedingungen zu vereinbaren.[67] Daher ist der Arbeitgeber verpflichtet, in zumutbarem Umfang durch betriebliche Organisationsmaßnahmen die Religionsausübung durch den Kläger zu gewährleisten. Hierzu hatte der Kläger aber nichts vorgetragen, weshalb der Klage nicht stattgegeben wurde.

Zweites Verfahren: Verlassen des Arbeitsplatzes für Gebetspausen [68]

Sachverhalt. Ein Arbeitgeber, der insgesamt 48 Muslime beschäftigte, erließ folgende Abmahnung gegenüber einem der muslimischen Arbeitnehmer:

> „...Wie sie dem oben Genannten einräumten, haben sie die entsprechenden Waschungen vorgenommen, sich nach oben zurückgezogen, die Schuhe ausgezogen und ihre Gebete verrichtet. Als zwei andere Mitarbeiter die Rollen [hinter denen sich die Gläubigen offenbar verborgen hatten, Anm. des Verf.] zur Seite nahmen, um sie zu finden, haben sie ihre Gebete nicht unterbrochen, sondern fortgeführt.
> Nach Beendigung waren sie dann für die oben Genannten ansprechbar. Auf Befragen räumten sie ein, dass sie täglich während ihrer Arbeitszeit diese Gebetspausen einlegen. Sie wurden bereits mündlich von den oben Genannten auf das Schärfste dagegen abgemahnt, dass diese Verhaltensweise für den Betrieb untragbar ist und nicht fortgeführt werden darf und kann. Sie zeigten sich überhaupt nicht einsichtig und waren der Meinung, dass ihr Arbeitseinsatz diese Arbeitsweise zulässt. Tatsächlich liegt ein unentschuldigtes Fehlen vom Arbeitsplatz vor. Wir haben sie daher ernsthaft abzumahnen und darauf hinzuweisen, im Wiederholungsfall eine Kündigung aussprechen zu müssen ...“ [69]

Der klagende Arbeitnehmer verlangte Rücknahme und Entfernung der Abmahnung aus der Personalakte. Er trug vor, dass er aufgrund seines Glaubens verpflichtet sei, fünfmal täglich seine Gebete zu verrichten.

Entscheidung. Die Berufung hatte keinen Erfolg. Der Kläger war nicht berechtigt, ohne weitere Absprachen mit einem Vorgesetzten den Arbeitsplatz zur Ausübung seines Nachmittagsgebetes zu verlassen. Die Abmahnung ist daher sach-

---

[67] LAG Hamm in NJW 2002, 1971.
[68] Siehe LAG Hamm, Urteil vom 26. 02. 2002 – 5 Sa 1582/01.
[69] Siehe LAG Hamm in NZA 2002, S. 1090.

lich und rechtlich gerechtfertigt, weil sie dem Kläger ein unentschuldigtes Fernbleiben vom Arbeitsplatz vorwirft.

Würdigung. Es wäre grundsätzlich denkbar, aus § 616 BGB und aus § 242 BGB im bestehenden Arbeitsverhältnis einen Anspruch auf Arbeitsbefreiung des Arbeitnehmers zur Ausübung seiner Religionspraxis herzuleiten. Insoweit könnte dies Vorrang vor dem grundsätzlichen Direktionsrechts des Arbeitgebers haben.
Darüber hinaus könnte sich das Recht zur Arbeitspause zum Zwecke der Religionsausübung aus § 242 BGB in Verbindung mit dem bestehenden Arbeitsverhältnis ergeben. Durch verfassungskonforme Auslegung der Generalklausel des § 242 BGB begründen die Grundrechte des Arbeitnehmers eine Pflicht des Arbeitgebers zur Rücksichtnahme.[70] Die Grundrechte können sich ganz oder teilweise auf Privatpersonen auswirken, die sogenannte Drittwirkung.[71] Zum Recht auf ungestörte Religionsausübung nach Art. 4, Abs. 2 GG gehört auch das Beten.[72] Es ist nicht relevant, ob die Religion das Beten während bestimmter Zeiten zwingend vorschreibt. Es genügt, dass der Gläubige die religiöse Handlung nachvollziehbar als verbindlich ansehen kann und ansieht.[73] Selbst wenn ein zwingender Charakter des religiösen Gebots erforderlich wäre, steht dem nicht entgegen, dass die Religion in Ausnahmefällen auf die Gewissensnot von Gläubigen Rücksicht nimmt.[74]
Das LAG Hamm betonte, dass der gläubige Arbeitnehmer unter Berücksichtigung der betrieblichen Belange wegen seiner Grundrechte aus Art. 4, Abs. 1 und Abs. 2 GG grundsätzlich berechtigt ist, seinen Arbeitsplatz zur Abhaltung kurzzeitiger Gebete zu verlassen. Insoweit kann ein Leistungshindernis nach § 616 BGB bestehen. Die Unterbrechung der Arbeit zur Religionsausübung bedeutet ein subjektives Leistungshindernis im Sinne von § 616 BGB. § 616 BGB führt ohne weitere gestaltende Erklärung des Arbeitgebers bei Bestehen des Leistungshindernisses zu einer Suspendierung der Arbeitspflicht für den Hinderungszeitraum.[75]
Diese Prämissen waren in diesem Fall allerdings nicht erfüllt. Das Recht auf ungestörte Religionsausübung gem. Art. 4, Abs. 1 und 2 GG berechtigt den Arbeitnehmer nicht, im Rahmen des § 616 BGB ohne Berücksichtigung der Belange des Arbeitgebers seinen Arbeitsplatz zu verlassen. Die Pflichtgebete des Islams sollen nur innerhalb eines Zeitrahmens je nach Sonnenstand abgehalten werden. Der Arbeitnehmer ist wegen der aus Art. 2, Abs. 1, Art. 12, Abs. 1 und Art. 14, Abs. 1 GG grundrechtlich geschützten Belange des Arbeitgebers

[70] Siehe Dieterich 2004, Einleitung zum GG, Rdnr. 22.
[71] Vgl. Herzog 2006 zu Art. 5, Abs. 1 und 2, Rdnr. 27.
[72] Vgl. Starck 1999, Art. 4, Rdnr. 58 m.w. Nachw.
[73] Vgl. Böckenförde 2001, S. 723 f.
[74] Siehe BVerfG vom 15. 01. 2002 in NJW 2002, S. 663, 666, oder NVwZ 2002, S. 335.
[75] Siehe BAG vom 30. 05. 1988, NZA 1989, S. 464, oder KSchG 1969, § 1, Nr. 9: Personenbedingte Kündigung.

nicht berechtigt, den genauen Zeitpunkt seiner Arbeitsunterbrechung innerhalb des Zeitrahmens ohne Rücksprache mit seinem Vorgesetzten selbst zu bestimmen
Der Arbeitnehmer unterwirft sich grundsätzlich mit Vertragsschluss dem Direktionsrecht des Arbeitgebers. Grundsätzlich unterliegt auch die Festlegung der Zeit der Arbeitsleistung dem Direktionsrecht des Arbeitgebers. Der Arbeitnehmer ist insbesondere nicht berechtigt, selbst anhand der betrieblichen Gegebenheiten zu entscheiden, zu welchem Zeitpunkt er seinen Arbeitsplatz verlassen will. Er greift damit unzulässigerweise in die dem Arbeitgeber obliegende Organisationsgewalt ein.

5.5. Die Grenzen des arbeitgeberischen Organisationsrechts

Die Weisung des Arbeitgebers konkretisiert die Arbeitspflicht. Sie lässt allerdings den Arbeitsvertrag unberührt und gehört zum wesentlichen Inhalt eines jeden Arbeitsverhältnisses. Der Arbeitnehmer unterwirft sich grundsätzlich mit Vertragsschluss dem Direktionsrecht des Arbeitgebers.
Leistungsbestimmungsrechte finden sich in Tarifverträgen, Betriebsvereinbarungen und Arbeitsverträgen. Das BAG und Teile des Schrifttums gehen von der Prämisse aus, dass diese auf die Ausübung des arbeitgeberischen Direktionsrechts § 315 BGB anwendbar sind. Der klassische Fall des § 315 BGB ist die einseitige Leistungsbestimmung, die einer Vertragspartei vertraglich vorbehalten worden ist, ohne dass dafür exakte Maßstäbe feststehen, wie etwa Preisklauseln oder Honorare der freien Berufe.[76] Das Bestimmungsrecht des § 315 BGB trifft weiterhin auf Leistungsmodalitäten zu. Dabei kommt es nicht darauf an, ob es sich um bedeutsame oder um untergeordnete Modalitäten handelt.[77] Das Direktionsrecht ermöglicht es dem Arbeitgeber, die im Arbeitsvertrag rahmenmäßig umschriebene Leistungspflicht im Einzelnen nach Zeit, Art und Ort zu bestimmen. Beschränkungen können sich nur aus Gesetz, Tarifvertrag, Betriebsvereinbarung oder Einzelarbeitsvertrag ergeben. Gemäß § 315, Abs. 3, S. 1 BGB bindet eine unbillige Leistungsbestimmung nicht. Das BAG stellte fest:

> „Die Befugnis, kraft Direktionsrechts Ort und Zeit der Arbeitsleistung festzulegen, ist nicht dadurch eingeschränkt, dass der Arbeitgeber bei Abschluss des Arbeitsvertrags auf die für den Arbeitsbereich des Arbeitnehmers geltende betriebliche Regelung über Zeit und Ort des Beginns und Endes der täglichen Arbeit hingewiesen hat. Dies gilt auch dann, wenn der Arbeitgeber danach über längere Zeit von seinem dahin gehenden Direktionsrecht keinen Gebrauch macht.“ [78]

[76] Vgl. beispielsweise auch BAG AP Nr. 10 zu § 315 BGB; das BAG zählt zur vereinbarten Monatsvergütung eine Prämie zur pauschalen Abgeltung von Mehr-, Nacht-, und Sonntagsarbeit, deren Höhe der Arbeitgeber jeweils für ein Jahr festsetzte.
[77] Vgl. herrschende Lehre, so etwa Gottwald 2003, § 315, Rdnr. 28.
[78] Siehe BAG vom 7. 12. 2000 in AP, BGB § 611, Direktionsrecht, Nr. 61.

Hromadka merkt an, dass für das Leistungsbestimmungsrecht bezüglich der einzelnen Arbeitsbedingungen unterschiedliche Bezeichnungen gelten. Soweit es sich um die Tätigkeit des Arbeitnehmers geht, so ist die Bezeichnung Weisungsrecht oder Direktionsrecht üblich.[79]

§ 315, Abs. 1 BGB ist zu entnehmen, dass die Ausübung des Direktionsrechts des Arbeitgebers billigem Ermessen entsprechen muss. Die Billigkeitsgrenze ist allerdings nur im Zweifel zu beachten, wenn sich aus den Umständen nichts anderes ergibt. Das arbeitgeberseitige Direktions- und Weisungsrecht ist die schwächste Rechtsquelle. Sie kann leicht durch Gesetz, Kollektiv- und Einzelvereinbarungen begrenzt werden. Das BAG stellte fest, dass das Direktionsrecht im Übrigen nur in den Grenzen billigen Ermessens ausgeübt werden kann.[80] Eine Leistungsbestimmung entspricht billigem Ermessen, wenn die wesentlichen Umstände des Falles abgewogen und die beiderseitigen Interessen angemessen berücksichtigt worden sind.[81] Ob dies der Fall ist, unterliegt der gerichtlichen Kontrolle gemäß § 315, Abs. 3, Satz 2 BGB.

Weisungen, die den Arbeitnehmer stark belasten könnten, sollten, so Söllner, der Bindung der Billigkeit unterliegen, weil nur bei diesen die richterliche Kontrolle einen Sinn habe.[82] Reuter macht einen Unterschied zwischen „schlichter" Weisung und dem Eingriff in die persönliche Rechtsstellung des Arbeitnehmers. Er entwickelt eine Parallele zum beamtenrechtlichen Grund- und Betriebsverhältnis und leitet daraus ein Abgrenzungskriterium für die nicht billigkeitsgebundenen Weisungen ab.[83] Was ein Beamter sich im Interesse eines störungsfreien Verwaltungsablaufs im Rahmen des „Grundverhältnisses" gefallen lassen müsse, sei auch einem Arbeitnehmer im Interesse eines störungsfreien Arbeitsprozesses zuzumuten. Brox meint, dass der Arbeitgeber bei verständiger Würdigung der Interessen beider Arbeitsvertragsparteien bei den lediglich untergeordneten Anweisungen nicht an das Billigkeitserfordernis des § 315 BGB gebunden sei. Eine gerichtliche Überprüfung derartiger Weisungen sei sinnlos. Die Rechtsmäßigkeit dieser Weisungen könne nur am Maßstab des § 138 BGB und des § 242 BGB gemessen werden.[84]

Leßmann merkt an, dass die begünstigenden und feststellenden Weisungen keiner weiteren Kontrolle nach § 315, Abs. 1 BGB unterliegen. Sie schaffen keine neue Belastung und brauchen nicht „im Zweifel" billigem Ermessen zu

---

[79] Siehe Hromadka 1995, S. 1609.

[80] BAG DB 1980, S. 1603; BAG DB 1986, S. 132; BAG DB 1985, S. 2689; BAG DB 1989, S. 2538; BAG DB 1990, S. 2026; BAG DB 1991, S. 865; BAG DB 1992, S. 147. Dieser Anschauung haben sich Teile des Schrifttums angeschlossen, z. B. Soergel 1999, § 315, Rdnr. 18 und 40.

[81] Ständige Rechtsprechung, vgl. etwa BAG vom 25. 10. 1989, 2 AZR 633/88 – AP, Nr. 36 zu § 611 BGB, Direktionsrecht, oder EzA, KSchG, § 1, Verhaltensbedingte Kündigung, Nr. 30 in Abs. 2 b Aa der Gründe; BAG vom 11. 10. 1995, 5 AZR 1009/94 – AP, Nr. 45, zu § 611 BGB, Direktionsrecht.

[82] Vgl. Söllner 1985, § 315, Rdnr. 8 und 35.

[83] Vgl. Reuter, 1986, S. 385, 388.

[84] Vgl. BAG in AP, Nr. 27, zu § 611 BGB, Direktionsrecht.

entsprechen. Sie unterliegen keiner Rechtsmäßigkeitskontrolle und sind an den Maßstäben der §§ 134, 138, 226 und 242 BGB zu messen. Dagegen ist eine belastende Weisung einer Ermessenskontrolle zu unterwerfen. Dabei sind das Entschließungsermessen einerseits und das Auswahlermessen andererseits zu überprüfen. Das Entschließungsermessen fragt, ob das Ziel bzw. die Zweckverfolgung sachlich gerechtfertigt sind. Weist der Arbeitsgeber nach, dass im Falle des Nichthandelns durch die Weisung Beeinträchtigungen oder Störungen in mindestens einem der vier „unternehmerischen Interessenbereiche" auftreten, so kommt das Entschließungsermessen des Arbeitgebers zum Zuge. Gelingt dies, ist die entsprechende Ausübung des Auswahlermessens zu überprüfen. Um der Billigkeit zu entsprechen, soll der Grundsatz der Verhältnismäßigkeit (im weiteren Sinne) gewahrt sein. Deshalb können die Wirkungen der Weisung nicht die Privatsphäre des Arbeitnehmers beeinträchtigen.[85]
Der Arbeitgeber hat im Rahmen des billigen Ermessens nach § 315, Abs. 1 BGB, der voraussetzt, dass der Inhalt der geschuldeten Leistung noch zu konkretisieren ist, einen ihm offenbarten Gewissenskonflikt des Arbeitnehmers zu berücksichtigen. Der Maßstab des billigen Ermessens bewirkt, dass die Vertragsbindung keine starre Regel ist, da sie inhaltlich durch das Grundrecht der Gewissensfreiheit bestimmt wird. Gleichfalls genießt auch das Interesse des Arbeitgebers an Vertragstreue grundrechtlichen Schutz gemäß Art. 2, Abs. 1 GG. Ein Vorrang der Gewissensfreiheit vor der Vertragspflicht besteht nicht. Eine Kollisionslösung ist durch das Herstellen praktischer Konkordanz gefordert. Kriterien für die Abwägung sind:

- Vorhersehbarkeit einer Gewissensbelastung bei Vertragsabschluss, das heißt das mögliche Wissen des Arbeitnehmers, bei der Eingehung des Arbeitsverhältnisses mit einem Interessenskonflikt rechnen zu müssen,
- aktuelle betriebliche Erfordernisse und Wiederholungswahrscheinlichkeit, das heißt, ob der Arbeitgeber aus betrieblichen Erfordernissen auf dieser Arbeitsleistung bestehen muss, und ob dem Arbeitnehmer andere Arbeit zugewiesen werden kann,
- Möglichkeit, die Arbeit, die Stein des Anstoßes ist, von anderen Arbeitnehmern übernehmen zu lassen,[86]
- Vorhersehbarkeit weiterer Gewissenskonflikte in der Zukunft.[87]

Der Arbeitgeber ist gehalten, nach einer Konkretisierung der geschuldeten Arbeitsleistung zu suchen, die das Gewissen nicht negativ beeinträchtigt. Dies mündet in die Pflicht, zur Vermeidung eines Konfliktes mit dem Anspruch des Arbeitnehmers aus Art. 4 GG gegen den Arbeitgeber, Arbeitsabläufe, wo dies

[85] Siehe Leßmann 1992, S. 1137 ff.
[86] Vgl. BAG in NJW 1990, S. 203 ff. [Pharmaforschung, betr. Nuklearkriegsfolgen]; BAG in NJW 1986, S. 85 ff.[Drucker betr. Werbeprospekt für kriegsverherrlichende Literatur]; ArbG Köln in NJW 1991, S. 1006 [keine Verpflichtung eines Arbeitsnehmers zur Auftragsbearbeitung mit Zielland Irak]; BAG in NZA 1993, S. 411 [keine Verpflichtung eines Orchestermusikers zur Mitwirkung an Aufführung].
[87] Siehe BAG in JZ 1985, S. 1108.

möglich erscheint, anders zu organisieren.[88] Der Arbeitgeber hat im zumutbaren Umfang durch betriebliche Organisationsmaßnahmen die Religionsausübung durch den Arbeitnehmer zu sichern.[89] Bestehen keine dem Arbeitgeber zumutbaren Ausgestaltungsmöglichkeiten, und verweigert der Arbeitnehmer die für ihn gewissensverletzende Arbeit, ist die Kündigung möglich.[90] Maßgebend ist der subjektive Gewissensbegriff. Dieser setzt voraus, dass der Arbeitnehmer darlegt, ihm sei wegen einer aus einer spezifischen Sachlage folgenden Gewissensnot heraus nicht zuzumuten, die an sich vertraglich geschuldete Leistung zu erbringen. Lässt sich aus den festgestellten Tatsachen im konkreten Fall ein Gewissenskonflikt ableiten, so unterliegen Relevanz und Gewichtigkeit keiner gerichtlichen Kontrolle.[91]
Zusätzlich ist die vertragliche Leistungspflicht auch bei Unzumutbarkeit der Leistung durch § 242 BGB begrenzt. Konzen konstatiert, dass sowohl die Unbilligkeit im Rahmen des § 315 BGB als auch die Unzumutbarkeit im Sinn des § 242 BGB in Abwägung der konkreten Interessen der Vertragsparteien ermittelt werden soll.[92] Die gegenseitige Pflicht zur Rücksichtnahme verpflichtet den Arbeitnehmer, auf die betrieblichen Belange des Arbeitgebers Rücksicht zu nehmen.
Das BAG berücksichtigt im Fall des Leiters der human-pharmakologischen Forschungsabteilung insbesondere das arbeitgeberische Direktionsrecht und den Gewissenskonflikt.[93] Die konkrete Arbeitsaufgabe wurde durch den Arbeitgeber in Ausübung seines Direktionsrechts im Rahmen des § 315 BGB zugewiesen. Vorliegend handelte es sich nicht um eine religiös bedingte Gewissensentscheidung. Auf eine solche wäre aber auch die Anwendung der gefundenen Maßstäbe festzustellen. Möchte der Arbeitnehmer die vertraglich geschuldete Leistung nicht erbringen, so kann dies nach entsprechender Abmahnung als ein sozialer Rechtfertigungsgrund für eine ordentliche Kündigung angesehen werden.[94] Es

---

[88] Vgl. BAG in NJW 1990, S. 203, 205; AP, Nr. 27 zu § 611 BGB, Direktionsrecht. Das billige Ermessen sei in den Fällen eines Gewissenskonflikts nicht gewahrt, wenn dem Arbeitnehmer in zumutbarer Weise eine andere Beschäftigungsmöglichkeit zugewiesen werden könne.

[89] Siehe LAG Hamm, Urteil vom 18. 01. 2002. – 5 Sa1782/01, NJW 2002, S. 1971.

[90] Vgl. Konzen und Rupp 1990, S. 145 f.

[91] Vgl. BAG in JZ 1990, S. 139.

[92] Vgl. Konzen und Rupp 1990, S. 149.

[93] Siehe BAG in JZ 1990, S. 139. Der Kläger ist Leiter der Forschungsunterabteilung einer deutschen Tochter eines englischen Pharmakonzerns. Eine Gruppe entdeckte eine Substanz, die geeignet war, bei Strahlenschäden Folgewirkungen einzuschränken. Der Arbeitnehmer verweigerte die Mitarbeit. Er befürchtete, die gefundene Substanz könne militärisch genutzt werden. Dem Kläger wurde nach mehrmaliger Androhung gekündigt. Er versuchte, die Kündigung als sozial ungerechtfertigt zu bekämpfen. Das LAG hat die Kündigung als sozial gerechtfertigt angesehen. Das BAG hat die Entscheidung der Berufungsinstanz aufgehoben. Der Kläger hat die Arbeit aus Gewissensgründen abgelehnt. Der vorliegende Gewissenskonflikt war für den Kläger nicht vorhersehbar.

[94] Vgl. BAGE 47, S. 363, 371, oder AP, Nr. 27, zu § 611 BGB, Direktionsrecht.

gilt ein subjektiver Gewissensbegriff.[95] Für die Frage der Sozialwidrigkeit der Kündigung ist es relevant, ob der Arbeitgeber den Arbeitnehmer anderweitig beschäftigen konnte.
Dieses Kriterium gilt ebenso bei Verfahren über die Entfernung von Abmahnungen aus der Personalakte aufgrund religiös motivierten Fehlens am Arbeitsplatz. Das Landesarbeitsgericht Schleswig-Holstein hatte in einem aktuellen und bislang noch nicht veröffentlichten Verfahren hierüber zu entscheiden.[96] Die Parteien stritten darum, ob die beklagte Arbeitgeberin verpflichtet war, drei der Klägerin erteilte Abmahnungen aus der Personalakte zu entfernen:

Sachverhalt. Die beklagte Arbeitgeberin beschäftigt 2.000 Mitarbeiter, davon 333 Ausländer aus 36 Nationen. Die Frauenquote in der Produktion beträgt 65 %. Die Klägerin trat am 6. Februar 1991 als ungelernte Chemiehelferin für die Produktion in die Dienste der Beklagten ein. Im schriftlichen Arbeitsvertrag vom 2. Dezember 1991 heißt es zur Arbeitszeit:

> „Die vereinbarte Arbeitszeit beträgt wöchentlich 39 Stunden.
> Arbeitstäglich von Mo bis Do von 7.00 bis 16.00 Uhr, Fr von 7.00 bis 13.45 Uhr."

Unter Ziff. 14 des Arbeitsvertrages heißt es zu den sonstigen Vereinbarungen:

> „Es gilt als vereinbart, dass Sie im Fall der Einführung von Schichtmodellen, wie z.B. in der Anlage dargestellt, ihre Arbeitszeit, ohne dass es einer Änderungskündigung bedarf, entsprechend anpassen."

Zwischen den Parteien ist strittig, ob dem Arbeitsvertrag der Klägerin die in Ziff. 14 in Bezug genommene Anlage beigefügt war.
Die Klägerin ist seit 1. April 2000 Mitglied der evangelischen Freikirche Gemeinschaft der Siebenten-Tags-Adventisten in Schleswig-Holstein, die als Körperschaft des öffentlichen Rechts organisiert ist.[97] Seit diesem Zeitpunkt ist die Klägerin nicht mehr bereit, am Sabbat, von Freitag Sonnenuntergang bis Samstag Sonnenuntergang, zu arbeiten.[98] Vor ihrer Mitgliedschaft bei den Siebenten-Tags-Adventisten arbeitete die Klägerin auch samstags im Betrieb der Beklagten.
Der Betriebsrat und die Geschäftsleitung der Beklagten vereinbarten am 10. Juni 2003 eine Betriebsvereinbarung „flexible Arbeitszeit", mit dem Ziel, ab 1. September 2003 zehn sog. Ansageschichten pro Kalenderjahr einzuführen, von de-

[95] Vgl. BVerfGE 12, S. 45, 54 f.
[96] LAG Schleswig-Holstein, Urteil vom 22. 06. 2005, 4 Sa 120/05 – 1 Ca 1919 b/04 ArbG Neumünster. Durch Abweisung der Beschwerde wegen Nichtzulassung hat das BAG durch Beschluss vom 10. 11. 2005, 2 AZN 752/05, 4 Sa 120/05, auch mit inhaltlichen Ausführungen das Urteil des LAG Schleswig-Holstein bestätigt.
[97] Ausführlich zu den Siebenten-Tags-Adventisten, siehe Kapitel 1, Abschnitt 1.3.
[98] Zum Sabbatverständnis siehe Abschnitt 1.3.1. und www.adventisten.de, April 2006

nen auch die Klägerin betroffen ist. Die Ansageschichten finden samstags statt und werden spätestens am Montag der Vorwoche angekündigt.
Die Beklagte teilte die Klägerin nach Abschluss dieser Betriebsvereinbarung erstmals für den 28. August 2004 zur Samstagsarbeit ein. Mit Schreiben vom 26. August 2004 wies die Klägerin unter Bezug auf ein bereits am 24. August 2004 geführtes Gespräch darauf hin, dass es ihr aus religiösen Gründen nicht möglich sei, am Samstag zu arbeiten, und erschien nicht zur eingeteilten Samstagsschicht. Die Beklagte mahnte die Klägerin daraufhin ab, da sie aus Gleichbehandlungsgründen dieses Verhalten nicht akzeptieren könne. Dies geschah noch zweimal in der gleichen Art und Weise.
Am 11. Januar 2005 unterzeichneten 15 Mitarbeiterinnen und Mitarbeiter der Beklagten folgende Erklärung (Originaltext):

> „Betreff Ansageschichten: Wir wissen, dass unser Arbeitsplatz nur dann gesichert ist, wenn wir mit (Firmenname) zusammen arbeiten. Da es in der Planung aber vorkommen kann, dass am Samstag Mehrarbeit geleistet werden muss, sind wir auch bereit, Opfer zu bringen. Wir würden allerdings die Wochenenden auch viel lieber mit unseren Familien verbringen. Das kann aber nur funktionieren, wenn alle mitziehen, da es sonst ungerecht ist.“ [99]

Das Arbeitsgericht hatte die Klage abgewiesen.[100]

Entscheidung. Die Berufung der Klägerin war erfolgreich. Die Beklagte hat die Abmahnungen zu Unrecht ausgesprochen, weil die Klägerin berechtigt war, die eingeteilten Samstagsschichten nicht anzutreten. Die Beklagte hat bei der Einteilung der Klägerin die Grenzen des ihr arbeitsvertraglich zustehenden Direktionsrechts überschritten.

Zur Begründung führte das Gericht aus, dass das Weisungsrecht des Arbeitgebers nur nach billigem Ermessen ausgeübt werden darf und stützte sich hier-

---

[99] Die Klägerin trug vor, die dort unterzeichnenden Kollegen hätten ihr mitgeteilt, ihnen sei anlässlich der Vorlage des Textes durch den Vorgesetzten nicht mitgeteilt worden, dass Hintergrund ihr, der Klägerin, Wunsch gewesen sei, aus religiösen Gründen von der Samstagsschicht ausgenommen zu werden. Man sei davon ausgegangen, dass es sich um Kollegen handle, die schlichtweg keine Lust hätten, an Samstagen zu arbeiten. Die Beklagte habe daher die Kollegen bewusst im Hinblick auf diesen Rechtsstreit in die Irre geführt. Auf Betriebsablaufstörungen könne sich die Beklagte auch nicht berufen, zumal es zu solchen nicht gekommen sei. Die Klägerin könne an Samstagen – soweit überhaupt erforderlich – problemlos durch andere Arbeitskräfte ersetzt werden, alternativ bot sich die Klägerin für den Einsatz in Sonntagsschichten an, so dargestellt im genannten Urteil, S. 6 f.

[100] Arbeitsgericht Neumünster, Urteil vom 11. 02. 2005, 1 Ca 1919 b/04. Das Gericht hatte seine Klagabweisung darauf gestützt, dass es der Beklagten nicht zumutbar sei, die Klägerin von der Betriebsvereinbarung auszunehmen. Nur schwerwiegende individuelle Belange könnten einen Anspruch auf Ausnahmegenehmigung begründen, dies sei aber durch die, an allen anderen Samstagen außerhalb der Ansageschichten mögliche, Religionsausübung nicht gegeben.

bei auf eine Entscheidung des BAG vom 10. Oktober 2002 zum Tragen eines islamischen Kopftuches durch eine Verkäuferin in einem Kaufhaus.[101]
Dem Beklagten-Argument der Gleichbehandlung, mit der Konsequenz der fehlenden Akzeptanz der Betriebsvereinbarung im Betrieb, stellte das Gericht entgegen, dass es einer konkreten Gefährdung der Akzeptanz bedürfe und nicht bloß eines „möglichen Verdachtes", um das Grundrecht der Klägerin einzuschränken.[102] Auch das Argument der Beklagten, alle Mitarbeiter aus Gleichbehandlungsgründen zur Samstagsarbeit heranzuziehen, überzeugte das Gericht nicht. Vielmehr gilt es, das konkrete Interesse jedes einzelnen Mitarbeiters am Maßstab des § 315 BGB zu prüfen. Allein die Befürchtung, dass sich andere Mitarbeiter auch von der Samstagsschicht befreien lassen wollen, lässt den Grundrechtsschutz der Klägerin nicht zurücktreten.
Für das Gericht war auch nicht erkennbar, dass es zu konkreten Betriebsablaufstörungen kam oder kommen muss, wenn die Klägerin von der Samstagsschicht befreit wird.
Der Grundsatz der Vertragstreue führte zu keiner anderen Betrachtung durch das Gericht. Allein die vertragliche Bindung führt nicht dazu, dass das Interesse der Arbeitgeberin an der Einhaltung dieser eingegangenen Verpflichtungen jenes Interesse der Klägerin an der Beachtung ihrer Grundrechtspositionen aus Art 4, Abs. 1 und 2 GG übersteigt.[103]
Der Religionswechsel der Klägerin erbrachte keine andere Beurteilung. Schließlich kann ein Wechsel des Glaubens ohne konkrete Gefährdung des Betriebsablaufes nicht erschwert werden. Nichts anderes gilt bei Berufung auf die Betriebsvereinbarung an sich. Denn auch bei der konkreten Umsetzung der Betriebsvereinbarung, hat der Arbeitgeber im Einzelfall grundrechtliche Positionen zu beachten.
Der Beklagten war es zuzumuten, die Klägerin nicht zu Samstagsschichten einzuteilen, bei etwaigen Unmutsäußerungen der Belegschaft um Verständnis für die Haltung der Klägerin zu werben und mögliche Störungen des Betriebsablaufes im Rahmen des Zumutbaren zu vermeiden. Anlass zur Zulassung der Revision bestand wegen der Entscheidung auf Grundlage des Urteils des BAG vom 10.10.2002 („Kopftuch-Urteil") nicht.

Würdigung. Das Gericht hatte die durch Art 12, Abs. 1 GG grundrechtlich geschützte Position der Beklagten in Bezug auf ihre Unternehmensfreiheit nicht außer Acht gelassen, auch nicht das hieraus resultierende berechtigte Interesse,

---

[101] Abgedruckt in Entscheidungen des BAG Bd. 103, S. 111 ff. (2004). Das BAG hatte einer Verkäuferin das Recht zugesprochen, während ihrer Arbeit in einem Kaufhaus ein Kopftuch, religiös motiviert, zu tragen. In der sowohl bei § 242 als auch § 315 BGB notwendigen Abwägung der kollidierenden Grundrechte entschied das Gericht zugunsten der Religionsausübungsfreiheit der Verkäuferin.
[102] Hierin folgte das Landesarbeitsgericht fast wortgleich den Ausführungen des BAG in seinem Urteil vom 10. 10. 2002.
[103] LAG Schleswig-Holstein, Urteil vom 22. 06. 2005, 4Fa 120/05, S. 16 f.

betriebliche Abläufe störungsfrei zu organisieren. Die Begrenzung grundrechtlicher Freiheiten durch den Abschluss eines Arbeitsvertrages konnte das Interesse der Klägerin auf ungestörte Religionsausübung nicht überwiegen. Zwar schützt das Grundgesetz die Vertragsfreiheit, sie bedarf aber der Ausgestaltung und muss dabei in Ausgleich zu anderen Grundrechten gebracht werden.[104]

Das Gericht folgerte daraus richtig, dass sich die Privatautonomie gegenüber einer Grundrechtsposition der Arbeitnehmerin nur dann durchsetzt, wenn es sich um konkrete Gefährdungen von Rechtspositionen der Arbeitgeberin handelt. Es forderte vielmehr die Arbeitgeberin auf, mit entsprechenden Informationen gegenüber der Belegschaft für Verständnis gegenüber der Klägerin zu werben.
Besonders beachtenswert bei dieser Entscheidung ist die enge argumentative Verbindung dieser mit der „Kopftuch"-Entscheidung des BAG vom 10.10.2002, die im Urteil des LAG Schleswig-Holstein an fünf Stellen zur Begründung herangezogen und letztlich auch damit die Revision nicht zugelassen wurde.
Die gegen die Nichtzulassung der Revision gerichtete Beschwerde der Arbeitgeberin wurde vom BAG zurückgewiesen.[105] Die Arbeitgeberin hatte geltend gemacht, dass hier ein Fall „grundsätzlicher Bedeutung" vorlag, §§ 72, Abs. 2 Nr. 1 und 72a Abs. 3 Nr.1 ArbGG, der einer Klärung durch das BAG bedürfe. Das BAG führte aus, dass die grundsätzliche Frage, ob Art. 4 Abs. 1 GG die Ausübung des Direktionsrechts des Arbeitgebers dahingehend beeinflussen kann, dass er unter bestimmten Voraussetzungen an sich geschuldete Arbeitsleistung nicht zuweisen kann, bereits entschieden ist und daher nicht mehr klärungsbedürftig. Bereits in der Entscheidung des BAG vom 24. 05. 1989[106] hatte der Senat ausgesprochen, dass der Arbeitgeber aufgrund von Art. 4 Abs. 1 GG gehalten sein könne, dem Arbeitnehmer gewisse Tätigkeiten nicht zuzuweisen.[107]
Es lag keine entscheidungserhebliche Divergenz vor, §§ 72 Abs. 2 Nr. 2 und 72a Abs. 3 Nr. 2 ArbGG. Soweit das angefochtene Urteil von dem Urteil des LAG Düsseldorf[108] abgewichen sein sollte, stimmte es jedenfalls mit der (aktuellen) ständigen Rechtsprechung des BAG überein.[109]

5.6. Änderungen in der Glaubensüberzeugung

Es muss berücksichtigt werden, dass sich Einstellungen und Gewissensüberzeugungen eines Menschen ändern können. Das Gewissen kann sich erst unter be-

---

104 Thüsing 2003, S. 406.
105 BAG Beschluss vom 10. 11. 2005, 2 AZN 752/05, 4 Sa 120/05.
106 In BAGE 62, 59.
107 Ebenso BAG vom 22. 05. 2003 – 2AZR 426/02.
108 Siehe LAG Düsseldorf in JZ 1964, S. 258, oben ausführlich dargestellt unter Abschnitt 5.4.2.
109 So S. 2 des Beschlusses des BAG vom 10. 11. 2005, 2 AZN 752/05, 4 Sa 120/05.

stimmten Bedingungen und Lebenslagen schärfen. Oft lässt sich nicht klar voraussehen, welche Pflichten aus einem Vertragsschluss im Einzelnen erwachsen. Könnte die Leistung das Gewissen berühren, so sind Aufklärungen bei der Vereinbarung der Einzelleistungen zu geben.[110] Mögliche Gewissensbedenken zum Gegenstand der Vertragsverhandlungen und des Vertrages sollen rechtzeitig signalisiert werden.[111] Nach Konzen ist die Subjektivität des Gewissens unergründlich. Es ist nicht Sinn der Gewissensfreiheit, den Vertragspartner die Folgen jener Unergründlichkeit tragen zu lassen.[112] Starck konstatiert, dass ein Arbeitnehmer, der aus Glaubensgründen an bestimmten Arbeitstagen im Jahr nicht arbeiten möchte, weil sie für ihn religiöse Feiertage sind, bei Abschluss des Arbeitsvertrages einen entsprechenden Vorbehalt machen muss. Sollte der Arbeitgeber etwas dagegen haben, kann der Arbeitnehmer seiner Glaubensüberzeugung dadurch folgen, dass er sich an seinen religiösen Feiertagen auf Kosten seiner Urlaubszeit Arbeitsruhe verschafft.[113]

Der unvorhersehbare Gewissenskonflikt gibt dem Schuldner im Vertragsrecht keine Befugnis zur Leistungsverweigerung. Die beteiligten Vertragspartner sollen weiterhin nach Maßgabe von Treu und Glauben (§ 242 BGB) einen Ausgleich durch Vertragsanpassung suchen.

Die Möglichkeit der Anpassung ist durch die Ausübung des Direktionsrechts des Arbeitgebers begrenzt. Stimmt eine Vertragspartei solch einer Anpassung nicht zu, besteht die Vertragsbindung unverändert fort. Der Arbeitgeber braucht darüber hinaus keine Rücksicht auf einen Gewissenskonflikt zu nehmen. Wenn der Gewissenskonflikt voraussehbar war, so müssen den Vertragspartner mit dem Gewissenskonflikt im Zweifel alle Rechtsfolgen treffen, die das geltende Recht knüpft.[114]

Vereinzelt wird die Meinung vertreten, dass ein echter Gewissenskonflikt, der den Arbeitnehmer zur Arbeitsverweigerung berechtigt, ihm einen Anspruch auf Vertragsumgestaltung und dem Arbeitgeber einen Anspruch auf einen Schadenersatz bzw. Aufwendungsersatzanspruch gibt.[115] Diese Auffassung berücksichtigt im oben genannten Fall, in dem der Arbeitnehmer mit einem Gewissenskonflikt rechnen musste, einseitig die Interessen des Arbeitnehmers.

Vielmehr gilt, dass die Freiheit zum Vertragsschluss die Freiheit des anderen, also des Arbeitnehmers ist. Dieser will nach erfolgtem Religionswechsel oder aufgrund geänderter Überzeugung und hieraus resultierendem Verhaltenswechsel, weiterhin an seinem Vertrag festhalten.[116]

---

[110] Siehe LG Düsseldorf in NJW 1966, S. 1922 – Saalmiete; der Fall ist in doppelter Weise falsch entschieden worden: keine glaubwürdige Gewissensentscheidung nachgewiesen und vor Vertragsschluss gegebene Aufklärungen nicht berücksichtigt.

[111] Siehe LAG Düsseldorf, JZ 1964, S. 258, 259.

[112] Siehe Konzen und Rupp 1990, S. 101.

[113] Siehe Starck 1999, Art. 4, Rdnr. 138.

[114] Siehe Steiner 1982, S. 164.

[115] Siehe Blomeyer 1954, S. 309 ff.

[116] Thüsing 2003, S. 406.

5.7. Offenbarungspflicht des Arbeitnehmers bezüglich seiner Religionsausübung

Das Recht auf ungestörte Religionsausübung beinhaltet nach herrschender Lehre die negative Bekenntnisfreiheit. Starck stellt fest, dass nach außen das Gewissen durch Handeln als auch durch Unterlassen in Erscheinung treten kann (forum externum, d.h. das gewissensgebotene äußere Handeln). Ein Unterschied zwischen gewissensbedingtem Handeln und gewissensbedingtem Unterlassen besteht nicht.[117] Bei der Ausübung der sogenannten negativen Bekenntnisfreiheit entscheidet sich der Grundrechtsträger, von der ihm garantierten Freiheit in der Weise Gebrauch zu machen, dass er die in sein Belieben gestellte Tätigkeit unterlässt, d.h. seinen Glauben verschweigt. Art. 4, Abs. 1 GG sichert das Recht,

> „auszusprechen und auch zu verschweigen, was man glaubt oder nicht glaubt".[118]

Art. 4 GG ist ein sog. „vorbehaltsfreies" Grundrecht, das eine Einschränkung durch Gesetz nicht vorsieht.[119] Rupp stellt fest, dass damit der durch die Wortfassung „unverletzlich" in Art. 4, Abs. 1 GG erzeugte Eindruck der Unangreifbarkeit und Unbeschränkbarkeit dieses Grundrechts verstärkt wird. Die vorbehaltsfreien Grundrechte müssen Schranken und Grenzen besitzen, weil in einer Verfassung der Freien und Gleichen ein uferlos angelegtes Grundrecht mit den ebenfalls uferlos angelegten Grundrechten anderer in unlösbaren Konflikt geraten müsste.[120] Das Recht unterliegt mithin den sog. verfassungsimmanenten Schranken, d.h. es darf nur zugunsten anderer Verfassungswerte, insbesondere zugunsten von Grundrechten anderer beschränkt werden. Nach herrschender Meinung steht Art. 4, Abs. 1 GG unter dem allgemeinen Gemeinschaftsvorbehalt des Art. 2, Abs. 1 GG (das Interesse des Arbeitgebers an Vertragstreue).[121] Danach ist eine nach außen wirkende Glaubens- und Gewissensentscheidung unter anderem nur insoweit schutzwürdig, als sie nicht die Rechte anderer verletzt, insbesondere die subjektiven privaten Rechte des Arbeitgebers.[122] Hieraus ergibt sich eine Grundrechtskollision. Die Grundrechte aus Art. 4, Abs. 1 und Abs. 2 GG finden ihre Grenzen an anderen grundrechtlich geschützten Interessen.[123] Bei einer solchen Grundrechtskollision von gleichermaßen verfas-

---

[117] Zippelius 2002, Art. 4, Rdnr. 50, der noch am längsten diese Ausdehnung des grundrechtlichen Schutzes der Gewissensfreiheit auf den Bereich des äußeren menschlichen Handelns abgelehnt hatte, ist inzwischen auf die Linie der herrschenden Meinung in Literatur und Rechtsprechung eingeschwenkt.

[118] Siehe BVerfGE 12, S. 4, 41, 49; das Schweigerecht beinhaltet u. a. grundsätzlich ein behördliches Fragenverbot und die Freiheit, nicht in die Situation gedrängt zu werden, in denen dem Schweigen eine Bedeutung zukommt.

[119] Vgl. auch die Kunst- und Wissenschaftsfreiheit des Art. 5, Abs. III GG.

[120] Siehe Rupp 1991, S. 1036.

[121] Anders siehe Habschied 1964, S. 246 ff.

[122] Vgl. LAG Düsseldorf in JZ 1964, S. 259.

[123] Siehe Zippelius 2002, Art. 4, Rdnr. 46 und 86.

sungsrechtlich geschützten Interessen muss ein Ausgleich der gegenläufigen Interessen mit dem Ziel ihrer Optimierung gefunden werden. Der Vertragstreue des Arbeitnehmers kommt eine besondere Bedeutung zu.[124] In der Güterabwägung zwischen der Freiheit der Vertragsgestaltung, Art. 2 GG und dem Recht auf ungestörte Religionsausübung, Art. 4 GG kann ein Kriterium sein, dass eine Verweigerung der Arbeitsbefreiung nur möglich ist, wenn die Arbeitsleistung nicht ersetzbar und nicht verschiebbar erscheint.[125]
Art. 140 GG in Verbindung mit Art. 136, Abs. 3, S. 2 WRV sieht für bestimmte Fälle einen ausdrücklichen (qualifizierten) Gesetzesvorbehalt vor. Darüber hinaus soll das grundrechtliche Verhältnismäßigkeitsprinzip berücksichtigt werden. Es besagt, dass, je tiefer und intensiver das Recht die Grundrechtsfreiheit beschneidet, desto gewichtiger und evidenter müssen die Gründe des Gemeinwohls oder der Rechte anderer sein, um diesen Eingriff zu rechtfertigen.[126]
Die Fragen nach der Religionszugehörigkeit bei der Bewerbung um einen Arbeitsplatz und bei den Vertragsverhandlungen sind nur dann zulässig, wenn es sich um einen religiös bestimmten Tendenzbetrieb oder eine kirchliche Einrichtung handelt.[127] Ist ein Fragerecht nicht vorhanden, ist der Arbeitnehmer zur Offenbarung nicht verpflichtet. Eine Ausnahme ist möglich, wenn der Arbeitnehmer aufgrund seines religiösen Bekenntnisses erheblich eingeschränkt oder nicht imstande ist, die geschuldeten Leistungen zu erbringen.

5.8. Zusammenfassung

1. Der Sonntag und die staatlich anerkannten Feiertage stehen in der Bundesrepublik unter besonderem Schutz. Sie sind als Tage der Arbeitsruhe und seelischen Erhebung vorgesehen. Die kirchlichen Feiertage genießen lediglich beschränkten gesetzlichen Feiertagsschutz.

2. Das Grundrecht der ungestörten Religionsausübung (Art. 4 GG) hat eine mittelbare Drittwirkung. Die grundrechtliche Anreicherung der Rechtsverhältnisse des Privatrechts erfolgt auf dem Wege einer Öffnung der zivilrechtlichen Generalklauseln und unbestimmter Rechtsbegriffe, die Einbruchstellen der Grundrechte ins Privatrecht sind.

3. Der Vertrag bedeutet die inhaltliche Anerkennung der Vertragspflichten. Die Wirksamkeit eines Vertrages wird durch das Auftreten eines Gewissenskonflikts grundsätzlich nicht berührt. Hierbei gehen die Vorstellungen, dass die Vertragserfüllung verweigert werden könne, wenn das Gewissen sie verbietet zu weit. Sie entsprechen nicht den Grundsätzen der deutschen Rechtsordnung.

---

[124] Siehe Starck 1999, Art. 4, Abs. 1 und 2, Rdnr. 137.
[125] Siehe Hemmrich 2003, Art. 4, Rdnr. 65.
[126] Vgl. BVerfGE 7, S. 377, 405, oder NJW 1958, S. 1035.
[127] Siehe LAG Hamm, Urteil vom 18. 01. 2002 – 5 Sa1782/01, NJW 2002, S. 1971.

4. Der Grundrechtsverzicht nimmt einer arbeitgeberischen Maßnahme ihren Eingriffscharakter. Ein solcher Verzicht wird unter anderem angenommen, wenn der Arbeitnehmer bei Abschluss des Arbeitsvertrags damit rechnen musste, dass die ordnungsgemäße Erfüllung des Arbeitsvertrags mit seinen Verpflichtungen gegenüber seinem Glauben und Gewissen kollidieren könnte.

5. Die Weisung des Arbeitgebers konkretisiert die rahmenmäßig umschriebene Arbeitspflicht im Einzelnen. Beschränkungen ergeben sich aus Gesetz, Tarifvertrag, Betriebsvereinbarung oder Einzelarbeitsvertrag. Auf andere Leistungsmodalitäten trifft weiterhin das Bestimmungsrecht des § 315 BGB zu.

6. Das Direktionsrecht kann in den Grenzen billigen Ermessens ausgeübt werden. Dies ist der Fall, wenn die wesentlichen Umstände des Falles abgewogen und die beiderseitigen Interessen angemessen berücksichtigt worden sind. Der Maßstab des billigen Ermessens bewirkt, dass der Vertragsinhalt durch das Grundrecht der Gewissensfreiheit bestimmt ist.

7. Maßgebend für die Beurteilung ist der subjektive Gewissensbegriff. Dieser setzt voraus, dass der Arbeitnehmer erläutert, ihm sei wegen einer Gewissensnot heraus nicht zuzumuten, die an sich vertraglich geschuldete Leistung zu erbringen. Es besteht die gegenseitige Pflicht zur Rücksichtnahme. Eine Kollisionslösung ist durch das Herstellen praktischer Konkordanz gefordert. Ein Vorrang der Gewissensfreiheit vor der Vertragspflicht besteht nicht.

8. Mögliche Gewissensbedenken zum Gegenstand des Vertrages sollen rechtzeitig signalisiert werden. Der unvorhersehbare Gewissenskonflikt gibt dem Schuldner im Vertragsrecht keine Befugnis zur Leistungsverweigerung. Es besteht aber die Möglichkeit der Vertragsanpassung. Bei einem voraussehbaren Gewissenskonflikt müssen die Parteien im Zweifel alle Vertragsfolgen auf sich nehmen.

9. Das Recht auf ungestörte Religionsausübung beinhaltet die negative Bekenntnisfreiheit, d.h. das Recht, die eigene Religion zu verschweigen. Die Fragen nach der Religionszugehörigkeit sind nur dann zulässig, wenn es sich um eine Einstellung in einer kirchlichen Einrichtung handelt. Ist kein Fragerecht vorhanden, so ist der Arbeitnehmer zur Offenbarung bezüglich seiner Religion nicht verpflichtet.

10. Ändern sich die Arbeitsbedingungen für den Arbeitnehmer während des Vertragsverhältnisses so, dass nunmehr Feiertagsschutzfragen für den Arbeitnehmer relevant werden, so ist der Arbeitgeber verpflichtet, die religiös motivierte Gewissensnot des Arbeitnehmers zu berücksichtigen. Hieraus kann sich die Pflicht ergeben, dem Arbeitnehmer in Ausübung des Direktionsrechts eine andere Arbeit zuzuweisen oder im Rahmen des Organisationsrechts die Arbeit unter Berücksichtigung des Feiertagrechts anders zu organisieren.

11. Belastungen bzw. eine Beendigung des Arbeitsvertrages resultierend aus der vom Arbeitnehmer in Anspruch genommenen Glaubensfreiheit zur Ausübung des Feiertages sind nur dann möglich, wenn konkrete Gefährdungen bzw. Störungen der Betriebsabläufe bzw. des Betriebes dargelegt werden können.

6. Die sozialrechtlichen Folgen des Feiertagsschutzes

6.1. Arbeitslosenrecht

6.1.1. Zumutbare Beschäftigung

Der Begriff „Arbeit" (althochdeutsch ar(a)beit: „Mühe", „Plage"; aber auch das durchaus erfreuliche Produkt des Arbeitens) ist der bewusste, zielgerichtete Prozess der schöpferischen Auseinandersetzung des Menschen mit der Natur und der menschlichen Gesellschaft unter Aufwendung physischer, geistiger oder emotionaler Anstrengung zum Zweck der Existenzsicherung wie der Befriedigung von Einzelbedürfnissen.[1] Arbeit ist zugleich ein wesentliches Moment der Daseinserfüllung. Sie dient der kulturellen Weiterentwicklung des einzelnen Menschen und der gegebenen sozialen Verhältnisse.

Das SGB III statuiert im § 121 den Grundsatz, dass einem Arbeitslosen alle seiner Arbeitsfähigkeit entsprechenden Beschäftigungen zumutbar sind, so weit allgemeine oder personenbezogene Gründe der Zumutbarkeit einer Beschäftigung nicht entgegenstehen. Die Zumutbarkeit spielt eine bedeutsame Rolle im Rahmen der Sperrzeitregelung (§ 144, Abs. 1 SGB III) und insbesondere bei der Klärung des wichtigen Grundes für die Ablehnung eines Arbeitsangebotes. § 121, Abs. 2, 3 SGB III regelt die „allgemeinen" und „personenbezogenen" Ausnahmen nicht abschließend. Stenmeyer merkt an, dass damit weitere Ausnahmen ins Kalkül gezogen sind und sich aus den Grundrechten des GG und dem verfassungsrechtlichem Grundsatz der Verhältnismäßigkeit herleiten lassen.[2]

Wichtige Maßstäbe für die Frage des Feiertagschutzes als Begrenzung der Zumutbarkeit ergeben sich insbesondere aus Art. 4 GG. Die Zumutbarkeit ist ein unbestimmter Rechtsbegriff, der vor allem unter Beachtung der verfassungskonformen Auslegung anzuwenden ist.

Zumutbarkeit ist ein Kriterium in der Rechtsprechung bei der Beurteilung eines Sachverhalts und bedeutet Angemessenheit einer Anforderung an ein bestimmtes Verhalten.[3] Sie ist dann gegeben, wenn die abverlangte Leistung in einem angemessen Verhältnis zu den Möglichkeiten des Arbeitnehmers steht. Im Sinne des Gesetzes bedeutet dies, dass in einem zu rechtfertigenden, angemessenen Maß jedem ein bestimmtes Verhalten zuzumuten ist. Dabei orientiert sich die Zumutbarkeit sowohl an den persönlichen Voraussetzungen und Belangen eines Betroffenen wie auch an allgemeinen Verhaltensnormen. Ist ein Handeln oder Hinnehmen (Dulden) nicht zumutbar, kann eine Rechtsverpflichtung entfallen. Der Begriff der Zumutbarkeit findet vor allem im Sozialrecht vielfältige Anwendung. So sind beispielsweise Tatbestände der Vermittlung Arbeitsloser auf be-

---

[1] Brockhaus Enzyklopädie 1996, Bd. 2, S. 38.
[2] Siehe Steinmeier 2003, § 121, Rdnr. 47.
[3] Siehe Salice-Stephan 2004.

stimmte Stellen eng mit der Frage verbunden sind, inwieweit ein bestimmtes Verhalten rechtlich zu fordern und damit zumutbar ist (wie z.B. Zumutbarkeit für Art und Ort der angebotenen Arbeit, § 121 SGB III). Eine festgestellte Nichtzumutbarkeit kann einen außerhalb des Gesetzes liegenden Grund für eine Schuldausschließung bieten.
Toparkus weist darauf hin, dass es Sonderkonstellationen gibt, in denen die Berufung auf einzelne Grundrechte durch den Versicherten zur Unzumutbarkeit einer angebotenen Beschäftigung führen kann.[4] Das betrifft vor allem Ausnahmeerscheinungen der konkreten Arbeitsplatzgestaltung und Arbeitszeitgestaltung. Es ist damit insbesondere auch das Grundrecht auf Religionsfreiheit und dessen Ausstrahlungswirkung betroffen.

6.1.2. Arbeitsablehnung aus religiöser Überzeugung

Über die in § 121, Abs. 3 und 4 SGB III geregelten Fälle hinaus sind die persönlichen Verhältnisse des Arbeitslosen als personenbezogene Gründe zu berücksichtigen. Dazu gehören vor allem auch religiöse Bindungen, die verfassungsrechtlichen Schutz genießen, wie etwa das Grundrecht ungestörter Religionsausübung (Art. 4, Abs. 2 GG). Steinmayer bemerkt, dass dem Arbeitslosen, der religiöse Bindungen geltend macht, nur ein kleiner Ausschnitt aller Arbeitsmarktbereiche nicht zugänglich ist. Die allgemeinen Interessen gewinnen bei der Abwägung mit dem Grundrecht jedoch umso größere Bedeutung, so Steinmayer, je umfassender der Arbeitslose seine Arbeitskraft für den allgemeinen Arbeitsmarkt einschränkt.[5]
Die Fragen der Religionsfreiheit sind im persönlichen Lebensbereich im Zusammenhang mit der Aufgabe oder Ablehnung von Arbeitsstellen oder Arbeitsgängen betroffen. Die freiheitssichernden Grundsätze des GG müssen sich insbesondere am § 144 SGB III bewähren, der als einer der Angelpunkte des SGB III gilt.[6] Die Auslegung von § 144 SGB III ist in hohem Maße durch verfassungsrechtliche Vorgaben determiniert. Die Vorschrift belastet bestimmte Verhaltensweisen mit einer Einschränkung der sozialen Versicherungsleistungen. Die besonderen verfassungsrechtlichen Bezüge sind vor allem bei der Konkretisierung der in § 144 SGB III enthaltenen unbestimmten Rechtsbegriffe zu beachten.

Sperrzeit

Die Ablehnung einer zumutbaren Arbeit kann zum Eintritt der Sperrzeit führen. Das Arbeitsamt verhängt bei schuldhafter Verursachung der Arbeitslosigkeit durch den Arbeitnehmer eine Sperrzeit von zwölf Wochen (§ 144 SGB III). Die

[4] Toparkus 1999, S. 163.
[5] Siehe Steinmeier 2003, § 121, Rdnr. 113.
[6] Siehe Winkler 2003, § 144, Rdnr. 22.

Sperrzeit bedeutet laut Winkler eine Sanktion im weiteren Sinne. Aus diesem Grund soll sie nicht über die durch den Wortlaut gegebenen Grenzen hinaus erweitert werden. Sie ist allerdings keine Strafvorschrift.[7] In der Verhängung von Sperrzeiten in der Sozialversicherung kann eine Beeinträchtigung des Art. 4 GG liegen, wenn ein Arbeitsloser bei Annahme einer ihm vom Arbeitsamt angebotenen Arbeit gezwungen wäre, entgegen seiner religiösen Überzeugung und den Geboten seiner Glaubensgemeinschaft zu arbeiten.
Der Gesetzgeber wollte unter „Sperrzeit" eine zeitlich begrenzte Ablehnung des Risikos in einem durch den Versicherten zu vertretenden Schadensfall verstehen. Sperrzeiten sichern einen Schutz der Versichertengemeinschaft gegen die Manipulation des Versicherungsrisikos.[8] Das BSG betont den Grundgedanken, dass sich die Versichertengemeinschaft gegen Risikofälle wehren muss, deren Eintritt der Versicherte selbst zu vertreten hat oder an deren Behebung er unbegründet nicht mithilft. Die Sperrzeit schützt die Gemeinschaft der Beitragszahler davor, dass der Anspruchsberechtigte das Risiko seiner Arbeitslosigkeit manipuliert.[9] Die Prämisse einer Sperrzeit ist eine kausale Verknüpfung zwischen dem Fehlverhalten des Arbeitslosen und dem Fortbestehen der Arbeitslosigkeit. Sie ist nicht gegeben, wenn die Arbeitslosigkeit zum selben Zeitpunkt auch ohne ein dem Arbeitslosen zurechenbares Verhalten eingetreten wäre. Das Verhalten des Arbeitslosen muss also ursächlich im Sinne der wesentlichen Bedingung sein.[10]
Eine Sperrzeit ist insbesondere dann gerechtfertigt, wenn ein Arbeitsloser ein zumutbares Arbeitsangebot nicht annimmt oder nach Abschluss des Arbeitsvertrages bewusst nicht antritt. Dies ist gegeben, wenn der Arbeitslose wegen eines ungerechtfertigten Feiertagsverhaltens seiner Arbeitspflicht nicht nachkommt. Ferner kann eine Sperrzeit begründet werden, wenn ein Arbeitsloser eine berufliche Eingliederungsmaßnahme aus eben solchen Gründen ablehnt oder abbricht. Die Sperrzeit beginnt mit dem Tag nach dem Ereignis, das die Sperrzeit begründet. Die Dauer der Sperrzeit beträgt im Normalfall zwölf Wochen. Bedeutet eine solche Dauer der Sperrzeit für den Arbeitslosen eine besondere Härte, so kann die Sperrzeit auf sechs Wochen verkürzt werden. Die Verhängung einer Sperrzeit führt zu einer Verkürzung der Anspruchsdauer beim Anspruch auf Arbeitslosengeld. Während der Sperrzeit ruht der Anspruch auf Arbeitslosengeld.

Ausnahme aus wichtigem Grund

Damit keine Sperrzeit eintritt, darf der Arbeitslose nicht ohne wichtigen Grund handeln. Ein wichtiger Grund ist nach Auffassung des BSG gegeben, wenn Umstände vorliegen, unter denen nach verständiger Abwägung mit den Interessen

[7] Ebenda, § 144, Rdnr. 25, 26.
[8] Vgl. BT-Druck 1274 vom 17. 03. 1955, S. 82.
[9] Urteil BSG vom 13. 08. 1989 – 7 RAr 1/86 – SozR 4100, § 128 AFG, Nr. 28; 13. 03. 1990 – 11 RAr 69/88 – SozR 3-4100, § 119 AFG, Nr. 2.
[10] Siehe Bolay, Eisenreich und Isele 2002, Arbeitsförderung SGB III, S. 125, Rdnr. 415.

der Versichertengemeinschaft dem Arbeitnehmer die Fortsetzung des Arbeitsverhältnisses nicht zumutbar war, weil sonst seine Interessen in unbilliger Weise geschädigt werden.[11] Winkler meint, dass dies eine Leerformel bedeutet. Die Interessen der Gemeinschaft und die Interessen des Einzelnen sind zwei nicht vergleichbare Größen. Es bedarf anderer, am Freiheitsanspruch der Verfassung orientierter Maßstäbe.[12] Kunze schlägt vor, den wichtigen Grund mit der Schutzbedürftigkeit des Arbeitslosen gleichzustellen.

Auf diese Art und Weise macht Kunze die Sperrzeit davon abhängig, ob der Arbeitslose für sein Verhalten, soweit es von arbeitslosenrechtlicher Relevanz ist, einen arbeitsförderungsrechtlich wichtigen Grund hat. Der Verfasser nutzt seine Formel, zum Teil contra legem, zu einer erheblichen Einschränkung des wichtigen Grundes. Damit wird die Sperrzeit ausgedehnt.[13] Eichenhofer umschreibt den wichtigen Grund als Aufgabe des Arbeitsplatzes, um eine Pflicht zu erfüllen.[14] Das BSG hat die Pflichtenkollision nur als einen möglichen wichtigen Grund beschrieben.[15]

Ein wichtiger Grund nach § 144 SGB III liegt insbesondere vor, wenn er Verfassungsrang hat. Dies trifft insbesondere zu, wenn der Staat bestimmte arbeitsfördernde Verhaltenspflichten aufstellt.[16] Diese sind mit den verfassungsgemäßen Schutzinteressen des Arbeitslosen abzuwägen. Ein bezeichnendes Beispiel dafür ist die religiös oder weltanschaulich begründete Arbeitsverweigerung.[17] Das Grundrecht der individuellen Glaubens- und Bekenntnisfreiheit ist potenziell bedroht, wenn der Staat Tätigkeiten regelt oder faktisch in erheblicher Weise behindert, die durch religiöse oder weltanschauliche Überzeugungen geleitet oder beeinflusst werden.

Der wichtige Grund muss nach herrschender Ansicht objektiv bestehen, was jedoch nicht ausschließt, dass er ganz oder teilweise in subjektiven Bedürfnissen und Vorstellungen liegen kann. Das objektive Vorliegen eines Grundes reicht aber auch. Es genügt, wenn objektiv ein Grund vorliegt oder nachträglich erkennbar wird, auch wenn er für den Versicherten eigentlich nicht bestimmend war.[18]

Auf einen wichtigen Grund kann sich nicht berufen, wer nicht alle zumutbaren Anstrengungen unternimmt, um den Eintritt des Versicherungsfalles zu vermeiden.[19]

---

[11] Siehe BSG, Urteil vom 17. 07. 1964 – 7 RAr 4/64 – BSGE 21, S. 205, 206; BSG 20. 04. 1977 – 7 RAr 112/75 – BSGE 43, S. 269.
[12] Siehe Winkler 2003, § 144, Rdnr. 98.
[13] Siehe Kunze 1997, S. 259, 270.
[14] Siehe SozR 1999, S. 167, 169.
[15] Siehe BSG, Urteil vom 5. 11. 1998 – B 11 AL 5/98 R.
[16] So jetzt ausdrücklich BSG, Urteil vom 29. 04. 1998 – B 7 AL 56/97 R; 5. 11. 1998 – B 11 AL 5/98 R.
[17] Starck 1999, Art. 4, Abs. 1 und 2, Rdnr. 124.
[18] BSG, Urteil vom 9. 05. 1963 – 7 RAr 44/61.
[19] Vgl. LSG Rheinland-Pfalz, Urteil vom 21. 09. 1979 – L 6 Ar 39/79 – RSpDienst 6400 §§ 100–133 AFG; LSG Bremen, Urteil vom 11. 10. 1979 – L5 Ar51/78 – RSpDienst 6400 §§ 100–133 AFG 115–118; BSG, Urteil vom 10. 12. 1980 – 7 RAr 93/79 – SozR 4100 § 119 Nr.

6.1.3. Urteil des BSG vom 10. Dezember 1980

Das Bundessozialgericht hat sich mit der Frage der Einwirkung der Religionsfreiheit (Art. 4, Abs. 1 und 2 GG) auf die Frage des „wichtigen Grundes“ im Rahmen des § 119 AFG/§ 144 SGB III und damit letztlich auch auf die Frage nach der Zumutbarkeit einer Beschäftigung in einem Grundsatzurteil 1980 unter Berücksichtigung der Art. 4, Abs. 1, 2, 140 GG i.V. mit Art. 136, 139 WRV zu §§ 119 Abs. 1 Nr. 2, 103 Abs. 1 a, 14 Abs. 1 (Arbeitsablehnung aus Religionsgründen) beschäftigt.[20]
Das Urteil bezieht sich auf das am 31. Dezember 1997 außer Kraft getretene Gesetz über die Leistungen und Aufgaben zur Beschäftigungssicherung und zur Förderung des Wirtschaftswachstums (AFG).[21] Durch das Arbeitsförderungs-Reformgesetz (AFRG) wurde das Arbeitsförderungsrecht zum 1. Januar 1998 als Drittes Buch (SGB III) in das Sozialgesetzbuch eingeordnet. Der Entscheidung lag folgender Sachverhalt zugrunde:

Sachverhalt. Der Klägerin, die Arbeitslosengeld bezog, wurde vom Arbeitsamt eine Stelle als Betriebsarbeiterin bei 40-stündiger Arbeitszeit und Schichtarbeit (Frühschicht von 6.00 bis 14.15 Uhr und Spätschicht von 14.15 bis 22.30 Uhr) angeboten. Dieses Angebot lehnte die Klägerin trotz ordnungsgemäß erfolgter Belehrung über die Rechtsfolgen der Arbeitsablehnung, die im Zusammenhang und in Verbindung mit dem Arbeitsangebot erfolgt ist, ab. Die Begründung war, sie gehöre der Glaubensgemeinschaft der Siebenten-Tags-Adventisten an, die an der Bibel festhalte. Somit dürfe sie am Tag des Herrn, dem Sabbat, von Freitag Sonnenuntergang bis Samstag Sonnenuntergang, nicht arbeiten. Daraufhin setzte das Arbeitsamt den Eintritt einer Sperrfrist fest. SG und LSG haben die Bescheide aufgehoben, die Revision der Beklagten wurde zurückgewiesen.
Entscheidung. Das Bundessozialgericht erklärte die Bescheide über den Eintritt einer Sperrzeit für rechtswidrig. Die Voraussetzungen des § 119, Abs. 1, Nr. 2 AFG hätten nicht vorgelegen. Das Bundessozialgericht stellte ferner fest, dass das Grundrecht auf ungestörte Religionsausübung (Art. 4, Abs. 2 GG) bei der Auslegung des unbestimmten Rechtsbegriffs des wichtigen Grundes in § 119, Abs. 1, Nr. 1 AFG zu beachten ist. Wäre ein Arbeitsloser bei Annahme einer ihm vom Arbeitsamt angebotenen Arbeit gezwungen, entgegen seiner religiösen Überzeugung und den Geboten seiner Glaubensgemeinschaft zu arbeiten, so hat

---

13, oder DVBl. Nr. 2574a zu § 119, oder NJW 1981, S. 1526; SG Berlin, Urteil vom 25. 01. 1989 – S 60 Ar 76/88.
Vgl. auch dazu: LSG Rheinland-Pfalz, Urteil vom 30. 03. 1993 – L 1 Ar 48/9 1. Arbeit am Sonntag ist für einen Katholiken zumutbar, die Ablehnung beruht nicht auf wichtigem Grund. Das ist nach dem Urteil des BSG zur Samstagsarbeit für einen Siebenten-Tags-Adventisten wohl unzutreffend.

[20] BSG, Urteil vom 10. 12. 1980 – 7 RAr 93/79, BSGE 51, 70 oder NJW 1981, S. 1526, nahezu gleichlautend SG Berlin in KirchE, Bd. 27, S. 36.

[21] § 119 AFG, heute in § 144 SGB III.

er einen wichtigen Grund zur Ablehnung des Arbeitsangebotes im Sinne des § 119, Abs. 1, Nr. 1 und 2 AFG. Die Klägerin war berechtigt, das Arbeitsangebot für eine Beschäftigung abzulehnen, so das BSG, weil sie unter den gegebenen Umständen einen wichtigen Grund zur Ablehnung hatte.

Würdigung. Die Sperrzeit ist nach § 119, Abs. 1, Nr. 2 AFG zu verhängen, wenn nicht ein wichtiger Grund für das Verhalten der Arbeitslosen vorliegt. Das Gesetz präzisiert allerdings nicht näher, was als wichtiger Grund im Sinne des § 119, Abs. 1, Nr. 1 AFG anzusehen ist. Das Gesetz fordert die Berücksichtigung aller Umstände des Einzelfalles und Abwägung der Interessen des Arbeitnehmers mit den Interessen der Versichertengemeinschaft. Welches Verhalten dem Arbeitnehmer zuzumuten ist, ergibt sich aus der Abwägung aller Umstände des Einzelfalles (§ 103, Abs. 1 a, Nr. 2 AFG). Insbesondere kommt es auf die bisherige berufliche Tätigkeit und die beruflichen Kenntnisse und Fähigkeiten des Arbeitslosen, seine familiären und „sonstigen persönlichen Verhältnisse“, die Lage und Entwicklung des Arbeitsmarktes sowie die Dauer der Arbeitslosigkeit an. Zu den im Rahmen der Sperrzeitregelung zu beachtenden persönlichen Verhältnissen gehören insbesondere die religiös-weltanschaulichen Bindungen des Arbeitslosen. Sie sind gegen staatliche Eingriffe durch Art. 4, Abs. 1, 2 GG abgesichert.[22]

Die Freiheit der Religionsausübung erstreckt sich nicht nur auf die christlichen Kirchen, sondern auch auf andere Religions- und Weltanschauungsgemeinschaften.[23] Sie sichert, wenn auch in begrenzterem Umfange, jedes religiös motivierte Verhalten.[24] Im konkreten Fall hätte nach Ansicht des BSG die Arbeitszeit einen dauernden Glaubens– und Gewissenskonflikt für die Versicherte zur Folge gehabt. Die Zahl derjenigen, die aus religiösen Gründen Einschränkungen hinsichtlich ihrer Verfügbarkeit machen könnten (religiöse Minderheiten), fällt kaum ins Gewicht. Der finanzielle Vorteil der Arbeitslosenversicherung wäre durch eine Sperrzeit gering.

Deswegen überwiegt hier, so das BSG, das Interesse der Versicherten an ihrer ungestörten Glaubensausübung gegenüber dem Interesse der Versichertengemeinschaft an der uneingeschränkten Verfügbarkeit versicherter Arbeitnehmer. Voraussetzung für eine Wertung als „wichtiger Grund“ ist allerdings, dass die Arbeitsablehnung aus ernsthaften, überzeugt dargelegten religiösen Motiven erfolgt. Auch hier erging die konkrete Entscheidung aufgrund einer Güterabwägung im Einzelfall. Die am Sabbat einzuhaltende Arbeitsruhe zählt zu den zentralen Elementen der betreffenden Glaubensgemeinschaft. Da die Kollision für die Zeit des Arbeitsverhältnisses drohte, war hier der Kernbereich der Grundrechtsausübung berührt.

Das Gericht führte unter Berücksichtigung der Entstehung der Norm aus, dass hier die persönlichen Verhältnisse der arbeitslosen Klägerin und nicht nur „so-

[22] Vgl. hierzu BVerfGE 24, S. 236, 245, oder NJW 1969, S. 31.
[23] Vgl. BVerfGE 24, S. 236, 246, oder NJW 1969, S. 31.
[24] Herzog 1996, Art. 4, Rdnr. 111.

ziale und wirtschaftliche Verhältnisse" zugrunde zu legen sind. Zu den persönlichen Verhältnissen gehören zweifelsfrei auch religiöse weltanschauliche Bindungen der Arbeitslosen, deren Absicherung gegenüber dem Staat durch Art. 4, Abs. 1, 2 GG erfolgt. Daher war es verfassungsrechtlich geboten, die von der Klägerin einzuhaltende Arbeitsruhe am Sabbat zu respektieren. Gerade im Hinblick auf das für den Staat verbindliche Gebot weltanschaulicher Neutralität und dem Grundsatz der Parität der Kirchen und Bekenntnisse folgt die zwingende Beachtung der Religionsausübungsfreiheit bei der Begutachtung dieses Falles. Daher war die Wertentscheidung, wie sie Art. 4 GG enthält, bei der Gesetzesanwendung und Interpretation des § 119 AFG zu berücksichtigen, so dass dieser verfassungskonform ausgelegt werden konnte. An den unumstrittenen Vortrag der Klägerin bezüglich ihrer religiösen Motive und dadurch bedingter Verhaltensweisen war das Gericht gebunden.[25]
Eine Begrenzung des Grundrechts wegen Art. 136 oder 139 WRV hat das Gericht zu Recht abgelehnt, da die inkorporierten Normen der Weimarer Reichsverfassung lediglich eine Ausgestaltung der Religionsfreiheit darstellen. In keinem Fall sind sie aber eine lex specialis zu Art. 4 GG, zumal dieser anders als vormals der entsprechende Art. 135 WRV nicht durch einen Gesetzesvorbehalt eingeschränkt ist. In dieser Konsequenz ist das Interesse der Klägerin auf Religionsausübungsfreiheit höher zu bewerten als das Interesse der Versichertengemeinschaft auf Schadloshaltung. Das bis zum 31.03.1997 geltende Recht war vor allem durch den Grundsatz des § 103, Abs. 2 AFG a.F. bestimmt, wonach bei der Beurteilung der Zumutbarkeit einer Beschäftigung die Interessen des Arbeitslosen mit denen der Gesamtheit der Beitragszahler gegeneinander abzuwägen waren.
Aus dem Vorrang des Art. 4 GG lässt sich herleiten, dass der Staat verpflichtet ist, Anhängern anderer Bekenntnisse die Ruhe ihrer Feiertage zu gestatten. Insbesondere darf er ihnen keine Nachteile zufügen oder androhen, wenn sie sich allein um ihres Bekenntnisses willen weigern, sich vertraglich zu Handlungen an ihren Feiertagen zu verpflichten, die ihrem Glauben widersprechen.[26] Nicht richtig beurteilte Starck dies als Verwässerung des wichtigen Grundes zur Weigerung, einen Arbeitsvertrag abzuschließen, nur weil es genügend Arbeitsplätze geben müsse, die eine Arbeit ohne Verstoß gegen religiöse Grundsätze ermöglichten.[27] Eine solche Einschränkung ist mit dem bewusst ohne Gesetzesvorbehalt formulierten Art. 4 GG nicht vereinbar und wird auch sonst nicht vertreten. Die Grundrechte bezwecken auch den Schutz von Minderheiten.

---

[25] Siehe BVerfGE 19, S. 206, 219.

[26] So Maunz 1998, Art. 140 GG – 136 WRV, Rdnr. 7; a. A. RVA, 1930, IV 98/99, Nr. 3675; im Falle der gegen einen gläubigen Juden auf den Sabbat festgesetzten Hauptverhandlung wird bereits in der Terminsanberaumung eine Verletzung des Grundrechts aus Art. 4 GG gesehen, so Dürig 1998, Art. 103, Rdnr. 48, Fußn. 2.

[27] Starck 1999, Art 4, Abs. 1, Rdnr. 64. In der Ausgabe 2005 ist dann unter Rdnr. 138 davon nicht mehr die Rede!

Der Verfassungsgeber wollte gerade in diesem Bereich aufgrund der historischen Erfahrungen den Minderheiten Vorteile gewährleisten, die sich aus der Wertentscheidung des Art. 4, Abs. 1, 2 GG ergeben.[28] Schatzschneider konstatiert, dass das GG eine religiöse Parität der Staatsbürger im Sinne einer absoluten Neutralität des Staates gegenüber religiösen Überzeugungen gewährleistet.[29] Das Urteil konkretisiert den Begriff der Zumutbarkeit. Demzufolge ist eine Beschäftigung, die einen Versicherten mit ausgeprägter religiöser Überzeugung in seiner Religionsausübung schwerwiegend beschränken würde, unzumutbar. Dabei muss allerdings der Kernbereich des in Anspruch genommenen Grundrechts berührt werden. Toparkus merkt an, dass eine unmittelbare Berufung auf Grundrechte nur dann zur Unzumutbarkeit einer Beschäftigung führt, wenn durch die beruflich auszuübende Tätigkeit unmittelbar eine Beeinträchtigung in der Grundrechtsausübung zu besorgen ist.[30] Selbst wenn die Klägerin gegenüber der Mehrheit der Bevölkerung durch diese Auslegung „bevorzugt" wird, weil auch für sie zu ihrem Feiertag die gesetzlichen Feiertage hinzukommen, ist dies gerade eine Ausformung des Minderheitenschutzes, die vom Gesetzgeber aufgrund der historischen Erfahrungen gewollt war. Dieser Rechtsprechung steht auch das jetzt geltende Recht nicht entgegen.

6.2. Sozialhilfe (BSHG)

Ruht der Anspruch auf Arbeitslosengeld wegen Eintritts der Sperrzeit, kann der Arbeitslose Sozialhilfe beziehen. Die Sozialhilfe umfasst insbesondere Hilfe zum Lebensunterhalt. Sie wird durch einmalige und laufende Leistungen gewährt (§ 21, Abs. 1a BSHG). Sozialhilfe soll ein menschenwürdiges Leben ermöglichen und darüber hinaus auf Dauer von der Sozialhilfe unabhängig machen (§ 1, Abs. 1, 2 BSHG). Verstärkt wird diese Forderung durch das verfassungsrechtliche Sozialstaatsprinzip.[31] Voelzke fügt hinzu, dass Sozialhilfe grundsätzlich ohne Rücksicht auf die Ursache der Notlage geleistet wird.[32] Eine Ausnahme macht das Gesetz in den Fällen des § 25 BSHG.

Im BSHG besteht, genauso wie im SGB III, die Verpflichtung zur Bereitschaft, zumutbare Beschäftigungen anzunehmen, wenn man laufende Hilfe zum Lebensunterhalt erhalten will. Diese Obliegenheit ist im BSHG eine spezialgesetzliche Ausformung des Grundsatzes der Nachrangigkeit der Sozialhilfe. Sie bezieht sich auch auf Hilfsgedanken, die in der Überschrift des Unterabschnitts 2 „Hilfe zur Arbeit" zum Ausdruck kommen.[33] Eine Parallele zum Arbeitsförde-

---

[28] Vgl. BVerfGE 33, S. 23, 32, oder NJW 1972, S. 1183.
[29] Schatzschneider 1980, S. 2118.
[30] Toparkus 1999, S. 76.
[31] Zu dessen Bedeutung für die Auslegung von Grundrechten siehe BVerfG 13. 01. 1982 – 1 BvR 848, 1047/77, BVerfGE 59, S. 331.
[32] Siehe Voelzke 2003, S. 868, Rdnr. 398.
[33] Vgl. BVerwG vom 10. 02. 1983 in BVerwGE 67, S. 1, 5; Schoch 1995, S. 149.

rungsrecht bestehe darin, dass sich die Verpflichtung zur vorrangigen Aufnahme einer Arbeit zum eigenständigen Bestreiten des Lebensunterhalts auch auf zumutbare Arbeit beschränkt.
Die Vorschrift des § 18, Abs. 3 BSHG ist kein bloßer Programmsatz, sondern hat praktische Konsequenzen. Bei einem Verstoß gegen die Verpflichtung zur Aufnahme einer Arbeit droht der in § 25, Abs. 1 BSHG festgelegte Anspruchswegfall. Ähnlich wie im SGB III definiert das BSHG nicht unmittelbar, welche Beschäftigungen als zumutbar zu gelten haben.
Im BSGH wird die Zumutbarkeit von Beschäftigungen so wie im SGB III mit der exemplifizierenden Methode durch eine genauere Begrenzung der Unzumutbarkeit eingegrenzt. Keinen Anspruch auf Hilfe zum Lebensunterhalt hat mithin derjenige, der sich weigert, zumutbare Arbeit zu leisten oder eine zumutbare Arbeitsgelegenheit anzunehmen (§ 25, Abs. 1 BSHG). Grundsätzlich muss jeder Hilfesuchende seine Arbeitskraft zur Beschaffung des Lebensunterhaltes für sich und seine Unterhaltsberechtigten einsetzen. Die konkreten Umstände des Einzelfalles bestimmen, welche Bemühungen, so Fock, um Arbeit erforderlich, zumutbar und ausreichend sind. Insbesondere sollen, ähnlich wie im SGB III, die persönlichen und familiären Verhältnisse berücksichtigt werden.[34] Nach § 18, Abs. 3 BSHG darf dem Hilfesuchenden eine Arbeit oder eine Arbeitsgelegenheit nicht zugemutet werden, wenn ein wichtiger Grund entgegensteht.
Gemäß § 25, Abs. 2, Nr. 3 a BSHG soll die Hilfe zum Lebensunterhalt auf das zum Lebensunterhalt Unerlässliche eingeschränkt werden, wenn das Arbeitsamt den Eintritt einer Sperrzeit festgestellt hat. Die Entscheidung des Arbeitsamtes über den Eintritt der Sperrzeit ist für den Sozialhilfeträger bindend.[35]
Toparkus konstatiert, dass durch Rückgriff auf die Zumutbarkeitsregelung des BSHG sich ein genaueres Bild der Zumutbarkeit im Arbeitsförderungsrecht ergibt.[36] Wenn der Sozialhilfeempfänger im Rahmen der Selbsthilfe aus religiösen Gründen nicht dazu verpflichtet werden kann, an seinem Feiertag Dienste oder Arbeiten zu verrichten, gelten für das BSHG die gleichen Grundsätze wie im SGB III.
Durch das am 1.01.2005 in Kraft getretene Hartz-IV-Gesetz wurde die Regelung für die Geltendmachung von begründeter Arbeitsablehnung verändert, § 144 SGB III. Der wichtige Grund für die Ablehnung eines Arbeitsangebotes wurde belassen, so dass sich zu den obigen Ausführungen seit 1.01.2005 nichts verändert hat, wenngleich hierzu bislang noch keine veröffentlichte Rechtsprechung vorliegt.
Vergleichbares gilt im Sozialhilferecht. Die neuen Bestimmungen der §§ 10 und 31 SGB II sehen weiterhin den wichtigen Grund für unzumutbare Arbeiten vor. Ob die Rechtsprechung aber weiter einschlägig bleibt, ist abzuwarten.[37]

---

[34] Siehe Fock 2003, S. 758.
[35] Vgl. VG Giessen vom 24. 03. 1995, 5 G 169/94.
[36] Toparkus 1999, S. 106.
[37] APD vom 20. 10. 2004.

6.3. Zusammenfassung

1. Im Sozialrecht ist der Begriff der Zumutbarkeit von großer Bedeutung, insbesondere bei der Klärung des wichtigen Grundes für die Ablehnung eines Arbeitsangebotes. Zumutbarkeit ist ein unbestimmter Rechtsbegriff, der verfassungskonform ausgelegt werden muss. Bei der Auslegung sind die persönlichen Verhältnisse des Arbeitslosen als personenbezogene Gründe zu berücksichtigen. Dazu gehören religiöse Bindungen, die verfassungsrechtlichen Schutz genießen, wie etwa das Grundrecht ungestörter Religionsausübung (Art. 4, Abs. 2 GG). Die Zumutbarkeit im Arbeitsförderungsrecht ist mit der Zumutbarkeitsregelung des BSHG konvergent.

2. Die schuldhafte Ablehnung einer zumutbaren Arbeit ohne wichtigen Grund kann zum Eintritt der Sperrzeit führen. Während der Sperrzeit ruht der Anspruch auf Arbeitslosengeld.
Wäre ein Arbeitsloser bei Annahme einer ihm vom Arbeitsamt angebotenen Arbeit gezwungen, entgegen seiner religiösen Überzeugung zu arbeiten, läge damit ein Verstoß gegen Art. 4 GG vor. Der wichtige Grund soll objektiv bestehen, er kann jedoch ganz oder teilweise in subjektiven Bedürfnissen und Vorstellungen liegen. Ein wichtiger Grund ist insbesondere gegeben, wenn das Verhaltensmotiv in der Verfassung verankert ist und den Staat zu bestimmtem Verhalten verpflichtet.

3. Das Urteil des BSG vom 10.12.1980 konkretisiert den Begriff der Zumutbarkeit im Sozialrecht. Eine Beschäftigung, die einen Versicherten in seiner Religionsausübung schwerwiegend beschränkt, ist grundsätzlich unzumutbar, wenn sie den Kernbereich des Art. 4 GG berührt. Die oben genannte Klägerin mag durch diese Rechtsauslegung gegenüber der Mehrheit der Bevölkerung „bevorzugt" sein, weil für sie ein weiterer Feiertag wöchentlich hinzukommt. Das ist rechtens, weil dies gerade als Ausformung des Minderheitenschutzes aufgrund der historischen Erfahrungen durch den Gesetzgeber angesehen werden soll.

4. Die Verfassung sichert auch bei sozialen Leistungen eine religiöse Parität der Staatsbürger im Sinne einer absoluten Neutralität des Staates gegenüber religiösen Überzeugungen. Aus Art. 4 GG lässt sich herleiten, dass keine Nachteile seitens des Staates entstehen sollen, wenn man sich allein um seines Bekenntnisses willen weigert, Handlungen an Feiertagen vorzunehmen, die dem Glauben widersprechen.

7. Der Feiertagsschutz im gerichtlichen Verfahren

7.1. Gerichtliches Verfahren und Grundrechtsschutz

Die verfassungsrechtlichen Normen, insbesondere Art. 4 GG, wirken gestaltend auf die Gerichtsverfassung und das gerichtliche Verfahren. Die rechtsprechende Gewalt ist unabhängig, aber dem Gesetz (Art. 97, Abs. 1 GG) und insbesondere den Verfassungsgrundsätzen und einzelnen Grundrechten unterworfen. Musielak merkt an, dass das Prozessrecht durch das Verfassungsrecht weiterentwickelt und modifiziert wird.[1] Die Rechtsprechung des BVerfG hat einzelne Institute des Prozessrechts im Wege einer verfassungskonformen Auslegung konkretisiert. Ein bezeichnendes Beispiel hierfür ist das geltende Strafverfahrensrecht, das besonders stark durch verfassungsrechtliche Grundsätze und vor allem durch das Rechtsstaatsprinzip (Art. 20, Abs. 3 und Art. 28, Abs. 1 GG) geprägt ist. Roxin bezeichnet sogar das Strafverfahrensrecht in diesem Zusammenhang als „den Seismograph der Staatsverfassung".[2]
Das Recht auf ungestörte Religionsausübung kommt insbesondere durch sog. Verfahrensgrundsätze zum Ausdruck, beispielsweise zur Frage des persönlichen Erscheinens einer Partei vor Gericht (§ 141 ZPO). Musielak versteht unter diesem Begriff alle Rechtsgrundsätze, die den äußeren Ablauf eines Prozesses und das Verhalten des Gerichtes und der Parteien bestimmen.[3] Manche Verfahrensgrundsätze haben den Rang von Verfassungsprinzipien. Dementsprechend müssen sie stets beachtet werden und sind im Lichte des Art. 4 GG auszulegen.[4]
Folglich muss auch der Feiertagsschutz im gerichtlichen Verfahren berücksichtigt werden. Musielak erklärt die Nähe der verschiedenen, das Prozessrecht prägenden Verfassungsprinzipien zueinander und die dabei festzustellenden Überschneidungen mit ihren gemeinsamen Wurzeln.[5] Er bezweifelt, ob es gelingen kann, eine sorgfältige Differenzierung zwischen ihnen vorzunehmen. Als Berührungspunkt des Verfahrensrechts mit dem Feiertagsschutz kommen folgende Verfahrensgrundsätze in Betracht:

7.1.1. Das Gebot des rechtlichen Gehörs (Art. 103, Abs. 1 GG)

Die Gerichte sind verpflichtet, den Parteien eine Möglichkeit einzuräumen, den von ihnen eingenommenen Standpunkt in ausreichender und sachgerechter Weise im Prozess darzulegen. Ein wesentlicher Bestandteil des Rechtsstaatsprinzips und der Prozessgrundrechte ist es, bei einem gerichtlichen Verfahren zu Wort zu

---

[1] Siehe Musielak 2002, Einleitung, Rdnr. 9.
[2] Siehe Roxin 2000, § 2 A, Abs. 1.
[3] Siehe Musielak 2002, Einleitung, Rdnr. 26 neu.
[4] Ebenda, Einleitung, Rdnr. 26 alt.
[5] Ebenda, Einleitung, Rdnr. 31.

kommen. Das Gebot des rechtlichen Gehörs stellt sicher, so das BVerfG, dass die erlassene Entscheidung frei von Verfahrensfehlern ergeht, die ihren Grund in unterlassener Kenntnisnahme und Nichtberücksichtigung des Sachvortrages der Parteien haben.[6] Die nähere Ausgestaltung des rechtlichen Gehörs muss den einzelnen Verfahrensordnungen überlassen bleiben.[7] Das BVerfG betonte, dass bei Verletzung solcher Vorschriften die Prüfung notwendig ist, ob dadurch nicht zugleich das unabdingbare Maß verfassungsrechtlich verbürgten rechtlichen Gehörs verkürzt worden ist.[8]
Der Anspruch auf rechtliches Gehör beinhaltet die Möglichkeit, sich insbesondere zu dem der Entscheidung zugrunde liegenden Sachverhalt, aber auch zur Rechtslage, zu äußern.[9] Art. 103, Abs. 1 GG gilt laut Kissel seinem Wortlaut nach nur „vor Gericht", dort aber für alle Verfahren.[10]
In der privaten Gerichtsbarkeit findet der Anspruch auf rechtliches Gehör seine Grundlage in § 242 BGB.[11] Der Anspruch auf rechtliches Gehör bezieht sich auf die staatlichen Gerichte im Sinne von Art. 92 GG und ist auf das Verwaltungsverfahren nicht anwendbar.[12] Der Verstoß gegen die Regelungen des Art. 4 GG zum Feiertagsschutz bewirkt in den meisten Fällen zwangsläufig die Verletzung des Art. 103, Abs. 1 GG.

7.1.2. Der Grundsatz des fairen Verfahrens

Die Gewährung rechtlichen Gehörs stellt eine unabdingbare Voraussetzung für ein fair geführtes Verfahren dar, so dass das prozessuale Fairnessgebot als das umfassende prozessuale Grundrecht, als ein „allgemeines Prozessgrundrecht"[13] aufgefasst werden muss. Das Recht auf ein faires Verfahren (fair trial) ist wie das Gebot des rechtlichen Gehörs dem Rechtsstaatsprinzip erwachsen.[14]
Pfeiffer meint, dass sich die Wurzel dieses allgemeinen Prozessgrundrechts in den materiell verbürgten Grundrechten und Grundfreiheiten des Menschen fin-

---

[6] Siehe BVerfGE 65, S. 305, 307, oder NJW 1984, S. 1026.

[7] Siehe BVerfGE 74, S. 1, 5, oder NJW 1987, S. 1192. Beispielsweise wird der Anspruch auf rechtliches Gehör in der ZPO nicht ausdrücklich normiert, sondern als eine selbstverständliche Grundregel jedes rechtsstaatlichen Verfahrens vorausgesetzt und in einer Reihe von Vorschriften konkretisiert (z. B. in §§ 99 Abs. 2, S. 3, 118 Abs. 1, S. 1, 136 Abs. 3, 139, 225, Abs. 2 ZPO).

[8] Siehe BVerfGE 36, S. 92, 97, oder NJW 1974, S. 133.

[9] Vgl. BVerfGE 84, S. 188, oder NJW 1991, S. 2823.

[10] Siehe Kissel 2001, Einleitung, Rdnr. 216; vgl. BVerfGE 36, S. 321, 330.

[11] Siehe Kunig 1996, Art. 103, S. 761, Rdnr. 4.

[12] Siehe BVerfGE 27, S. 88, 103; BVerfGE 101, S. 397, 404.

[13] Siehe BVerfG NJW 1991, S. 3140; NJW 1996, S. 3202. Im Zivilprozess ist der Richter verpflichtet, gegenüber den Verfahrensbeteiligten Rücksicht in ihrer konkreten Situation zu üben; siehe BVerfGE 78, S. 123, 126, oder NJW 1988, S. 2787.

[14] Vgl. BVerfGE 38, S. 105, 111, oder NJW 1975, S. 103; BVerfGE 66, S. 313, 318, oder NJW 1984, S. 2403; BGHSt. 29, S. 109, 111, oder NJW 1980, S. 464; vgl. auch Art. 6 MRK.

det.[15] Auf diese Art und Weise kann das durch ein Strafverfahren bedrohte Recht auf freie Religionsausübung und seine feiertagssichernde Funktion auch im Verfahrensrecht Beachtung finden. Der Grundsatz des fairen Verfahrens ist im Art. 1, Abs. 1 GG verankert. Art. 1, Abs. 1 GG verbietet, den Menschen zum bloßen Objekt eines staatlichen Verfahrens herabzuwürdigen. Das BVerfG stellte fest, dass dies den Mindestbestand an aktiven verfahrensrechtlichen Befugnissen des betroffenen Bürgers voraussetzt.[16]
Der BGH warnt allerdings davor, durch eine ausufernde Anwendung „begrifflich unscharfer Verfassungsprinzipien“ zu einer ungebundenen Ausfüllung prozessualer Regelungen und zur Lockerung der Bindung der Rechtsprechung an das positive Recht zu führen. Auf Beachtung des positiven Rechtes beruht schließlich der Rechtsstaat, merkt der BGH an.[17] Nichtsdestoweniger soll bei der Abwägung der Grundsatz des fairen Verfahrens berücksichtigt werden. Ein faires Verhalten muss auf die religiöse Überzeugung des Betroffenen Rücksicht nehmen.

7.1.3. Der Grundsatz der Verhältnismäßigkeit und des Übermaßverbots

Die Grundsätze der Verhältnismäßigkeit und des Übermaßverbots sind übergreifende Leitregeln allen staatlichen Handelns. Sie ergeben sich aus dem Rechtsstaatsprinzip.[18]
Unter diesen Geboten, die sich im Grunde bereits aus dem Wesen der Grundrechte selbst ergeben, ist jeder Eingriff in das Recht auf freie Religionsausübung und damit auch jede Beeinträchtigung des Feiertagsschutzes zu betrachten.[19] Das Recht auf freie Religionsausübung kann im gerichtlichen Verfahren nur soweit beschränkt werden, als es zum Schutz öffentlicher Interessen unerlässlich ist. Das BVerfG betonte, dass das gewählte Mittel und der gewollte Zweck in einem vernünftigen Verhältnis zueinander stehen müssen.[20] Der Eingriff muss zumutbar sein, das heißt geeignet und erforderlich, um seinen Zweck zu erreichen und darf den Betroffenen nicht übermäßig belasten.[21] Dieser Grundsatz beherrscht durch seinen verfassungsrechtlichen Rang die gesamte Verfahrensgestaltung.[22]
Ist jemand an einem für ihn wichtigen Feiertag zur Teilnahme am gerichtlichen Verfahren gezwungen, so ist ein Eingriff in das Grundrecht der freien Religionsausübung vorhanden, der im Einzellfall eine genaue Abwägung erfordert.

---

[15] Siehe Pfeiffer 2003, Einleitung, S. 23, Rdnr. 28.
[16] Siehe BVerfGE 63, S. 45, 61, oder NJW 1983, S. 1043.
[17] Siehe BGHSt. 40, S. 217, oder NJW 1994, S. 2904.
[18] Siehe BVerfGE 23, S. 127, 133, oder NJW 1968, S. 979.
[19] Siehe BVerfGE 37, S. 167, 185.
[20] Siehe BVerfGE 35, S. 382, 410, oder NJW 1974, S. 227.
[21] Siehe BVerfGE 63, S. 131, 144, oder NJW 1983, S. 1179.
[22] Siehe Pfeiffer 2003, Einleitung, S. 31, Rdnr. 31.

7.1.4. Der allgemeine Gleichheitssatz (Art. 3, Abs. 1 GG)

Das BVerfG betonte, dass der allgemeine Gleichheitssatz auch für die Handhabung des Verfahrensrechts gilt.[23] Dadurch wird besonders im Zivilverfahren und Arbeitsrechtsverfahren die Gleichwertigkeit der prozessualen Stellung der Parteien vor dem Richter gesichert. Das BVerfG entwickelte aus diesem allgemeinen Gleichheitssatz und aus dem Rechtsstaatsprinzip (Art. 20, Abs. 3 GG) den Grundsatz der Waffengleichheit der Parteien im Zivilprozess.[24]
Darüber hinaus gebietet dieser Grundsatz Gleichheit der Rechtsanwendung im Interesse materieller Gerechtigkeit. Demzufolge genießen die Feiertage verschiedener religiöser Gemeinschaften gleichen verfassungsrechtlichen Schutz.

7.1.5. Willkürverbot

Das Willkürverbot gilt für alle staatlichen Gewalten. Der Richter kann gegen das Willkürverbot verstoßen, wenn seine Entscheidung unter keinem denkbaren Aspekt rechtlich vertretbar ist und sich daher der Schluss aufdrängt, dass sie auf sachfremden Erwägungen beruht.[25] Willkür ist beim Feiertagsschutz erst dann zu bejahen, wenn eine offensichtlich einschlägige Norm, d.h. Art. 4 GG nicht berücksichtigt wird oder der Inhalt dieser Norm in krasser Weise missdeutet wird.[26]

7.2. Schiedsgerichte

Schulze-Fielitz stellt fest, dass Schiedsgerichte eine Erscheinungsform privater Gerichtsbarkeit sind. Demzufolge ist Art. 103, Abs. 1 GG auf sie nicht direkt anwendbar.[27] Es existieren jedoch gewisse Anknüpfungspunkte zum Feiertagsschutz im einfachen Recht. Im schiedsrichterlichen Verfahren sind nach Voit im Grundsatz alle Regeln zu beachten, die auch im Verfahren vor den staatlichen Gerichten gelten.[28] § 1042 ZPO stellt zwei Regeln auf, die in Bezug auf den Feiertagsschutz relevant sind:

---

[23] Siehe BVerfGE 69, S. 248, 254, oder NJW 1985, S. 3005.
[24] Vgl. BGHZ 88, S. 360, oder NJW 1984, S. 437; BGHZ 91, S. 154, 160, oder NJW 1984, S. 2831; BGHZ 92, S. 207, 211, oder NJW 1985, S. 968; BGHZ 98, S. 368, 372, oder NJW 1987, S. 500; BGH NJW 1984, S. 1823; NJW 1988, S. 2302.
[25] BVerfGE 86, S. 59, 62 ff., oder NJW 1992, S. 1675; BVerfGE 87, S. 273, 278, oder NJW 1993, S. 996; BVerfGE 89, S. 1, 14, oder NJW 1993, S. 2035; BVerfG in NJW 1999, S. 1387, 1389.
[26] Vgl. BVerfGE 87, S. 273, 278, oder NJW 1993, S. 996.
[27] Siehe Schulze-Fielitz 2000, Art. 103, S. 615, Rdnr. 17.
[28] Siehe Voit 2002, § 1042 Allgemeine Verfahrensregeln, Rdnr. 2.

- Grundsatz der Gleichbehandlung: Dieser verbietet eine Ungleichbehandlung, soweit dadurch die Chancengleichheit der Parteien beeinträchtigt wird.
- Rechtliches Gehör: Voit weist darauf hin, dass man den Parteien die Möglichkeit einräumen muss, an einer Verhandlung teilzunehmen, um so ihre Rechte wahren zu können.[29] Deswegen ist das rechtliche Gehör im Schiedsverfahren im Wesentlichen an den für die staatlichen Gerichte entwickelten Maßstäben zu messen. Die Gewährung rechtlichen Gehörs ist allerdings in der Sache selbst, nicht in Verfahrensfragen zwingend geboten. Ausreichend ist es, den Parteien in zumutbarer Weise Gelegenheit zur Äußerung zu geben.

Im Übrigen ist es beim Fehlen einer Parteivereinbarung dem Schiedsgericht zu überlassen, die Regeln festzulegen. Zu beachten sind allerdings die zwingenden Regeln der §§ 1025 ff. ZPO, die die Freiheit in der Verfahrensgestaltung begrenzen. Bei schuldloser Versäumung der gesetzten Frist ist im Schiedsverfahren Wiedereinsetzung zu gewähren oder von der Zurückweisung abzusehen. Der Feiertagsschutz ist ausreichend gewährt.

Die Tabelle zeigt die anzuwendenden Verfassungsgrundsätze:

Verfahrens-grundsätze	*Verfahrensart*			
	Gerichtsverhandlung		*Verwaltungs handeln*	*Schiedsgericht*
	ZPO	*StPO*		
Anspruch auf rechtliches Gehör	ja	ja	bedingt ja	ja
Anspruch auf faires Verfahren, Waffengleichheit	ja	ja	ja	ja
Grundsatz der Verhältnismäßig-keit und des Übermaßverbotes	bedingt ja	ja	ja	bedingt ja
Allgemeiner Gleichheitssatz	ja	ja	ja	ja
Willkürverbot	ja	ja	ja	ja

Gemäß Art. 1, Abs. 3 GG ist die Verwaltung ebenso wie die Rechtsprechung an die Grundrechte unmittelbar gebunden. Es gelten die obigen verfassungsrechtlichen Prinzipien entsprechend für das Verwaltungshandeln. Wenn unterschiedliche Feiertagsübungen aufeinandertreffen, kann sich ein solcher Fall nur auf Betroffene beziehen, die sich verschiedenen Feiertagsgeboten verpflichtet fühlen, soweit es sich nicht ohnehin um gesetzliche Feiertage handelt.

[29] Ebenda.

7.3. Urteil des BGH vom 5. Mai 1959 – 5 StR 92/59 (LG Berlin)[30]

Die Ausgestaltung des Strafverfahrensrechts in der Verfassungswirklichkeit erfolgt auch durch die Rechtsprechung des BGH. Der BGH hat die Grundrechte eines Juden als verletzt angesehen, der an einem hohen jüdischen Feiertag (Laubhüttenfest) zu einer Hauptverhandlung geladen worden war.

Sachverhalt. Der Angeklagte hatte bereits vier Tage vor der Hauptverhandlung über seinen Anwalt durch ein Schreiben seiner Heimatgemeinde mitteilen lassen, dass er an diesem jüdischen Festtag nicht vor Gericht erscheinen könne. In diesem Schreiben war bestätigt, dass der Angeklagte „religiöser Jude" ist. Die Hauptverhandlung fand am 29. 09. 1958, dem ersten (höchsten) Feiertag des Laubhüttenfestes statt. Nachdem der Eröffnungsbeschluss verlesen worden war, behauptete der Angeklagte, dass er aus religiösen Gründen nicht aussagen wolle, da gerade jüdischer Feiertag sei. Auch nach Anhörung von Zeugen erklärte der Angeklagte, dass nach jüdischer Auffassung an diesem Tag keine Gerichtsverhandlung stattfinden dürfe. Auf die Frage des Vorsitzenden, ob es eine entsprechende Vorschrift gebe, erwiderte der Angeklagte: „Ich glaube, dass es eine solche Vorschrift gibt, sie ist mir jedoch nicht bekannt." Daraufhin wurde die Verhandlung bis zum Erlass des Urteils fortgeführt.

Entscheidung. Der Bundesgerichtshof gab der Revision des Angeklagten statt und stützte die Entscheidung auf eine Verletzung des rechtlichen Gehörs. Eine Verletzung des Rechtes auf gerichtliches Gehör kann im Einzelfall die Revision begründen. Nach Auffassung des BGH kommt es entscheidend auf Art. 103, Abs. I GG und nicht auf das in Art. 4 GG gewährleistete Recht auf ungestörte Religionsausübung und sein Verhältnis zu den allgemeinen Staatsbürgerpflichten an.

Der BGH stellte fest, dass ein gläubiger Jude, gegen den an einem hohen jüdischen Feiertag eine Hauptverhandlung stattfinden soll, nicht das erforderliche rechtliche Gehör hat, wenn er sich zur Sache erklären will, sich daran aber durch das jüdische Gesetz gehindert sieht. Das Gericht sah es als erwiesen an, dass der Angeklagte nicht aussagen könne.

Dass er grundsätzlich nicht aussagen wolle, habe er jedenfalls nicht erklärt. Hieraus folgerte der Bundesgerichtshof, dass sich der Angeklagte aus

> „ernstgemeinten, wichtigen und achtenswerten Beweggründen zu den gegen ihn erhobenen Vorwürfen nicht äußern wollte und konnte."

Würdigung. Im zitierten Fall liegt ein Verstoß gegen das GG vor, der zur Aufhebung des Urteils führen musste. Die ernstgemeinten, wichtigen und achtenswerten Beweggründe des Angeklagten, sich nicht auf die gegen ihn vorgebrachten Vorwürfe zu äußern, sind gerade in diesem Fall eine Ausformung der

---

[30] Siehe BGH in NJW 1959, S. 1330.

Religionsausübungsfreiheit, die gegenüber dem Staat nach Art. 4 GG geschützt ist. Dadurch, dass das LG trotz der Erklärungen des Angeklagten darauf bestanden hat, an diesem Tage zu verhandeln, sind Art. 4, Abs. 2 in Verbindung mit Art. 1, Abs. 1 und Art. 3, Abs. 3 GG verletzt. Der Angeklagte hatte wegen dieser Grundrechte einen Anspruch auf Schutz seines Feiertags. Wieso der Bundesgerichtshof hier die Verletzung nicht auf Art. 4 GG stützte, mag schwer nachvollziehbar sein, doch ist dies im Ergebnis unerheblich.

Das BVerfG hat auf der Grundlage von Grundrechten und Verfassungsprinzipien Regeln formuliert, denen der Rang von Verfahrensgrundsätzen zukommt und die jedes gerichtliche Verfahren maßgebend gestalten. Ein bezeichnendes Beispiel für den verfassungsrechtlich fundierten Verfahrensgrundsatz ist der Anspruch auf rechtliches Gehör. Jedermann hat einen Anspruch auf rechtliches Gehör (Art. 103, Abs. 1 GG). Das BVerfG sieht in dem Grundsatz des rechtlichen Gehörs „das prozessuale Urrecht des Menschen“, durch das die Achtung der Würde des Menschen zum Ausdruck gebracht wird.

> „Jeder Mensch muss in einer so schwerwiegenden Lage, wie der Prozess sie für gewöhnlich darstellt, die Möglichkeit haben, sich mit tatsächlichen und rechtlichen Argumenten zu behaupten.“ [31]

Das Gebot, rechtliches Gehör vor Gericht zu sichern, ist nach Musielak als zentrales prozessuales Grundrecht zu begreifen. Es beeinflusst wesentlich den gerichtlichen Verfahrensgang.[32] Das rechtliche Gehör gibt dem Betroffenen Gelegenheit, sich zu bevorstehenden gerichtlichen Entscheidungen, in tatsächlicher und in rechtlicher Hinsicht (Tatsachenvortrag, Beweis- und Rechtsfragen) zu äußern. Auf diese Art und Weise kann der Betroffene einen Einfluss auf das Verfahren nehmen. Das BVerfG erklärte, dass Art. 103, Abs. 1 GG die nähere Ausgestaltung des rechtlichen Gehörs den einzelnen Verfahrensregelungen überlassen hat.[33]

Der Angeklagte hat in den von der StPO vorgesehenen Fällen die Möglichkeit erhalten, sich zu äußern. Nach § 136 StPO steht dem Angeklagten frei, sich zu der Beschuldigung zu äußern oder nicht zur Sache auszusagen. Der Angeklagte war im vorliegenden Fall nicht verpflichtet, zu den gegen ihn erhobenen Vorwürfen Stellung zu nehmen.

In der StPO ist der Anspruch auf rechtliches Gehör besonders deutlich zum Ausdruck gekommen. § 257 StPO besagt, dass dem Angeklagten nach der Vernehmung eines jeden Mitangeklagten und nach jeder einzelnen Beweiserhebung das Recht zusteht, eigene Erklärungen zu geben. Nach § 258 StPO erhält der Angeklagte das Wort zu Ausführungen und Anträgen bezüglich der Beweisaufnahme. Dem Angeklagten gebührt das letzte Wort und er ist berechtigt, Erklä-

---

[31] BVerfGE 55, S. 1, 6, oder NJW 1980, S. 2698.
[32] Siehe Musielak 2002, Einleitung, Rdnr. 9.
[33] Vgl. BVerfG in NJW 59, S. 427.

rungen zu geben, auch wenn ein Verteidiger für ihn gesprochen hat. Der Angeklagte ist allerdings nicht verpflichtet, von dem ihm in §§ 257 und 258 StPO gewährten Rechten Gebrauch zu machen. Der Anspruch auf rechtliches Gehör verhindert, dass das Gericht ihm bekannte, dem Beschuldigten aber verschlossene, Sachverhalte zu dessen Nachteil verwertet.[34] Pfeiffer weist auf ein Spannungsverhältnis hin.[35] Einerseits ist der Staat zur Gewährleistung einer funktionsfähigen Strafrechtspflege verpflichtet. Straftäter müssen im Rahmen der geltenden Gesetze abgeurteilt und einer gerechten Strafe zugeführt werden. Andererseits hat der Beschuldigte ein berechtigtes Interesse an der Wahrung seiner verfassungsmäßig verbürgten Rechte, zu deren Schutz das Grundgesetz den Staat ebenfalls verpflichtet. Pfeiffer merkt an, dass keiner dieser Belange einen Vorrang vor dem anderen genießt.[36] Das BVerfG betonte die Unzulässigkeit eines staatlichen Strafverfolgungsanspruches, der keine Rücksicht auf die Grundrechte des Beschuldigten nimmt.[37]
Der BGH bemerkte, dass, wenn sich der Angeklagte freiwillig zum Schweigen entschließt, ihm das rechtliche Gehör nach Art. 103, Abs. 1 GG ausreichend gewährt worden ist. Im gegebenen Fall ist der BGH der Meinung, dass das vom LG eingeschlagene Verfahren den Vorschriften der StPO höchstens der äußeren Form nach entspricht. Der Angeklagte hat vier Tage vor dem Termin der Hauptverhandlung einen Vertagungsantrag gestellt. Der BGH gab der Verteidigung aber insofern Recht, dass dem Angeklagten bei Erhalt der Ladung entgehen konnte, dass der Verhandlungstag auf einen Feiertag fällt. Das Laubhüttenfest ist in den meisten Kalendern nicht vermerkt.
Aus der Rarität dieser Entscheidung ist zu hoffen, dass der Feiertagsschutz sowohl bei Gericht als auch bei anderen staatlichen Institutionen ohne gerichtliche Inanspruchnahme reibungslos funktioniert.

7.4. Zusammenfassung

1. Das Recht auf ungestörte Religionsausübung kommt im Verfahrensrecht durch die sogenannten Verfahrensgrundsätze zum Ausdruck. Alle diese Rechtsgrundsätze bestimmen nicht nur den äußeren Ablauf eines Prozesses, sondern auch das Verhalten von Gericht und Parteien. Sie sind verfassungskonform im Lichte des Art. 4 GG auszulegen. Folgendermaßen muss auch der Feiertagsschutz im gerichtlichen Verfahren, in der Schiedsgerichtsbarkeit und im Verwaltungshandeln beachtet werden.

2. Der Verstoß gegen die Regelungen des Art. 4 GG zum Feiertagsschutz zieht grundsätzlich die Verletzung des Art. 103, Abs. 1 GG mit sich. Darüber hinaus

---

[34] BVerfGE 63, S. 45, 59, oder NJW 1983, S. 1043.
[35] Siehe Pfeiffer 2003, Einführung, S. 19, Rdnr. 23.
[36] Ebenda, Rdnr. 19.
[37] Siehe BVerfGE 51, S. 324, 345 ff., oder NJW 1979, S. 2349.

sind für den Feiertagsschutz im gerichtlichen Verfahren folgende Verfahrensgrundsätze einschlägig:

- der Grundsatz des fairen Verfahrens
- Grundsatz der Verhältnismäßigkeit und des Übermaßverbots
- der allgemeine Gleichheitssatz
- Willkürverbot

Alle diese Verfahrensgrundsätze sind aus dem Rechtsstaatsprinzip herzuleiten und demgemäß bindend.

3. Der BGH hat im Urteil vom 5. 05. 1959 – 5 StR 92/59 (LG Berlin) seine Entscheidung auf den Art. 103, Abs. 1 GG gestützt. Die Beweggründe des Angeklagten sind allerdings als eine Ausformung der Religionsausübungsfreiheit Art. 4 GG anzusehen. Wird der Feiertagsschutz durch einen Eingriff in das Grundrecht der freien Religionsausübung beeinträchtigt, erfordert der Einzelfall immer eine genaue Abwägung der Umstände.

8. Der Feiertagsschutz im europäischen Recht

8.1. Europäische Identität

Das Problem des Feiertagsschutzes im europäischen Recht betrifft im Wesentlichen die Frage nach den Kriterien der politischen und kulturellen Identität der Europäischen Union (EU). Ursprünglich hatten Feiertage einen religiösen Charakter. Häberle merkt an, dass das Verhältnis zur Religion und zu den Religionsgemeinschaften eine „prägnant kulturverfassungsrechtliche Materie" darstellt.[1] In den Gründungsverträgen der EG wurde die Religion und insbesondere der Feiertagsschutz nicht als eigenständiger Lebensbereich wahrgenommen. Dies geschah, obwohl zu diesem Zeitpunkt in nahezu allen Mitgliedsstaaten die Religionsfreiheit in der Verfassung geregelt war. Bei der Gründung der Europäischen Gemeinschaften standen zweifelsohne die wirtschaftlichen Motive im Vordergrund. Die wirtschaftliche Ausrichtung der Europäischen Gemeinschaft brachte mit sich, dass sich das europäische Recht lange Zeit nicht mit dem Feiertagsschutz beschäftigen musste. Dies änderte sich erst Mitte der 1970er Jahre.[2]

Die EU befindet sich in einem fortwährenden Prozess der Rechtsentwicklung. Heutzutage kommt es nicht nur auf ein effizientes Wirtschaftsleben an, vielmehr werden gemeinsame soziale und humane Ziele angestrebt.[3] Die Europäischen Gemeinschaften entwickelten sich von zweckgebundenen Wirtschaftsorganisationen über den gemeinsamen Markt zu einer supranationalen Rechtsordnung eigener Prägung. Durch den Unionsvertrag von Maastricht wuchs die Wirtschaftsgemeinschaft ein weiteres Stück zu einer Rechtsgemeinschaft.

Im Juli 2003 legte der Konvent seinen Entwurf einer europäischen Verfassung vor, der den in Laeken formulierten Fragen zwar Rechnung trug, aber naturgemäß Kompromisscharakter hatte und deutliche Spuren zahlreicher nationaler Einzelinteressen erkennen ließ.[4] Oftmals wird jedoch im Zusammenhang mit Europa vom abendländischen Kulturkreis gesprochen. Es taucht immer wieder

---

[1] Siehe Häberle 1980, S. 21.

[2] Siehe Urteil EuGH vom 27. Oktober 1976, „Vivian Prais. Rat der Europäischen Gemeinschaft", RS 130/75, Slg. 1976, S. 1589.

[3] Siehe Winter 2001a, S. 895.

[4] Der Europäische Rat leitete am 14./15. Dezember 2001 auf seinem Gipfeltreffen im belgischen Laeken den Post-Nizza-Prozess ein. Es wurde ein ab März 2002 tagender Konvent berufen. Seine Aufgabe war, „die wesentlichen Fragen zu prüfen, welche die künftige Entwicklung der Union aufwirft, und sich um verschiedene mögliche Antworten zu bemühen". Dazu gehört laut der „Erklärung von Laeken" u.a. das Problem, was die Kernbestandteile einer europäischen Verfassung sein müssten. Die Themen für den Konvent wurden bewusst in Form von Fragen formuliert. Das sollte eine möglichst tabulose Debatte und eine kritische Beurteilung des gesamten Bestands der EU möglich machen. Die „Erklärung von Laeken" forderte als oberstes Ziel: „Die Union muss demokratischer, transparenter und effizienter werden." Siehe: Microsoft Encarta Enzyklopädie 2003.

die Frage nach europäischen idealen Wertvorstellungen auf. Der Feiertagsschutz im europäischen Recht soll als ihre Resultante angesehen werden. Der frühere Präsident der Europäischen Kommission, Jacques Delors, hat das auf folgende Formel gebracht:

> „Wir werden keinen Erfolg haben, wenn es uns nicht gelingt, Europa eine Seele zu geben.“ [5]

Europa soll allerdings nicht mehr als „christliches Abendland“ angesehen werden. Wenn es sich aber als Gemeinschaft der religiösen Wurzeln seiner säkularen Werte bewusst bleiben will, ist es auf Religion als Wertträger und -geber angewiesen. Die Globalisierung in der EU bewirkt eine zunehmende Pluralisierung aller europäischen Gesellschaften. Diese wachsende Pluralität der Gesellschaften stellt die EU zunehmend vor neue Herausforderungen. Schnabel fragt, ob etwaige Neuregelungen des Religionsrechts auf der europäischen Ebene sinnvoll nationalstaatlich wahrgenommen werden können und ob sie einer supranationalen Regelung bedürfen.[6]
Die Religion hat die Geschichte Europas mitgeprägt. Sie trägt zur Sinnfindung und zum toleranten Zusammenleben bei. Ohne diese Faktoren kann die EU nicht auskommen, wenn sie weiterhin nicht nur die effiziente Wirtschaft, sondern auch die Einheit und das Wachstum der Menschheit als Ziel setzt. Die europäische Einigung in staatskirchenrechtlicher Hinsicht soll nicht zu einem Kahlschlag bewährter freiheitsschützender Institutionen führen, meint von Campenhausen, sondern die Besonderheit der nationalen staatskirchenrechtlichen Ordnungen erhalten und den nationalen Identitäten im Interesse der Staatsbürger jedes Bekenntnisses Genüge tun.[7] Lübbe stellte fest:

> „Unterstellt man, dass die EU einmal eine Verfassung haben wird, so wird in dieser Verfassung das Recht auf Religionsfreiheit ausdrücklich normiert sein. Bzgl. der Rechtsstellung der Kirchen wird man auf die differenten, nationalen verfassungsrechtlichen Traditionen zurückgreifen müssen. Die EU wird, staatskirchenrechtsanalog gedacht, ein Trennungssystem sein, ob dies nun laizistisch oder kirchenfreundlich geprägt sein wird, hängt ein gutes Stück weit von den Kirchen selbst ab.“ [8]

8.2. Religionsrechtliche Anknüpfungspunkte im Gemeinschaftsrecht

8.2.1. Gemeinschaftsrecht und nationales Recht

Die staatskirchenrechtlichen Fragen sind der direkten Regelung durch das Gemeinschaftsrecht entzogen. Das Gemeinschaftsrecht beeinflusst und verändert auch diesen Bereich, obwohl er eigentlich zu einem „Kernbereich nationaler

[5] Vgl. Vignon 1996, S. 43 ff.
[6] Schnabel 2003, S. 170,
[7] Siehe Campenhausen 2000, S. 105, 141.
[8] Siehe Lübbe 1997, S. 107, 126.

Identität“[9] gehört. Nach Robbers entwickelt sich zur Zeit ein europäisches Religionsrecht. Es sei unbewusst, heimlich und deshalb gefährlich, und ein Religionsrecht, das die Bedürfnisse der Religion nicht wahrnehmen will und deshalb der Religion nicht gerecht wird.[10]
Link fügt hinzu, dass dadurch die historisch gewachsene, grundrechtlich fundierte Ausgleichsordnung zwischen Staat und Kirche als Bestandteil der nationalen Identität bedroht sei.[11] Winter konstatiert, dass die europäische Entwicklung den Erosionsprozess des verfassungsrechtlichen Schutzes der Sonn- und Feiertage aus Art. 140 GG i.V.m. Art. 139 WRV, beschleunigt.[12]
Die Europäische Union ist verpflichtet, nach Art. 6 Abs. 3 des Unionsvertrages „die nationale Identität ihrer Mitgliedsstaaten“ zu achten. Diesem Ziel dient das Subsidiaritätsprinzip. Das Subsidiaritätsprinzip soll die Verteilung der Regelungszuständigkeit zwischen der EU auf der einen und den Mitgliedsstaaten auf der anderen Seite bestimmen. Es soll einen übertriebenen europäischen Zentralismus verhindern sowie eine unnötige Regelungsdichte. Art. 5 EGV beinhaltet die positive Manifestation des Grundsatzes der Subsidiarität und somit auch der Pflicht zur Zurückhaltung in staatskirchenrechtlichen Fragen. Art. 5 EGV bestimmt, dass die Gemeinschaft in Bereichen, die nicht in ihre ausschließliche Zuständigkeit fallen, nach dem Subsidiaritätsprinzip tätig wird.
Die EU ergreift entsprechende Maßnahmen nur, wenn dies auf der Ebene der Mitgliedsstaaten nicht ausreichend erreicht werden kann. Der Vertrag von Amsterdam betont noch stärker das Subsidiaritätsprinzip. Demzufolge betätigt sich die Gemeinschaft nur innerhalb der Grenzen der ihr vertraglich zugewiesenen Befugnisse und Ziele. Das Verhältnis von Staat und Kirche gehört nicht zu diesen Gegenständen. Die Bestimmungen, die sich direkt auf religiöse Fragen beziehen, waren bisher dem europäischen Gemeinschaftsrecht fremd. Die Mitgliedsstaaten regeln ihr Verhältnis zu den Religionsgemeinschaften in eigener Verantwortung.
Das Gemeinschaftsrecht hat Vorrang vor dem nationalen Recht der Mitgliedsstaaten, auch vor jedem nationalen Verfassungsrecht. Bei dem innerhalb der EU geltenden Recht ist zwischen primärem und sekundärem Gemeinschaftsrecht zu unterscheiden.

8.2.2. Das primäre Gemeinschaftsrecht

Das primäre Gemeinschaftsrecht besteht in erster Linie aus den Gründungs-, Beitritts- und sonstigen Änderungsverträgen zu den Europäischen Gemeinschaf-

[9] Siehe Kirchenamt der EKD/Sekretariat der Deutschen Bischofskonferenz 1995, S. 5.
[10] Siehe Robbers 1997, S. 123. Beispielsweise bestand eine Gefährdung des deutschen Systems zum Einzug der Kirchensteuer durch die europäische Richtlinie über den Datenschutz.
[11] Siehe Link 1997, S. 131.
[12] Siehe Winter 2001a, S. 896.

ten.[13] Sie enthalten die grundlegenden Rechtssätze über die Zielsetzungen, die Organisation und die Funktionsweise der EU sowie Teile des Wirtschaftsrechtes. Das primäre Gemeinschaftsrecht enthält keine direkten religionsrechtlichen Bestimmungen. Die europäischen Verträge erfüllen die wesentlichen Funktionen, die einer Verfassung zukommen. Sie konstituieren, legitimieren, organisieren und begrenzen öffentliche Gewalt. Auf Gemeinschaftsebene gibt es jedoch einen einheitlichen Grundrechtsstandard. Die Wahrung der Grundrechte ist ein Gründungsprinzip der Europäischen Union und unerlässliche Voraussetzung für ihre Legitimität.

Art. 13 EGV zielt auf die gleichheitsrechtliche Komponente ab. Er selbst beinhaltet kein Diskriminierungsverbot, sondern räumt dem Rat das Recht ein, über das Diskriminierungsverbot aus Art. 12 EGV (Nationalität) hinausgehende Antidiskriminierungsmaßnahmen, u. a. bezüglich Religion und Weltanschauung, zu beschließen.[14] Art. 13 EGV ist ein Antidiskriminierungsartikel, der die Gemeinschaft auffordert, das Verbot der Diskriminierung aus religiösen Gründen nicht nur zu beachten, sondern gegen Verstöße einzuschreiten. Durch Art. 151 EGV hat die EG einen Beitrag zur Entfaltung der Kulturen der Mitgliedstaaten unter Wahrung ihrer nationalen und regionalen Vielfalt sowie gleichzeitiger Hervorhebung des gemeinsamen kulturellen Erbes zu leisten. Zu letzterem gehört auch das Kirchenstaatsrecht, insbesondere der Feiertagsschutz.[15]

Die Präambel des Unionsvertrages beinhaltet die Absichtserklärung der vertragsschließenden Parteien, die Solidarität zwischen ihren Völkern unter Achtung ihrer Geschichte, ihrer Kultur und ihrer Tradition zu stärken. Daraus lässt sich schließen, dass auch die geschichtlich gewachsenen und kulturell prägenden Feiertage in den Mitgliedsstaaten geachtet werden sollen. Mit Art. 6 EUV wird die Achtung der Grundrechte, wie sie in der am 4. November 1950 in Rom unterzeichneten Europäischen Konvention zum Schutze der Menschenrechte und Grundfreiheiten gewährleistet sind, umgesetzt. Weitere Grundlage für das Gemeinschaftsrecht findet die EU in den gemeinsamen Verfassungsüberlieferungen der Mitgliedsstaaten. Die Religionsfreiheit und andere mittelbar Kirche betreffende Freiheiten, insbesondere der Feiertagsschutz, wurden so zum Bestandteil des Gemeinschaftsrechts.

Die EMRK gewährte auf europäischer Ebene noch vor „Maastricht“ in Art. 9 EMRK die Gedanken-, Gewissens- und Religionsfreiheit und in Art. 14 EMRK

---

[13] Zum Beispiel EWG-Vertrag, Verträge über die Montanunion und Euratom, Einheitliche Europäische Akte, Vertrag über die Europäische Union.

[14] Der Rat hat von dieser ihm im Bereich der 1. Säule eingeräumten Kompetenz in zwei Richtlinien Gebrauch gemacht: RL 2000/437EG und RL 2000/78/EG. Die zivilrechtliche RL 2000/43/EG bezieht sich auf die Anwendung des Gleichbehandlungsgrundsatzes ohne Unterschied der Rasse oder ethnischen Herkunft, während die arbeitsrechtliche Rahmenrichtlinie 2000/7R/EG mit Diskriminierungen wegen der Religion oder der Weltanschauung, einer Behinderung, des Alters oder der sexuellen Ausrichtung das gesamte durch Art. 13 EGV ermögliche Spektrum der Diskriminierungsmerkmale ausschöpft.

[15] Vgl. Heinig 2001, S. 217 f.

das Benachteiligungsverbot wegen u.a. der Religionszugehörigkeit. Schnabel merkt an, dass Art. 9 EMRK durch den Verweis auf Art. 6 Abs. 2 des EU-Vertrages kein Bestandteil des primären Gemeinschaftsrechts geworden ist. Er soll eher als eine mögliche Rechtserkenntnisquelle angesehen werden, die vom EuGH bei der Findung gemeinschaftlicher Grundrechte zusammen mit den gemeinsamen Verfassungsüberlieferungen heranzuziehen ist.[16] Die Europäische Menschenrechts-Konvention wurde 1950 von den Mitgliedsstaaten des Europarates unterzeichnet. Sie hat den Menschenrechtskatalog der UNO-Deklaration von 1948 aufgenommen. Sie wurde seitdem durch mehrere Zusatzprotokolle fortentwickelt. Für die Durchsetzung und Einhaltung der Rechtsgarantien in den Einzelstaaten sorgt der Ständige Europäische Gerichtshof für Menschenrechte.
Von besonderer Bedeutung ist die Gewährleistung der kollektiven wie korporativen Religionsfreiheit in Art. 9 EMRK. Nach anfänglichem Zögern sieht die EKMR (heute EGMR) – ungeachtet der primär individuell bezogenen Gewährleistungen – auch die Religionsgesellschaften und Kirchen selbst als Träger des Grundrechts auf Religionsfreiheit.[17] Dass Art. 9 EMRK tatsächlich die individuelle Religionsfreiheit garantiert, ergibt sich aus dem Wortlaut. Die Anerkennung einer Entwicklung von der Gewährleistung individueller zur korporativen Religionsfreiheit durch Art. 9 EMRK ist inzwischen jedoch abgeschlossen. Die EKMR 1976 anerkannte, dass

> „auch die Kirche selbst durch die Rechte, die Art. 9 EMRK ihren Mitgliedern gewähre, geschützt seien." [18]

Dies wurde 1979 bestätigt.[19] Für den Feiertagschutz ist aber relevant, dass Art. 9 EMRK auch die Freiheit der Religionsausübung „in Gemeinschaft mit anderen" garantiert. Der Gottesdienst, d.h. „Gemeinschaft mit anderen" ist beispielsweise ein wichtiger Bestandteil eines Feiertages.[20] Blum führt hierzu aus:

> „Auf der anderen Seite betrachtet die Konvention den einzelnen Menschen nicht als isoliertes Wesen, sondern berücksichtigt seine Einbindung in soziale und gesellschaftliche Strukturen. Dies ist auch für die durch Art. 9 garantierten Rechte von Bedeutung. Gerade die Religionsfreiheit weist starke Gemeinschaftsbezüge auf. Die

---

[16] Schnabel 2003, S. 155.
[17] Vgl. ebd., S. 160.
[18] EKMR, E.v. 8/3/1976, BNr.7374/76, DR 5, S. 157. Dadurch wurde der Kirche aber nur „mittelbar" über die Rechte ihrer Mitglieder ein eigenes Recht auf Religionsfreiheit zuerkannt. Immerhin stand es nun einzelnen Kirchenmitgliedern frei, für ihre Kirche Beschwerde zu erheben.
[19] EKMR, E.v. 5/5/1979, BNr.7805/77, DR 16, S. 68. „Eine Unterscheidung zwischen Kirche und ihren Mitgliedern sei künstlich. Wenn eine Kirche eine Beschwerde erhebe, geschehe das im Namen ihrer Mitglieder." Problematisch blieb damit jedoch, dass Religionsgesellschaften damit nur als Repräsentanten ihrer Mitglieder in der Lage waren, die Rechte aus Art. 9 EMRK innezuhaben und auszuüben. Ihnen wurde gewährt, diese Rechte als eine Art „Prozessstandschafter" im Namen ihrer Mitglieder geltend zu machen.
[20] Vgl. EuGRZ 1981, S. 326 Ziff. 22.

Gläubigen sind in aller Regel Mitglieder von Kirchen und anderen Glaubensgemeinschaften, in deren Rahmen und unter deren Führung sie ihren Glauben in qualitativer Form praktizieren. Der Zusammenschluss zu religiösen Gemeinschaften und die gemeinsame Religionsausübung sind wesentliche Bestandteile der Religionsfreiheit.“[21]

Allerdings gehen die Gewährleistungen nach Art. 9 EMRK nicht so weit wie die Regelungen der Art. 4, 140 GG, zumal Art. 9 EMRK eine Schrankenregelung enthält.[22]
Winter betont, dass die aus dem GG im Einzelnen abzuleitenden Befugnisse „europafeste“ sind.[23] Isensee weist darauf hin, dass die in Art. 140 GG i.V. mit den Bestimmungen der WRV in Deutschland bestehenden staatskirchenrechtlichen Gewährleistungen keinen Bestandteil der „gemeinsamen Verfassungsüberlieferungen der Mitgliedsstaaten“ bilden. Sie gehören vielmehr „zu den wenigen originellen und autochthonen Bestandteilen des Grundgesetzes“ und sind ein „deutsches Eigengewächs“.[24]
Problematisch an Art. 9 EMRK sind Schranken, welche die gewährte Religionsfreiheit erheblich einschränken. Allein der ausführliche Schrankenvorbehalt in Art. 9 Abs. II EMRK trägt schon erheblich zur Aushöhlung des Rechts, gerade auf Feiertagsschutz, ein:

„Die Religions- und Bekenntnisfreiheit darf nicht Gegenstand anderer als vom Gesetz vorgesehener Beschränkungen sein, die in einer demokratischen Gesellschaft notwendige Maßnahmen im Interesse der öffentlichen Sicherheit, der öffentlichen Ordnung, Gesundheit und Moral oder für den Schutz der Rechte und Freiheiten anderer sind.“

Dieser umfangreiche Schrankenvorbehalt ist der auffälligste Unterschied zur Gewährleistung des Art. 4 GG. Somit findet Art. 9 EMRK in der Rechtsprechung der deutschen Gerichte kaum Beachtung. Der Gewährleistungsumfang des Art. 9 EMRK steht weit hinter dem des Art. 4 GG.[25]
Zuletzt kann ein Staat im Falle eines Krieges oder Notstandes nach Art. 15 EMRK Maßnahmen ergreifen, die Art. 9 EMRK und damit den Feiertagsschutz vollkommen außer Kraft setzen. Sicherlich besteht Hoffnung, dass bei der weiteren Ausgestaltung des europäischen Rechts auf die spezifisch religiösen und weltanschaulichen Dimensionen Rücksicht genommen wird und sich nicht allen wirtschaftlichen Zielsetzungen unterordnet.[26] Für einen wirksamen Feiertagsschutz für Minderheiten, der eng mit der Trennung von Staat und Kirche, aber auch mit einem gegenseitigen positiven Respektieren verbunden ist, gilt es, auf diesbezügliche Diskussionen zu achten und sich einzubringen.

---

[21] Blum 1990, S. 170.
[22] Siehe Morlok 2004, Art. 140, Rdnr. 16.
[23] Siehe Winter 2001a, S. 900; vgl. Lecheler 1999, S. 39 ff., 50.
[24] Isensee 1999, S. 72.
[25] Blum 1990, S. 108.
[26] Winter 2001a, S. 895.

Am 7.12.2000 wurde auf dem Gipfeltreffen der Staats- und Regierungschefs der EU in Nizza die Kodifikation der Grundrechte der EU verkündet. Die Charta der Grundrechte der Europäischen Union oder Deklaration über die gemeinschaftlichen Grundwerte und -rechte in der Europäischen Union wurde vom Europäischen Rat am 8.12.2000 in Nizza proklamiert. Die Präambel der Grundrechtscharta beinhaltet ein allgemeines religiöses und weltanschauliches Neutralitätsgebot für die EU:

> „In dem Bewusstsein ihres geistig-religiösen und sittlichen Erbes gründet sich die Union auf die unteilbaren und universellen Werte der Würde des Menschen, der Freiheit, der Gleichheit und der Solidarität."

Die Identifikation der EU mit einer bestimmten Religion oder Weltanschauung ist dadurch ausgeschlossen, genauso aber auch eine solche mit Atheismus oder Agnostizismus.

Mit Art. 10 ist die Religionsfreiheit systematisch zum eigenständigen Recht erhoben. Dieses Recht umfasst die Freiheit, Religion oder Weltanschauung einzeln oder gemeinsam mit anderen, öffentlich oder privat durch Gottesdienst, Unterricht, Bräuche und Riten zu bekennen. Das entspricht dem in Art. 9 EMRK garantierten Recht und hat nach Art. 52, Abs. 3 Grundrechtescharta die gleiche Bedeutung und die gleiche Tragweite wie dieses.[27] Art. 21 Grundrechtscharta erweitert den in Art. 13 EGV normierten Antidiskriminierungsartikel und verbietet jegliche Diskriminierungen aufgrund einer bestimmten Religionszugehörigkeit. Soweit Art. 21 Grundrechtscharta mit Art. 14 EMRK zusammenfällt, findet er gemäß diesem Artikel Anwendung. Zu erwähnen ist Art. 22 Grundrechtscharta, der in der Kirchenerklärung von Amsterdam gründet. Demzufolge achtet die Union die Vielfalt der Kulturen und Religionen[28].

Die in der Charta verankerten Grundrechte sind für EU-Bürger beim Europäischen Gerichtshof zunächst nicht einklagbar. Die Charta besitzt keine Rechtsverbindlichkeit. Das Europäische Parlament wollte ihr diesen Status verleihen und sprach sich im Oktober 2000 dafür aus, die Charta in den EU-Vertrag aufzunehmen. Es bleibt jedoch nach wie vor umstritten, ob die Charta Kernstück einer europäischen Verfassung sein soll. Während Frankreich, Italien und Deutschland die Einberufung eines europäischen Verfassungskonvents nach dem Vorbild des Chartakonvents spätestens für das Jahr 2004 befürworten, wehren sich Großbritannien und die skandinavischen Länder gegen rechtsverbindliche Festlegungen im Sinne einer gemeinsamen Verfassung.

Die Bedeutung der Charta liegt trotz ihrer rechtlichen Unverbindlichkeit für den Feiertagsschutz darin, dass sich jeder Staat und somit auch jede Religion durch die Verwurzelung in Tradition und Kultur und der so erfolgten Prägung der Staaten in diesen Rechten wiederfinden kann. Dieses Dokument verbindet Religionen und Weltanschauungen. Die Charta ist der Grundstock für eine neue,

---

[27] Siehe Lenz und Borchardt 2003, S. 2500.

[28] Vgl. Abschnitt 8.4.

gemeinsame Verfassung der EU, in der alle Kirchen, Religions- und Weltanschauungsgemeinschaften neben- oder miteinander leben können.

8.2.3. Das sekundäre Gemeinschaftsrecht

Über die Regelungen des primären Rechts hinaus finden sich im europäischen Gemeinschaftsrecht Bestimmungen im sekundären Recht, die sich auf Fragen der Religion, insbesondere auf den Feiertagsschutz beziehen. Das sekundäre Gemeinschaftsrecht ist das von den Organen der Gemeinschaften erlassene Folgerecht. Das sind Verordnungen, Richtlinien, Entscheidungen und Stellungnahmen.
Ziel der gemeinschaftsrechtlichen Regelungen ist die Rechtsangleichung zwischen den Mitgliedsstaaten zur Erleichterung der internationalen Zusammenarbeit. Richtlinien sind das wichtigste Handlungsinstrument der EU. Sie werden teilweise von der Kommission, vom Ministerrat und dem Parlament verabschiedet. Sie bezwecken die Rechtsangleichung. Die Richtlinien sind für die Mitgliedsstaaten hinsichtlich des zu erreichenden Zieles bindend. Die Wahl der Form und der Mittel der Anpassung an das nationale Recht bleibt jedoch den einzelnen Staaten überlassen. Diese müssen innerhalb einer vorgegebenen Frist die Richtlinien in nationales Recht umsetzen bzw. die entsprechenden Anpassungen vorgenommen haben. Eine Richtlinie ist daher auch nicht an den einzelnen Gemeinschaftsbürger gerichtet, sondern an die Mitgliedsstaaten.
Für Feiertagsschutz im Europäischen Recht ist insbesondere die Richtlinie 93/104/EG des Rates vom 23. November 1993 über bestimmte Aspekte der Arbeitszeitgestaltung relevant.[29] Die Arbeitszeitrichtlinie regelt die wöchentlichen Höchstarbeitszeiten (Art. 6 der RL 93/104/EG) und die Dauer der täglichen (Art. 3 der RL 93/104/EG) und wöchentlichen (Art. 5 der RL 93/104/EG) Mindestruhezeiten. Die wöchentliche Mindestruhezeit von 35 Stunden wurde aufgrund einer deutschen Initiative um eine wichtige Formulierung in Art. 5, S. 3 RL 93/104/EG[30] erweitert, und zwar, dass die Mindestruhezeit grundsätzlich den Sonntag einschließt.[31] Nach Vachek sei dies kein Grund zur Annahme, dass die einzelnen Mitgliedsstaaten verpflichtet gewesen sein könnten, den Sonntagsschutz im Rahmen ihrer nationalen Umsetzungsgesetze so weit wie möglich zu berücksichtigen.[32] Die britische Regierung hat in der Präambel der Arbeitszeitrichtlinie den 10. Erwägungsgrund eingesetzt. Bei der wöchentlichen Ruhezeit muss der Unterschiedlichkeit der kulturellen, ethnischen, religiösen und anderen Faktoren in den Mitgliedsstaaten hinreichend Rechnung

[29] Amtsblatt Nr. L 307 vom 13. 12. 1993, S. 18–24.
[30] Siehe Anhang XV.
[31] Der Passus zum Sonntagsschutz war in dem ursprünglichen Kommissionsvorschlag nicht vorhanden, vgl. hierzu BR-Drucksache 713/90 vom 14. 12. 1990 sowie BT-Drucksache 12/315 vom 25. 03. 1991.
[32] Siehe Vachek 2000, S. 380.

getragen werden. Insbesondere fällt es in den Zuständigkeitsbereich eines jeden Mitgliedsstaates, letztlich darüber zu befinden, ob und in welchem Maße der Sonntag in die wöchentliche Ruhezeit einzubeziehen ist.
Dies hat die Regelung faktisch eingeschränkt. Die Richtlinie besagt, dass bei der wöchentlichen Ruhezeit der Unterschiedlichkeit der kulturellen, ethnischen, religiösen und anderen Faktoren in den Mitgliedsstaaten hinreichend Rechnung getragen werden muss.
Eine ähnliche Regelung beinhaltet die Richtlinie 94/33/EG des Rates vom 22. Juni 1994 über den Jugendarbeitsschutz.[33] Jeder Mitgliedstaat entscheidet, ob und in welchem Maße der Sonntag in die wöchentliche Ruhezeit einzubeziehen ist. Dies bedeutet vielmehr, dass anstelle des Sonntags „grundsätzlich" auch ein anderer Tag als Ruhetag bestimmt werden könnte. Vachek findet die Aufnahme des 10. Erwägungsgrundes enttäuschend, weil jeder der Mitgliedstaaten der Gemeinschaft demselben traditionell-christlichen Hintergrund entstammt.[34]
Der Autor berücksichtigt jedoch nicht die allgemeinen Rechtsgrundsätze des primären Rechts und die zunehmende Pluralisierung in Europa. Die EU achtet die Vielfalt der Kulturen und der Religionen und hält sich nicht an einer Weltanschauung fest. Ebenso sind jegliche Diskriminierungen aufgrund der Religionszugehörigkeit ausgeschlossen.
Die Einhaltung des Sabbats beispielsweise ist eine der zentralen Grundlagen des jüdischen Glaubens. Die Einhaltung des Sabbats war geschichtlich als ein Zeichen des ewigen Bundes zwischen den Israeliten und ihrem Gott angesehen. Die Missachtung wurde nach biblischer Überlieferung mit dem Tode durch Steinigung bestraft. Das religiöse Gebot, den Sabbat zu heiligen, dient ganz wesentlich der Identifikation einer religiösen Gemeinschaft. Richter merkt an, dass die völlige Ruhe am Sabbat nicht nur ein Erkennungszeichen ist, sondern sie auch gegen andere Gemeinschaften abgrenzt.[35]
Der EuGH hat einer Klage Großbritanniens entsprochen und Art. 5, S. 2 der RL 93/104/EG für nichtig erklärt. Die Begründung war, dass „der Rat nicht dargetan [habe], warum der Sonntag als wöchentlicher Ruhetag in engerem Zusammenhang mit der Gesundheit und der Sicherheit der Arbeitnehmer stehen solle als ein anderer Arbeitstag".[36] Diese Entscheidung soll offenkundig als Kompromiss angesehen werden, da das Europäische Parlament die Mitgliedsstaaten ebenfalls aufforderte,

> „zu berücksichtigen, dass es in einer multikulturellen Gesellschaft auch Religionsgemeinschaften gibt, die möglicherweise einen anderen Ruhetag vorziehen." [37]

---

[33] Amtsblatt der Europäischen Gemeinschaften Nr. L 216 Brüssel u. a. vom 20. 08. 1994, S. 12–20.
[34] Siehe Vachek 2000, S. 380.
[35] Vgl. Richter 2001, S. 176 ff.
[36] EuGH, Rs. C-84/94 (Vereinigtes Königreich/Rat), Slg. 1996, S. 5755 ff., 5805 f., Rz. 37.
[37] Siehe ABl. 1997, Nr. C 20, S. 140, Ziff. 4.

Es ist richtig, dass bei der Umsetzung der Richtlinie der besondere Charakter des Sonntags als Ruhetag anerkannt wird. Auf europäischer Ebene kann man den Sonntagsschutz nicht erzwingen, weil die Mitgliedstaaten den Traditionen sowie den kulturellen, sozialen, religiösen und familiären Bedürfnissen ihrer Bürger angemessen Rechnung tragen sollen.[38]
Gemäß der Art. 17, Abs. 1, lit. C der RL 93/104/EG können die Mitgliedstaaten von der Richtlinie unter Beachtung der allgemeinen Grundsätze des Schutzes der Sicherheit und der Gesundheit der Arbeitnehmer abweichen, wenn die Arbeitszeit wegen der besonderen Merkmale der ausgeübten Tätigkeit nicht gemessen und/oder nicht im Voraus festgelegt wird oder von den Arbeitnehmern selbst festgelegt werden kann. Dies bezieht sich insbesondere auf die Arbeitnehmer, die im liturgischen Bereich von Kirchen oder Religionsgemeinschaften beschäftigt sind. Dadurch werden insbesondere Pfarrer von den Erfordernissen der Einhaltung bestimmter Ruhezeiten befreit und dürfen beispielsweise eine Mitternachtsmesse abhalten oder an einer längeren Wallfahrt teilnehmen. Nach den Kriterien, die der EuGH für das Kriterium „Arbeiter" aufgestellt hat, wäre ein Pfarrer, selbst ein Bischof Arbeitnehmer im Sinne des EG-Rechts.
Der Rat hat in seiner Richtlinie[39] 2000/78/EG vom 27. November 2000[40] zur Festlegung eines allgemeinen Rahmens für die Verwirklichung der Gleichbehandlung in Beschäftigung und Beruf deutlich gemacht, dass Diskriminierungen wegen der Religion oder der Weltanschauung die Verwirklichung der im EG-Vertrag festgelegten Ziele unterminieren können. Der Rat sieht durch solche Diskriminierungen die Erreichung eines hohen Beschäftigungsniveaus, die Hebung des Lebensstandards und der Lebensqualität, den wirtschaftlichen und sozialen Zusammenhalt sowie die Solidarität in Europa bedroht. Daher sollte jede unmittelbare oder mittelbare Diskriminierung aus religiösen oder weltanschaulichen Gründen in den von der Richtlinie abgedeckten Bereichen gemeinschaftsweit untersagt werden.
Dieses Diskriminierungsverbot gilt grundsätzlich auch für Staatsangehörige dritter Länder. Den Mitgliedstaaten wurden jedoch zugunsten von Kirchen, Religions- und Weltanschauungsgemeinschaften abweichende Rechtsvorschriften diesbezüglich erlaubt.

8.3. Fallgestaltungen

Die Klärung von Fragen bei der Auslegung des Gemeinschaftsrechts ist Aufgabe des Europäischen Gerichtshofes. Der Europäische Gerichtshof ist ein 1957 errichtetes, einheitliches Gericht der drei Europäischen Gemeinschaften mit dem

[38] Vgl. ABl. 1997, Nr. C 20, S. 140, Ziff. 1.
[39] Amtsblatt Nr. L 303/16 vom 2. 12. 2000, S. 12–20.
[40] Siehe Anhang XIII.

Sitz in Luxemburg.[41] Der EuGH ist u.a. zuständig für die Auslegung der Gründungsverträge und des sekundären Gemeinschaftsrechts (Europarecht). Auch einzelne Bürger können den EUGH anrufen, um ihre Rechte als EU-Bürger durchzusetzen. Der Europäische Gerichtshof hat in seiner Rechtsprechung die Verpflichtung der Union zur Achtung der Grundrechte bestätigt und ausgeformt. Er unterzieht sowohl Gemeinschaftsorgane und -institutionen als auch die Mitgliedsstaaten selbst einer Grundrechtskontrolle, sofern sie im Bereich der Anwendung des Gemeinschaftsrechts tätig sind.

8.3.1. Rechtssache 130/75 Vivian Prais/Rat [42]

Der EuGH hat es bisher vermieden, Inhalt und Umfang des Schutzbereiches sowie Grundrechtsschranken in Fällen mit religionsrechtlichen Implikationen zu definieren, da er es vorzog, aus wirtschaftsrechtlicher Sicht zu urteilen. Eine Ausnahme ist der Fall Prais. Obwohl von Art. 9 EMRK keine Verbesserung des Feiertagsschutzes in Deutschland zu erwarten ist, sorgte diese Entscheidung für Beachtung. Die Entscheidung ist deshalb bedeutsam, weil zum ersten Mal anerkannt wurde, dass die Religionsfreiheit ein von der Gemeinschaft zu schützendes Grundrecht ist. Dies wurde von den Parteien unstreitig gestellt.

Sachverhalt. Eine britische Staatsangehörige jüdischen Glaubens hatte sich zur Einstellung als Beamtin der EG für einen vom Generalsekretariat des Rates ausgeschriebenen Posten als Rechts- und Sprachsachverständige form- und fristgerecht beworben. Das Auswahlverfahren sah als schriftlichen Prüfungstermin den ersten Tag einer der höchsten Feiertage (16. Mai 1975) des jüdischen Festes Schawuot (Pfingsten) vor, an dem das Reisen und Schreiben für Juden untersagt sei. Da sie sich zur Teilnahme an der Prüfung nicht in der Lage sah, bat sie den Rat, ihr hierfür einen anderen Termin vorzuschlagen. Der Rat antwortete, dass ihm dies nicht möglich ist, da es aus Gründen der Fairness unumgänglich sei, dass alle Bewerber die gleichen Prüfungen am gleichen Tag ablegten. Der Rat lehnte die Bitte von Frau Prais ab und argumentierte, dass dies im Hinblick auf

---

[41] Darüber hinaus entscheidet der EuGH auch über die Rechtmäßigkeit des Handelns von Rat, Kommission und Mitgliedsstaaten. Der EuGH ist mit 15 Richtern (ein Richter je Mitgliedsstaat) und acht Generalanwälten besetzt. Mit Wirkung vom 25. 09. 1989 wurde der EuGH durch ein „Gericht erster Instanz" verstärkt (weitere 15 Richter), das sich v. a. mit Klagen von Bediensteten der EG, mit Nichtigkeits- und Untätigkeitsklagen gegen Gemeinschaftsorgane sowie mit Wettbewerbssachen befasst; gegen seine Entscheidungen ist Revision beim EuGH möglich. Mit In-Kraft-Treten des Vertrages von Nizza wird der Gerichtshof erster Instanz erstinstanzlich für alle direkten Klagen mit Ausnahme des Vertragsverletzungsverfahrens zuständig. Außerdem besteht dann die Möglichkeit, dass ihm in der Satzung die Zuständigkeit für Vorabentscheidungsverfahren auf bestimmten Gebieten übertragen wird.
Siehe auch Brockhaus Enzyklopädie 1997, S. 684.

[42] Urteil des Europäischen Gerichtshofs vom 27. 10. 1976, Rs. 130/75 (Prais/Rat), Slg. 1976, S. 1589.

die vielen Mitgliedsländer zu großer, wenn nicht gar unmöglicher organisatorischer Arbeit bei der Abstimmung der Termine führen könnte, falls überhaupt alle Gebräuche der in der Gemeinschaft lebenden Gläubigen zu erkennen wären. Frau Prais nahm daraufhin an der Prüfung nicht teil und erhob nach erfolgloser Beschwerde Klage vor dem Europäischen Gerichtshof.
Mit ihrer Klage vor dem Europäischen Gerichtshof machte Frau Prais geltend, dass sowohl Art. 27, Abs. 2 des Statuts der Europäischen Gemeinschaft, in dem Beamte ohne Rücksicht auf Rasse, Glauben oder Geschlecht ausgewählt werden, als auch Art. 9 EMRK verletzt sei, da sie, bedingt durch ihren Glauben, nicht an dem Auswahlverfahren teilnehmen konnte. Sie beanspruchte daher, dass der Rat den Auswahltermin so bestimmen müsse, dass jeder Bewerber an dem Auswahltermin teilnehmen kann, ohne seine religiöse Überzeugung zu verletzen. Dies gebiete das Recht auf Religionsfreiheit aus Art. 9 EMRK. Die Klägerin stützte ihre Klage zum Weiteren auf Art. 27, Abs. 2 des Beamtenstatutes. Demzufolge müssen die Beamten ohne Rücksicht auf Glauben ausgewählt werden.
Mit der Klage wurde unter anderem bezweckt, die Ergebnisse des Auswahlverfahrens für nichtig zu erklären und die Prüfung zu wiederholen, und zwar an einem Tag, an dem die Klägerin am Auswahlverfahren teilnehmen konnte. Die Klägerin trug vor, das Gemeinschaftsrecht untersagt jede Diskriminierung aus Gründen der Religion, da eine solche Diskriminierung gegen die Grundrechte des Menschen verstößt, deren Wahrung der Gerichtshof zu sichern hat.

Entscheidung. In der Abwägung des Feiertagsschutzinteresses der Klägerin mit der Ermessensentscheidung des Rates, an einem Tag alle Prüflinge in einer schriftlichen Prüfung zu testen, kam der Gerichtshof schließlich zu der Entscheidung, die Klage abzuweisen. Hierbei stützte er sich auf den Sachverhaltsteil, dass die Klägerin den Rat nicht vor Terminfestsetzung der Prüfung über ihren Glauben und die damit verbundenen Feiertagsregelungen informiert hatte. Hätte sie dies unternommen, so wäre nach Ansicht des Gerichtshofs der Rat verpflichtet gewesen, die Prüfung so zu legen, dass auch Frau Prais daran hätte teilnehmen können. Eine vorherige Aufklärungspflicht des Rates wurde hingegen nicht erörtert.

Würdigung. Der EuGH stellte unter anderen fest:

> „Teilt ein Bewerber der Anstellungsbehörde mit, dass ihn religiöse Gebote daran hindern, sich an bestimmten Tagen zu den Prüfungen einzufinden, so muss die Behörde dem Rechnung tragen und sich bei der Terminsbestimmung für die Prüfungen bemühen, diese Daten zu vermeiden.“ [43]

Der Gerichtshof setzte seine Rechtsprechung fort, nach der die in der EMRK festgelegten Grundrechte Bestandteile des Gemeinschaftsrechts und von der

---

[43] RS 130/75, Slg. 1976, S. 1509.

Gemeinschaft zu beachten sind. Interessant ist, dass der Generalanwalt der Europäischen Gemeinschaft in seinem Schlussantrag Artikel des internationalen Paktes über bürgerliche und politische Rechte (IPbürgR) und die universelle Erklärung der Menschenrechte (ErklMR) erwähnte. Eine unmittelbare Geltendmachung dieser Völkerrechtsnormen ist dadurch noch nicht ersichtlich, jedoch können deren Inhalte zu Interpretationszwecken für die europäischen Regelungen zumindest herangezogen werden. Noch begrüßenswerter, jedenfalls für das hier geprüfte Feiertagsschutzbedürfnis, ist im Schlussantrag des Generalanwalts die Rundumschau durch die jeweils einschlägigen Rechtsnormen der Mitgliedsstaaten; nicht um direkt das Gemeinschaftsrecht hieran zu binden, aber doch wenigstens um es zu konkretisieren.[44] Pernice wirft in seinem Ausblick nach der Besprechung des Falles Prais/Rat die Frage auf:

> „Was verbietet es, auch die Religionsgemeinschaften am europäischen Einigungswerk teilhaben zu lassen? Das Urteil des Gerichtshofs in der Sache ‚Prais' kann als ein erster Schritt für eine solche Öffnung des Gemeinschaftsrechts zur Integration der religiösen Interessen in Europa – als erster Schritt zur Entfaltung eines Religionsrechts der Gemeinschaft gedeutet werden." [45]

Der EuGH hat mit der Prais-Entscheidung erstmals anerkannt, dass der Feiertagsschutz auch ein von der Gemeinschaft zu achtendes Element ist. Pernice zufolge kann das Urteil des Gerichtshofs einen ersten Schritt bedeuten, auch andere Religionsgemeinschaften am europäischen Einigungsprozess teilhaben zu lassen. Es bedeutet, so Pernice, ein Fortschreiten zu einer Integration religiöser Interessen in diesem Prozess.[46]

8.3.2. Religionsausübung während der Dienstzeit „Ahmad-Fall"

Der später entschiedene „Ahmad-Fall" stimmt im Hinblick auf einen effektiven Feiertagsschutz durch die Europäische Kommission für Menschenrechte weniger optimistisch.[47] Der Fall betrifft die Arbeitsniederlegung zum Zwecke der Religionsausübung und bezieht sich auf die Vereinbarkeit von vertraglichen Lehrverpflichtungen mit religiösen Pflichten.

Ein dem Islam zugehöriger Lehrer verließ regelmäßig am Freitagnachmittag seine Arbeitsstätte in der Schule in London. Unter Berufung auf den Koran, der Moslems die Teilnahme am Gebet freitags von 13 bis 14 Uhr vorschreibt, suchte er für etwa zwei Stunden die nahegelegene Moschee zum Gebet auf. Den Unterricht, den er erteilen sollte, ließ er ausfallen. Das führte zu erheblichen organisatorischen Schwierigkeiten der Schulverwaltung. Hier kollidierten auf der

---

[44] EuGRZ 1981, S. 326; Europäische Kommission für Menschenrechte, Beschwerde Nr. 8160/78 (Iftikhar Ahmad gegen Vereinigtes Königreich).
[45] Blum 1990, S. 105.
[46] Pernice 1977, S. 781.
[47] EuGRZ 1981, S. 326, Ziff. 22.

einen Seite das Recht des Lehrers auf Religionsausübung und auf der anderen Seite seine arbeitsvertraglichen Verpflichtungen sowie das Interesse der Schulbehörde an einem geordneten Schulbetrieb. Der Beschwerdeführer behauptet, es sei die religiöse Pflicht jedes Mohammedaners, am Freitag zu beten und zu diesem Zweck eine Moschee aufzusuchen, falls die Entfernung das erlaubt. Eine bloße vertragliche Verpflichtung stelle keinen Entschuldigungsgrund dar. Durch Abschluss des Dienstvertrages mit der Schulbehörde, wie ihn die englischen Gerichte ausgelegt haben, hat der Beschwerdeführer 1968 Lehrverpflichtungen übernommen, die auch den Freitag einschlossen. Nach Auffassung des Beschwerdeführers sind seine Lehrverpflichtungen nicht seit Abschluss des Dienstvertrages, sondern erst seit seiner Versetzung im Jahre 1974 mit seiner religiösen Pflicht in Konflikt geraten.

Die Kommission hielt ausdrücklich fest, dass dem Staat aus Art. 9 EMRK auch positive Verpflichtungen zur wirksamen Beachtung des Feiertagsschutzes des Einzelnen erwachsen können. Hierdurch machte die Kommission deutlich, wie ernst sie das Gebot der Rücksichtnahme nimmt und wie wesentlich es für die effektive Verwirklichung der Religionsfreiheit ist.[48] Die Kommission kam letztlich zu dem Schluss, dass die Schulbehörde mit dem Angebot an den Lehrer, seinen Vertrag in einen Teilzeitvertrag von Montag bis Freitagmittag umzuwandeln, dessen Anspruch auf Religionsfreiheit ausreichend berücksichtigt habe und lehnte die Beschwerde des Muslimen ab.[49] Ausschlaggebend hierfür war die Tatsache, dass der Beschwerdeführer weder bei Eingehung des Arbeitsverhältnisses noch während der ersten sechs Jahre seiner Anstellung die Behörde davon unterrichtet hatte, dass er sich während der üblichen Schulstunden zu entfernen wünschte.[50] Erst nach sechs Jahren und ohne Rücksprache mit der Behörde hatte er eigenmächtig damit begonnen, sich zum Gebet in die Moschee zu begeben.

Die Kommission hat die Tragweite der Gewährleistung der Religionsfreiheit des Art. 9 EMRK berücksichtigt und festgestellt, dass das Recht des Einzelnen, seine Religion „einzeln oder in Gemeinschaft mit anderen" auszuüben, ein wesentlicher Bestandteil der Religionsfreiheit ist. Die in Art. 9, Abs. 1 EMRK genannten beiden Möglichkeiten der Religionsausübung schließen sich gegenseitig nicht aus. Die Vorschrift erkennt lediglich an, dass Religion individuell ausgeübt werden kann. Die Religionsfreiheit gilt allerdings nicht uneingeschränkt, sondern unterliegt den in Art. 9, Abs. 2 EMRK aufgeführten Einschränkungen.

Die Kommission ist daher zu dem Schluss gekommen, dass der Beschwerdeführer gemäß Art. 9, Abs. 1 EMRK das Recht beanspruchen kann, seine Religion „in der Gemeinschaft mit anderen" auszuüben. Der Besuch der Moschee stellt Religionsausübung „in Gemeinschaft mit anderen" dar. Im vorliegenden Fall war nach Ansicht der Kommission die Schulbehörde berechtigt, während des infrage stehenden Zeitraums (1974–1975), sich auf den mit dem Beschwer-

---

[48] Blum 1990, S. 105.
[49] EuGRZ 1981, S. 326, Ziff. 22.
[50] EuGRZ 1981, S. 326, Ziff. 14.

deführer geschlossenen Vertrag zu berufen. Die Schulbehörde war jedoch gemäß Art. 9 der Konvention gehalten, die religiöse Situation des Beschwerdeführers zu berücksichtigen.
Über das Ergebnis kann man unterschiedlicher Meinung sein. In jedem Fall hat die Kommission nicht oder nicht ausreichend geprüft, warum der Beschwerdeführer sich zum Schutz der Erlangung und des Bestehens seines Arbeitsplatzes so verhalten hat. Schließlich erkennt die Beschwerdegegnerin sein Feiertagsschutzrecht an und reagiert dennoch mit einer Änderungskündigung. Mit der hier genannten erweiterten Prüfung hätte die Kommission zu einem anderen Ergebnis kommen müssen.
Der „Ahmad-Fall" ist kein Einzelfall, sondern wirft Fragen allgemeiner Bedeutung auf. Die Gesellschaft im Vereinigten Königreich befindet sich aufgrund der anwachsenden islamischen Bevölkerung in einer Übergangsphase. Dadurch entstehen neue und komplexe Probleme, u.a. im Erziehungssektor. Die Kommission bemerkte, dass im Allgemeinen nur die religiösen Feiertage der Bevölkerungsmehrheit als gesetzliche Feiertage anerkannt sind. So sind z.B. protestantische Feiertage nicht immer gesetzliche Feiertage in katholischen Ländern und umgekehrt.

8.3.3. Sonntagsschutz (sog. sunday working cases)

Der EuGH hat sich in zahlreichen Urteilen mit der Frage des Sonntagsschutzes beschäftigt.[51] Der EuGH hat zum englischen Sonntagsverkaufsverbot Stellung genommen.[52] Dem Verbot liegt das Shops Act 1950 zugrunde. Nach diesem Gesetz muss sonntags grundsätzlich jedes Geschäft geschlossen bleiben. Das House of Lords hat dem Gerichtshof gemäß Artikel 177 EWG-Vertrag Fragen über die Auslegung des Artikels 30 EWG-Vertrag zur Vorabentscheidung vorgelegt. Diese Fragen stellten sich in zwei Rechtsstreitigkeiten zwischen dem Council of the City of Stoke-on-Trent und dem Norwich City Council (Klägerinnen) einerseits und der B & Q plc (Beklagte) andererseits. Die Klägerinnen

---

[51] EuGH Urteil vom 12. 11. 1996, C-84/94, Slg. 1996, S. 5755; Arbeitszeitgestaltung; EuGH Urteil vom 20. 06. 1996, C-418/93, C-419/93, C-420/93, C-421/93, C-460/93, C-461/93, C-462/93, C-464/93, C-9/94, C-10/94, C-11/94, C-14/94, C-15/94, C-23/94, C-24/94, C-332/94, Slg. 1996, S. 2975; Verbot der Ausübung bestimmter geschäftlicher Tätigkeiten an Sonn- und Feiertagen; EuGH Urteil vom 2. 06. 1994, C-69/93, C-258/93 Slg. 1994, I-2355; Verbot der Ausübung bestimmter gewerblicher Tätigkeiten an Sonntag; EuGH Urteil vom 16. 12. 1992, C-306/88, Slg. 1992, S. 6457; Verbot des geschäftlichen Verkehrs an Sonntagen; EuGH Urteil vom 16. 12. 1992, C-304/90, Slg. 1992, S. 6493; Verbot des geschäftlichen Verkehrs an Sonntagen; EuGH Urteil vom 16. 12. 1992 C-169/91, Slg. 1992, S. 6635; Verbot des geschäftlichen Verkehrs an Sonntagen; EuGH Urteil vom 28. 02. 1991 C-312/89, Slg. 1991, S. 0997; Sonntagsruhe der Arbeitnehmer im Einzelhandelssektor; EuGH Urteil vom 28. 02. 1991 C-332/89, Slg. 1991, S. 1027; Sonntagsruhe der Arbeitnehmer im Einzelhandelssektor.

[52] Gerichtshof der Europäischen Gemeinschaften, Urteil vom 16. Dezember 1992, Az: C-169/91 Slg. 1992, S. 6635.

werfen der Beklagten vor, gegen Section 47 und Section 59 des Shops Act 1950 dadurch verstoßen zu haben, dass sie ihre Einzelhandelsgeschäfte sonntags für andere als die im fünften Anhang zu diesem Gesetz genannten Verkaufsgeschäfte offengehalten habe.
Im fünften Anhang zum Shops Act sind die Artikel aufgeführt, die am Sonntag in Einzelhandelsgeschäften verkauft werden dürfen. Es handelt sich unter anderem um alkoholische Getränke, bestimmte Lebensmittel, Tabak, Zeitungen und weitere Erzeugnisse des täglichen Bedarfs.
Der EuGH stellte fest, dass Art. 28 (ex-Art. 30) E(W)GV dahin auszulegen ist, dass das in ihm ausgesprochene Verbot nicht für eine nationale Regelung gilt, die es Einzelhändlern verbietet, ihre Geschäfte am Sonntag zu öffnen. Der EuGH begründete die Entscheidung:

> „Eine solche Regelung, die keine Reglementierung des Warenverkehrs bezweckt und die den Verkauf einheimischer ebenso wie den Verkauf eingeführter Erzeugnisse berührt, verfolgt nämlich ein nach Gemeinschaftsrecht gerechtfertigtes Ziel, da sie Ausdruck bestimmter Entscheidungen ist, die sich auf landesweite oder regionale soziale und kulturelle Besonderheiten beziehen und die die Mitgliedsstaaten unter Beachtung der gemeinschaftsrechtlichen Anforderungen und insbesondere des Grundsatzes der Verhältnismäßigkeit zu treffen haben. Was letzteren anbelangt, so erscheinen die beschränkenden Wirkungen auf den Warenverkehr, die sich aus einer solchen Regelung ergeben können, im Hinblick auf den verfolgten Zweck nicht als unverhältnismäßig."

Die Sonn- und Feiertagsregelungen sind Ausdruck bestimmter politischer und wirtschaftlicher Entscheidungen. Sie sind den landesweiten oder regionalen sozialen und kulturellen Besonderheiten angepasst.[53] Das jeweilige nationale Recht über das Verbot des Verkaufs an Sonntagen bezweckt keine Regelung des Warenverkehrs. Vielmehr verfolgt es ein Ziel, das nach Gemeinschaftsrecht gerechtfertigt ist. Die Beurteilung liegt in der Kompetenz der Mitgliedsstaaten. Staatliche Regelungen, die die Öffnung von Geschäften am Sonntag beschränkten, sind Ausdruck bestimmter Entscheidungen, die auf landesweite oder regionale soziale und kulturelle Besonderheiten Bezug nehmen.
Soweit die gemeinschaftsrechtlichen Anforderungen und insbesondere der Grundsatz der Verhältnismäßigkeit berücksichtigt ist, sind diese Entscheidungen Sache der Mitgliedstaaten. Der EuGH hat einen darüber hinausgehenden Zusammenhang zwischen der Sonn- und Feiertagsruhe und dem Religionsrecht selbst, in dessen Gefüge diese Ruhezeiten eingebettet sind, nicht hergestellt.[54]
Das Sonntagsverkaufsverbot kann zu einer verhältnismäßigen Ausnahmeregelung der Warenverkehrsfreiheit werden, so Vachek, wenn das nationale Interesse an der Erreichung des Sonntagsschutzes gegenüber dem Gemeinschaftsinteresse am freien Warenverkehr, im Rahmen der durchzuführenden Abwägung als höherrangig eingestuft wird. Der Schutz der Gesundheit und des Wohl-

[53] EuGH, Rs. C-145/88.
[54] Vachek 2000, S. 383.

befindens der Arbeitnehmer rechtfertigt noch keine nationale Ausnahme. Der wahre Grund für die Sonntagsverkaufsverbote besteht nicht im Gesundheitsschutz, sondern im Religionsrecht der Mitgliedsstaaten. Generalanwalt van Gerven stellte in seinen Schlussanträgen fest, dass das Bestreben, allen Bürgern an ein und demselben Tag die Möglichkeit zu gewähren, sich Zeit für die verschiedensten (nichtberuflichen, unter anderem religiösen) Betätigungen und menschlichen Kontakte zu nehmen, ein zwingendes Erfordernis i.S.d. Art. 30 (ex-Art. 36) E(W)GV ist.[55]
Nationale Sonntagsverkaufsverbote stehen immer in einem gewissen Spannungsverhältnis zur Warenverkehrsfreiheit des Art. 28 (ex-Art. 30) EGV. Der Gerichtshof stellte fest, dass die Frage der Verhältnismäßigkeit einer nationalen Regelung, die ein gemeinschaftsrechtlich gerechtfertigtes Ziel verfolgt, eine Abwägung des nationalen Interesses an der Erreichung dieses Ziels mit dem Gemeinschaftsinteresse am freien Warenverkehr erfordert.
Es ist zu prüfen, ob die beschränkenden Wirkungen der fraglichen Regelung auf den innergemeinschaftlichen Warenverkehr das zur Erreichung des angestrebten Ziels erforderliche Maß nicht überschreiten. Hierbei ist darauf abzustellen, ob diese Wirkungen unmittelbar, mittelbar oder nur hypothetisch sind und ob sie den Absatz eingeführter Erzeugnisse nicht stärker beeinträchtigen als einheimischer. Seit der Keck-Rechtsprechung[56] des EuGH sind sie als Verkaufsmodalität und damit als Ausnahme vom Anwendungsbereich der Warenverkehrsfreiheit anerkannt. Artikel 30 EWG-Vertrag ist so auszulegen, dass das in ihm ausgesprochene Verbot nicht wie eine nationale Regelung gilt, die es Einzelhändlern verbietet, ihre Geschäfte am Sonntag zu öffnen.
Ein nationales Verbot der Beschäftigung von Arbeitnehmern in Ladengeschäften am Sonntag hat zwar beschränkende Wirkungen auf den Warenverkehr, das Verbot ist aber im Hinblick auf den verfolgten Zweck verhältnismäßig. Dies betrifft auch eine nationale Regelung, die das Öffnen von Einzelhandelsgeschäften am Sonntag verbietet. Das Gebot, die Religionsfreiheit zu sichern, kann das Arbeitsvertragsrecht nicht in sein Gegenteil verkehren. Dies muss auch für religiöse Minderheiten gelten.

8.4. Gemeinschaftsrecht und nationales Staatskirchenrecht

Das Staatskirchenrecht umfasst Normen, die das Verhältnis des Staates zu den Kirchen, Religions- und Weltanschauungsgemeinschaften regeln, insbesondere den Feiertagschutz. Dieses Recht ist in den einzelnen Staaten der EU aufgrund der unterschiedlichen geschichtlichen Erfahrungen geprägt und nimmt auf die verschiedenen nationalen Identitäten Rücksicht.

---

[55] Schlussanträge des Generalanwalts van Gerven, Rs. C-145/88.
[56] EuGH, RS C-268/91 und C-267/91 vom 24. 11. 1993 (z.T. gekürzt in NJW 1994, S. 121); Strafverfahren gegen Bernard Keck und Daniel Mithouard.

Der Unionsvertrag verpflichtet die Union ausdrücklich, die Wahrung der mitgliedsstaatlichen Kulturen und ihrer nationalen Identität zu achten (Art. 6 EUV).[57] Diese Verpflichtung nimmt den in der Präambel ausgedrückten Wunsch auf, die Solidarität zwischen den Völkern der Gemeinschaft unter Achtung ihrer Geschichte, ihrer Kultur und ihrer Traditionen zu stärken. Nationale Identität ist gerade in den einzelnen Mitgliedsstaaten tief von Religion geprägt, und zwar so unterschiedlich, wie die einzelnen kirchenstaatlichen Systeme sind. Die Union hat die Bedeutung und Vielfalt der unterschiedlichen staatskirchenrechtlichen Systeme in den Mitgliedsstaaten in der Erklärung zur Schlussakte zum Vertrag von Amsterdam vom 2. Oktober 1997 anerkannt. Demzufolge darf

> „die Auslegung und Anwendung des Gemeinschaftsrechtes die Stellung der Religionsgemeinschaften nach mitgliedsstaatlichem Recht nicht beeinträchtigen".[58]

In der Rechtslehre ist umstritten, welche rechtliche Bedeutung dieser Erklärung zukommt. Heintzen meint, dass die EU durch diese Erklärung rechtlich verpflichtet ist, bei der Ausgestaltung und Interpretation des Gemeinschaftsrechtes die spezifisch staatskirchenrechtlichen und religionsverfassungsrechtlichen Regelungen in den einzelnen Mitgliedstaaten zu berücksichtigen.[59]
Trotz der Idee des Christentums als zentrales Element der abendländischen Kultur haben sich die staatskirchenrechtlichen Verhältnisse in den einzelnen europäischen Staaten sehr unterschiedlich entwickelt. Sie sind eng mit den politischen und geistesgeschichtlichen Entwicklungen verbunden, die die einzelnen Länder im Laufe ihrer Geschichte jeweils durchlaufen haben. Schnabel merkt an, dass das Auseinanderbrechen des corpus christianum im Zuge der Reformation und der Bildung der Nationalstaaten die Entwicklung eigener staatskirchenrechtlicher Modelle in den europäischen Ländern gefördert hat.[60] Auf diese Art und Weise sind laut Winter in den Mitgliedsstaaten der EU sowohl Systeme einer engen Verbindung von Staat und Kirche als auch solche, die auf eine strikte Trennung von Staat und Kirche Wert legen, zu beobachten.[61] Die verschiedenen Modelle des Staatskirchenrechts differieren erheblich. In den Staaten der EU sind drei Grundmodelle[62] für das Verhältnis von Staat und Kirche festzuhalten:

1. *Staats- oder Nationalkirche:* Im Grundsatz wurde in diesen Staaten die Reformation durch Konversion des Staatsoberhauptes eingeführt. Das trifft auch

[57] Ein Beispiel dafür, dass auch Kirche unter den Kulturbegriff fällt, ist z. B. Richtlinie 93/7/EWG in Abl. 1993, Nr. L 074, S. 74–79. Zu den „Kulturgütern" zählen auch Gegenstände aus den Bestandsverzeichnissen kirchlicher Einrichtungen und Bestandteile religiöser Denkmäler. Vgl. auch Verordnung des Rates Nr. 3911/92 in Abl. 1992, Nr. L 395.
[58] Vgl. Robbers 1997, S. 622 ff., und Robbers 1998, S. 147, 151 ff.
[59] Vgl. Heintzen 1999, S. 29 ff.
[60] Siehe Schnabel 2003, S. 172.
[61] Siehe Winter 2001a, S. 898.
[62] Siehe Robbers 1995, S. 352.

für einige orthodoxe Staaten, wie etwa Griechenland zu.[63] Der griechische Staat verfügt wiederum über eine Staatskirche, toleriert und privilegiert jedoch auch andere Bekenntnisse.[64] Die noch bestehenden katholischen Staatskirchen wurden 1979 in Spanien und 1984 in Italien aufgelöst. Das Verhältnis Staat und Kirche wird durch Staatsgesetze geregelt. England, Griechenland und die skandinavischen Staaten sind ein Beispiel für die enge Kooperation zwischen Staat und Kirche. England hat mit der Kirche von England das Staatskirchensystem.[65] Dänemark wählte in Art. 4 seiner Verfassung die Evangelisch-Lutherische Kirche zur Dänischen Volkskirche, schützt durch Art. 67 aber auch die anderen zahlreichen Bekenntnis- und Religionsgemeinschaften.[66] Finnland weist sogar zwei Staatskirchen auf.[67]

2. *Die strikte Trennung des Staates von der Kirche:* Das Verhältnis Staat und Kirche wird vom Recht nicht gesondert behandelt. Frankreich und die Niederlande[68] sind beispielsweise Staaten, in denen die Trennung von Staat und Kirche deutlich ist. In Frankreich hat sich die strikte Trennung durchgängig seit 1905 etabliert.[69] In der französischen Verfassung findet sich sogar der Begriff der „laicisme" (Laizismus).[70]

3. *Verschiedene Kooperationsmodelle:* Trotz prinzipieller gegenseitiger Unabhängigkeit wird den Kirchen und Religionsgemeinschaften ein Sonderrechtsstatus zugebilligt. In diesem Zusammenhang sind solche Länder zu erwähnen wie Österreich, Belgien,[71] Luxemburg,[72] Irland,[73] Italien und Spanien,[74] die zwar vom Prinzip der Trennung von Staat und Kirche ausgehen, aber Elemente einer partnerschaftlichen Kooperation beibehalten haben.

---

[63] Art. 3 der griechischen Verfassung: „vorherrschende Religion".
[64] Siehe Papastathis 1995, S. 83.
[65] Siehe McClean 1995, S. 336; aus heutiger Sicht Schweden auch, siehe Schött 1995, S. 323.
[66] Siehe Dübeck 1995, S. 39.
[67] Siehe Heikkila 1995, S. 310.
[68] Siehe Bijsterveld 1995, S. 233.
[69] Das Gesetz vom 9. Dezember 1905, mit dem in Frankreich das System der strikten Trennung von Staat und Kirche eingeführt worden ist, gilt allerdings nicht in Elsass-Lothringen. Dieses Gebiet gehörte einst zu Deutschland. Nach der Rückkehr zu Frankreich im Jahre 1918 wurde der status quo beibehalten, d. h., wir haben es in diesem Teil Frankreichs auf der Grundlage des napoleonischen Konkordats von 1801 bis heute mit einem System zu tun, das auf einer engen Verbindung von Staat und Kirche beruht. Nach Art. XIV dieses Konkordats werden z. B. bis heute die Pfarrer in Elsass-Lothringen vom Staat bezahlt.
[70] Siehe auch Basdevant-Gaudemet 1995, S. 131.
[71] Belgien ankennt die gegenseitige Unabhängigkeit von Kirche und Staat; vgl. Torfs 1995, S. 18.
[72] Siehe Pauly 1995, S. 216.
[73] Siehe Casey 1995, S. 164.
[74] Spanien verkündet in seiner Verfassung die Nichtstaatlichkeit jeder Religion; vgl. Iban 1995, S. 104.

Das Verhältnis Staat und Kirche wird meist durch Verträge geregelt. Portugal kennt die Trennung und Gleichbehandlung aller Konfessionen, wenn dies auch in der Praxis nicht durchgehalten wird.[75] Österreich differenziert hinsichtlich der Pflichten gegenüber dem Staat zwischen den einzelnen Religionen.[76]
Italien erkennt die Trennung von Staat und Kirche an, hat aber gleichwohl eine gestufte Parität der Religionsgemeinschaften und das Vorherrschen des Vertragsgedankens im Hinblick auf sein Staatskirchenrecht: Es bevorzugt die katholische Kirche, auf zweiter Stufe stehen die Konfessionen, die mit dem Staat einen Vertrag geschlossen haben, und zuletzt kommen die neuen bzw. nicht anerkannten Konfessionen, die sogar staatlich benachteiligt werden, beispielsweise bzgl. Finanzierung, Unterricht und Seelsorge.[77]
Die Bundesrepublik Deutschland gehört ebenfalls hierzu.[78] Das deutsche staatskirchenrechtliche System vermeidet extreme Lösungen. Hollerbach meint, dass diese „mittlere Linie“ Modernität, Vorbildhaftigkeit und Zukunftsträchtigkeit repräsentiert.[79] Die Grundlage des geltenden Staatskirchenrechts in Deutschland ist Art. 140 GG i.V.m. Art. 136–139, 141 WRV. Es besteht die grundsätzliche Trennung zwischen Kirche und Staat. Die Aussagen der Weimarer Reichsverfassung bezogen sich in erster Linie auf die beiden großen Kirchen. Der Staat erkennt gemeinsame Angelegenheiten an, wie z.B. den Schutz der kirchlichen Feiertage, geregelt in Landesgesetzen. Die Umsetzung des Europarechts wird in Deutschland durch Artikel 23, 24 GG erleichtert.
Robbers stellte die These auf, dass in den letzten Jahren eine Entwicklung zur Konvergenz der staatskirchenrechtlichen Systeme in Europa zu beobachten ist. In denjenigen Staaten, in denen eine enge Verbindung von Staat und Kirche besteht, wie etwa in Schweden, löst sich das System immer mehr auf. Dagegen wächst, so Robbers, in den Ländern mit striktem Trennungssystem die Anerkennung der öffentlichen Religionsausübung.[80] Ein Beispiel dafür sei Frankreich. Kooperationsmodelle scheinen sich durchzusetzen. Sie bieten den Vorteil, alle Religionsgemeinschaften gleich und positiv behandeln zu können, ohne ihre Unterschiede unsachgemäß zu nivellieren. Jedes System in jedem Staat ist unterschiedlich, auch wenn sie unter Oberbegriffe zusammengefasst werden. Die EU ist mit so vielen Staatskirchenrechtssystemen und Feiertagsschutzsystemen konfrontiert, wie es Mitgliedsstaaten gibt.

---

[75] Siehe Canas 1995, S. 286.
[76] Siehe Potz 1995, S. 257.
[77] Art. 7 der italienischen Verfassung, „Der Staat und die katholische Kirche sind, jeder im eigenen Bereich, unabhängig und souverän.“ Vgl. Ferrari 1995, S. 189.
[78] Ausdruck des staatskirchenrechtlichen Systems sind: der Einzug der Kirchensteuer durch die staatliche Finanzverwaltung, der Religionsunterricht an öffentlichen Schulen nach Art. 7, Abs. 3 GG, die Existenz theologischer Fakultäten an den staatlichen Universitäten und die weitgehende Beteiligung der kirchlichen Wohlfahrtsverbände Diakonisches Werk und Deutscher Caritas-Verband an der Erfüllung sozialstaatlicher Aufgaben.
[79] Siehe Hollerbach 1998, S. 28.
[80] Siehe Robbers 1997, S. 127.

Schnabel hält es für möglich, im Bereich des Religionsrechts gemeinsame Verfassungsgrundsätze abzuleiten, die als Grundlage eines Gemeinschafts-Religionsrechts dienen könnten.[81] Robbers weist darauf hin, dass die Religionsfreiheit in allen europäischen Verfassungsordnungen gewährleistet ist und damit als gemeinsames europäisches Schutzgut betrachtet werden soll.[82]
Im Gegensatz zu Art. 140 GG i.V.m. Art. 139 WRV kennen die meisten Verfassungen der übrigen Mitgliedstaaten ein Gebot der Sonntagsruhe nicht. Der Feiertagsschutz erwächst aus den konkreten historischen Erfahrungen und sachlichen Bedürfnissen des jeweiligen Staates. Die EU ist ein Raum, in dem Menschen unterschiedlichster Kultur und Tradition gleichzeitig und miteinander leben. Europa kann kein uniformes Europa sein, meint Seiters. Aus der Vielfalt der Temperamente und geistigen Profile der Völker Europas und der Vielfalt europäischer Wesenszüge und Traditionen erwächst die Vitalität der EU.[83] Das ist die gemeinsame Basis, auf die der Feiertagsschutz im europäischen Recht angewiesen ist.
Ein Anzeichen für die Erkenntnis der EU, dass verschiedene religiöse Ansichten in den einzelnen Mitgliedsstaaten vorherrschen und diese, trotz einer Rechtsangleichung und des Zusammenwachsens der Staaten gewahrt werden müssen, liegt in dem Beitrittsvertrag Griechenlands von 1981. Diesem wurde eine gesonderte Erklärung beigefügt, in der die Besonderheit des Berges Athos verbürgt worden war. Robbers sieht darin ein Stück Unsicherheit, dass durch den Beitritt zu einer Gemeinschaft eigene Besonderheiten, ein Stück Identität, genommen werden könnte.[84]

---

[81] Vgl. Schnabel 2003, S. 140.

[82] Vgl. Robbers 1999, S. 201: Belgien Art. 19–21; Deutschland Art. 4; Frankreich Präambel, Art. 10 Menschenrechtserklärung 1789; Finnland Art. 9, 83; Griechenland Art. 13; Italien Art. 8, 19; Irland Art. 44; Luxemburg Art. 19, 20; Niederlande Art. 1, 6: Portugal Art. 41; Schweden II 1, 2, 20; Spanien Art. 14; Vereinigtes Königreich: Common Law Grundsatz; Österreich StGG Art. 14; Liechtenstein Art. 37, 38; Albanien Art. 18; Monaco Art. 23: San Marino faktisch; Polen Art. 53; Tschechische Republik Charta Art. 15, 16; Slowakische Republik Art. 24; Norwegen Art. 2; Schweiz Art. 49; Ungarn Art. 60; Estland Art. 40, 41; Lettland Art. 35; Litauen Art. 26, 27; Weißrussland Art. 31, 33; Rumänien Art. 29; Bulgarien Art. 13; Mazedonien Art. 19; Slowenien Art. 41; Kroatien Art. 40, 41; Türkei Art. 24; Moldawien Art. 31; Ukraine Art. 35; Russland Art. 28; Zypern Art. 18; Malta Art. 40; Island Art. 63, 64.
Faktoren, die sich im weitesten Sinne in allen Verfassungen finden lassen und deshalb als gemeinsame Basis einer Annäherung dienen können, sind die Anerkennung der institutionellen Selbständigkeit, der Rechtsautonomie der Kirchen, die Anerkennung, dass Kirche und Religion, Religions- und Weltanschauungsgemeinschaften eine Rolle in dem Prozess des Zusammenwachsens als wesentlicher Bestandteil des sozialen Lebens spielen. Zudem zeigt sich die gemeinsame Tendenz, eine Regelung des Verhältnisses Staat – Kirche im Wege der Kooperation zu finden.

[83] Seiters 1992, S. 12.

[84] Vgl. Robbers 1998, S. 177.
Athos ist eine eigenständige Mönchsrepublik, zu der der Berg und die Halbinsel Agion Oros gehören, die 1975 von der griechischen Verfassung als autonomer Bezirk anerkannt wurde.

8.5. Zusammenfassung

1. Der Feiertagsschutz im europäischen Recht wirft Fragen nach den Kriterien der politischen und kulturellen EU-Identität auf. Ursprünglich wurde überwiegend den wirtschaftlichen Motiven Wert beigemessen. Die EU befindet sich im Gang zu einer supranationalen Rechtsordnung eigener Prägung. Die Globalisierung und die wachsende Pluralität der Gesellschaften sind die neuen Herausforderungen für das europäische Feiertagsschutzrecht.

2. In der Präambel des Unionsvertrages betonen die vertragsschließenden Parteien den Wunsch, die Solidarität zwischen ihren Völkern unter Achtung ihrer Geschichte, ihrer Kultur und ihrer Tradition zu stärken. Der Unionsvertrag verpflichtet die EU ausdrücklich, die Wahrung der mitgliedsstaatlichen Kulturen und ihrer nationalen Identität zu achten (Art. 6 EUV). Die Grundrechtscharta beinhaltet ein allgemeines religiöses und weltanschauliches Neutralitätsgebot für die EU (Präambel) und respektiert die Vielfalt der Kulturen und Religionen (Art. 22 Grundrechtscharta).

3. Durch das im Gemeinschaftsrecht geltenden Prinzips der begrenzten Einzelermächtigung kann die EU nur insoweit tätig werden, als ihr die Mitgliedsstaaten einzelne Kompetenzen übertragen haben. Die rechtlichen Regelungen des religiösen Lebens zählten und zählen dazu nicht. Die Wahrung der Religionsfreiheit ist allerdings ein Gründungsprinzip der Europäischen Union.

4. Das Urteil des EUGH in der Sache „Prais" war ein Schritt zur Öffnung des Gemeinschaftsrechts zur Integration der verschiedenen religiösen Interessen in Europa. Der Gerichtshof hat bestätigt, dass die in der EMRK festgelegten Grundrechte Bestandteile des Gemeinschaftsrechts und von der Gemeinschaft zu beachten sind. Das Urteil führte dazu, dass auch andere Religionsgemeinschaften am europäischen Einigungsprozess partizipieren und ihre Freiheitsregelungen einbringen können.

5. Mit Art. 6 EUV wird die Achtung der durch EMRK gewährleisteten Grundrechte und der allgemeinen Grundsätze des Gemeinschaftsrechts bestätigt. Art. 9 EMRK garantiert die Freiheit der Religionsausübung „in Gemeinschaft mit anderen", z.B. einen Gottesdienstbesuch. Die Religionsfreiheit gilt nicht uneingeschränkt, sondern unterliegt den in Art. 9 Abs. 2 EMRK aufgeführten Einschrän-

---

Verwaltet wird er von einem vierköpfigen Rat und einer Abgeordnetenversammlung mit 20 Mitgliedern – je ein Vertreter der dortigen griechisch-orthodoxen Großklöster. Die griechische Regierung ist auf dem Berg Athos durch einen Präfekten vertreten. Die ersten Klöster wurden auf Athos im 9. Jahrhundert erbaut.
Seit dem 11. Jahrhundert ist es für Frauen verboten, die Halbinsel zu betreten. Der Berg Athos wurde von der UNESCO 1988 zum Weltkultur- und Weltnaturerbe erklärt. Vgl. Brockhaus Enzyklopädie 1996, S. 274.

kungen. Dem Art. 9 EMRK entspricht Art. 10 der Grundrechtscharta, der die gleiche Bedeutung und die gleiche Tragweite hat.

6. Gemäß der Richtlinie 93/104/EG des Rates vom 23. November 1993 über bestimmte Aspekte der Arbeitszeitgestaltung entscheidet jeder Mitgliedsstaat selbst, ob und in welchem Maße der Sonntag in die wöchentliche Ruhezeit einzubeziehen ist. Statt des Sonntags kann grundsätzlich auch ein anderer Tag als Ruhetag bestimmt werden. Das Europäische Parlament forderte die Mitgliedsstaaten auf, „zu berücksichtigen, dass es in einer multikulturellen Gesellschaft auch Religionsgemeinschaften gibt, die möglicherweise einen anderen Ruhetag vorziehen.

7. Die Sonn- und Feiertagsregelungen sind Ausdruck politischer und wirtschaftlicher Entscheidungen. Sie sind den landesweiten oder regionalen sozialen und kulturellen Besonderheiten angepasst. Staatliche Regelungen, die die Öffnung von Geschäften am Sonntag beschränkten, sind eine natürliche Folge dieser Entscheidungen.

8. Die Union hat die Bedeutung und Vielfalt der unterschiedlichen staatskirchenrechtlichen Systeme in den Mitgliedsstaaten in der Erklärung zur Schlussakte zum Vertrag von Amsterdam vom 2. Oktober 1997 anerkannt. Demzufolge darf „die Auslegung und Anwendung des Gemeinschaftsrechtes die Stellung der Religionsgemeinschaften nach mitgliedsstaatlichem Recht nicht beeinträchtigen". Der Feiertagsschutz in jedem Mitgliedstaat unterscheidet sich voneinander und ist durch die konkreten historischen Erfahrungen und sachlichen Bedürfnisse bedingt.

9. Bei der derzeitigen Diskussion um eine Verfassung für die Europäische Union sind die Religionsgemeinschaften ganz besonders aufgefordert, ihre Rechte geltend zu machen. Dies gilt gerade nach der Ablehnung des Verfassungstextes durch einige Mitgliedstaaten, um weiterhin eine partnerschaftliche Kooperation von Religionsgemeinschaften zu erhalten. Nur dies bietet die Gewähr für die Freiheit der Religionsausübung und die Möglichkeit der Einhaltung der jeweiligen Feiertage in einem harmonischen Miteinander der Religionsgemeinschaften. Ein neuer Vertragsentwurf bietet auch die Chance, mehr religiöse Offenheit in der Europäischen Union zu verankern.

9. Staatliche Feiertage für Minderheiten

9.1. Bestehende Feiertagsregelungen und religiöse Minderheiten

Für Angehörige religiöser Minderheiten kann die bestehende Feiertagsregelung insofern Härten mit sich bringen, als ihre speziellen Feiertage keine staatliche Berücksichtigung finden. Diese Gläubigen dürfen nicht in einen Konflikt zwischen staatlichen und religiösen Pflichten gestürzt werden. Hier entstehen für diese Minderheiten, wie bereits gezeigt, Freistellungsansprüche. Diese Fragen gehören nicht zur Regelung des Sonn- und Feiertagsrechts, sondern sind Inhalt der Religionsfreiheit.[1] Teilweise wurden die Ansprüche dieser Minderheiten berücksichtigt, beispielsweise im schulischen Bereich durch die Feiertagsgesetze bzw. Verordnungen der Bundesländer.[2] Diese gesetzlich sanktionierte Drittwirkung des Grundrechts des Feiertagsschutzes für Minderheiten ist kein Vorrecht der christlichen Religionen.[3]

Die Festlegung des staatlichen Feiertagsschutzes auf den Sonntag und die Feiertage der evangelischen und katholischen Kirche beschränkt unvermeidlich die Religionsfreiheit derer, die einen anderen Tag der Woche als Tag der Arbeitsruhe einhalten wollen. Desto mehr sind Staat und öffentliche Hand gehalten, Gläubigen anderer Religionsgemeinschaften

> „die Ruhe ihrer Feiertage zu gestatten und zu erleichtern. Insbesondere darf der Staat ihnen keine Nachteile zufügen oder androhen, wenn sie sich weigern, Handlungen an ihren Feiertagen vorzunehmen, die sie wegen ihrer Glaubensüberzeugung nicht ausüben wollen.“ [4]

Umgekehrt ist es auch nicht möglich, werktägliche Arbeiten am Sonntag aus Gründen der Glaubensfreiheit zu rechtfertigen.[5] Dies liegt an den wie unter § 3 gezeigten verschiedenen Grundlagen des Feiertagsschutzes. Der allgemeine Anspruch auf Ermöglichung der Feiertagsheiligung als Ausdruck der Religionsausübungsfreiheit, Art. 4 GG, steht neben dem Sonn- und Feiertagsschutz aus Art. 140 GG i.V. mit Art. 139 WRV, der diese Tage der (allgemeinen) Arbeitsruhe und der seelischen Erhebung schützt.

---

[1] BVerwGE 42, S. 128.
[2] Dargestellt im Anhang III.
[3] Campenhausen 1999, Art. 140 GG – Art. 139 WRV, Rdnr. 18.
[4] BSGE 51, S. 74; ausführlich in Kapitel 6.
[5] AG Öhringen in KirchE, Bd. 29, S. 168.

9.2. Feiertage der Minderheiten als staatliche Feiertage?

9.2.1. Geschichtliche Entwicklung der Art. 136 ff. WRV

In Art. 139 WRV finden sich dem Wortlaut nach lediglich staatlich anerkannte Feiertage, die der seelischen Erhebung dienen. Daraus lässt sich folgern, dass jeder Feiertag, der geeignet ist, seelischer Erhebung zu dienen, anerkennungsfähig im Sinne des Art. 139 WRV ist. Der Wortlaut spricht somit für die Zulässigkeit der Anerkennung nichtevangelischer und nichtkatholischer wie auch nichtchristlicher Feiertage.[6]

Wie Kapitel 2 ausführlich erörtert, wurde bereits in der Weimarer Republik der Ausdruck der „seelischen Erhebung“ als über das Christentum hinausgehende Element in den Verfassungstext aufgenommen.[7] Es gab Auffassungen, die Art. 139 WRV als Ausdruck eines religionsverfassungsrechtlichen Prinzips und damit als Beschränkung auf damals gültige christliche Feiertage sahen. Dies wird heute aber ernsthaft nicht mehr vertreten und ist auch rechtshistorisch nicht begründbar.[8]

Es gibt keine Anhaltspunkte für eine Einbeziehung anderer als der bekannten christlichen Feiertage. Mit Blick auf das bei der Entstehung dieser Normen vorhandene Judentum lässt sich nicht erkennen, dass hier ein bewusstes Beschränken auf christliche Feiertage vorgenommen werden sollte. Es fand schlichtweg keine Diskussion hierüber statt.[9]

Die Regelung des Art. 137, Abs. 5 WRV bringt, meines Erachtens, eindeutig zum Ausdruck, dass die Regelungen der Art. 136 ff. WRV nicht auf die Feiertage der Großkirchen beschränkt sein sollten, sondern vielmehr eine Offenheit für zukünftig andere Feiertage durchaus vorhanden war.

Wenn Art. 137, Abs. 5, Satz 1 WRV beinhaltet, dass die Religionsgesellschaften Körperschaften des öffentlichen Rechts bleiben, sofern sie solche bisher waren, kann Satz 2 nur so interpretiert werden, dass auch anderen christlichen und nichtchristlichen Glaubensgemeinschaften der Weg zur Anerkennung offen steht.[10] Zwar beinhaltet Art. 139 WRV mit der Sonntagsgarantie eine Anknüpfung an christliche Traditionen, diese ist jedoch allein auf den Schutz des wöchentlichen Ruhetages beschränkt und für die (separate) Anerkennung von Feiertagen keineswegs bindend.[11] Hieraus ergibt sich keine historische Ein-

[6] Heinemann 2003, S. 199. Dieser untersucht an dieser Stelle ausführlich die Frage der Anerkennung islamischer Feiertage im Rahmen des Art 139 WRV. Diese Grundsätze sind auch auf andere Glaubensgemeinschaften anwendbar.

[7] Kaisenberg 1930, Bd. 2, Art. 139.

[8] So dargestellt in Heinemann 2003, S. 119. Ebenso erörtert dies Campenhausen 1999, Bd. 3, Art. 139 WRV, Rdnr. 7.

[9] Siehe bei Morlok 2004, Bd. 3, Art. 140 GG – Art. 139 WRV, Rdnr. 9.

[10] Morlok 2004, Bd. 3, Art. 140 GG – Art. 137 WRV, Rdnr. 78.

[11] Richtig Heinemann 2003, S. 203.

schränkung für die ausschließliche Anerkennung von Feiertagen der beiden großen christlichen Kirchen in Deutschland.

9.2.2. Bevorzugung des christlichen Glaubens nach dem GG

Aus dem Gesamtzusammenhang des Grundgesetzes könnte sich eine immanente Privilegierung des christlichen Glaubens ergeben. Ein Anhaltspunkt hierfür könnte das Nennen Gottes in der Präambel des Grundgesetzes darstellen und damit eine die Auslegung des Art. 139 WRV beeinflussende Privilegierung der christlichen Kirchen auslösen.[12]

Die Präambel drückt nach einhelliger Auffassung die Verantwortlichkeit des Verfassungsgebers gegenüber Gott als einer höheren Instanz aus und geht auf die Erfahrungen während der NS-Zeit zurück, die sich über jede Bindungen an die elementarsten Gebote der Menschlichkeit hinweggesetzt hatte.[13]

Eine Deutung der Präambel als Festlegung des Grundgesetzes auf ein monokratisches Gottesverständnis setzte sich aber in Widerspruch zu grundlegenden Wertentscheidungen des Grundgesetzes. Sie wäre unvereinbar mit Art. 3 und 4 GG sowie den Art. 136 ff. WRV i.V. mit Art. 140 GG.[14]

Bei der Grundgesetznovelle 1994 wurde unter Bezugnahme auf die eben vorgenommene Deutung der Präambel das Wort „Gott" nach langer Diskussion nicht gestrichen.[15]

Das Grundgesetz ist aus einem christlichen Kulturverständnis heraus entstanden, verpflichtet aber nicht auf das Christentum. Das Grundgesetz ist christlich geprägt, aber nicht christlich.[16] Im Wege dieser Auslegung lässt sich die Einbeziehung Gottes ohne Wertungswidersprüche erklären und rechtfertigen. Eine Ausnahme nichtchristlicher Feiertage aus der Schutzgarantie des Art. 139 WRV vermag die Präambel damit nicht zu belegen.[17]

Ähnlich sieht dies Kästner, der betont, dass der Gesetzgeber Spielräume hat, im Wandel der gesellschaftlichen Anschauungen und Bedürfnisse weitere bislang nicht staatlich anerkannte Feiertage anzuerkennen. Dies können auch nichtchristliche sein.[18] Es stellt sich somit die Frage, unter welchen Voraussetzungen auch Feiertage nichtchristlicher oder nichtkirchlicher Religionsgemeinschaften staatlich anerkannt und für allgemeingültig erklärt werden können.

[12] Vgl. Essen, S. 143 ff.
[13] Ennuschat 1998, S. 955.
[14] So Heinemann 2003, S. 205.
[15] BT-Drucksache (1994) 12/6000, S. 110.
[16] So sehr treffend formuliert in Heinemann 2003, S. 206.
[17] Ebenda, S. 206.
[18] Kästner 1995, S. 347.

9.2.3. Einzelne Voraussetzungen für die Anerkennung anderer Feiertage

Morlok stellt fest, dass der Gesetzgeber bei dieser Fragestellung nicht völlig ungebunden bei der Auswahl der Feiertage ist. Er setzt als Maßstab eine gewisse religiöse Repräsentanz der Bevölkerung und sieht diese Einschränkung als verfassungsrechtlich geboten.[19] Dieser Aussage wird hier gefolgt. Fraglich ist, ob darüber hinaus Anforderungen gestellt werden können.
Religionsfreiheit für alle, ohne Ansehen des Alters und des Gewichts einer Religionsgemeinschaft, gilt selbstredend für die alte Weltreligion des Islam, Art. 4 GG. Praktische Schwierigkeiten des Einlebens der Muslime in Deutschland und die Frage, wie es die Muslime in ihrer Heimat mit Toleranz und Religionsfreiheit halten, lassen es geboten erscheinen, Rechtsprobleme der Muslime in Deutschland gesondert anzusprechen, auch wenn sie grundsätzlich rechtlich keine Besonderheit darstellen. Dabei ist die geltende Religionsfreiheit von der praktischen Umsetzung und der Ausnutzung ihrer Möglichkeiten zu unterscheiden. Der Gesetzgeber muss bei der Auswahl der anzuerkennenden Sonn- und Feiertage sowohl die institutionelle Garantie wie auch die religiösen Bedürfnisse der Bevölkerung berücksichtigen.[20]
Dies könnte zu der Schlussfolgerung führen, dass islamische Feierlichkeiten einer besonderen Kontrolle zu unterziehen sind. Gerade bei mehrtägigen Gottesdienstveranstaltungen, in denen Gläubige besonders gut (verfassungsfeindlich) zu manipulieren wären, könnte der Gedanke aufkommen, dem Feiertagsschutz aus Art. 4 GG Grenzen zu setzen. Als Beispiel der Rechtsprechung dient der berühmte „Tabakfall", bei dem das Grundrecht aus Art. 4 GG nicht schrankenlos gewährt werden konnte, da andere Verfassungsnormen beeinträchtigt waren.[21] Auch aus anderen Entscheidungen kann entnommen werden, dass die Religionsausübung Schranken unterworfen ist.[22]
Solange allerdings bei gottesdienstlichen Veranstaltungen keine konkrete Gefahr für geschützte Rechtsgüter vorliegt, besteht kein Recht zur Einschränkung des Feiertagsrechts der Muslime und hieraus auch keine grundsätzliche Ablehnung islamischer Feiertage als staatlich anerkannte Feiertage i.S. des Art. 139 WRV. Winter schließt sich hierbei der Auffassung des BVerfG an, dem er feststellt:

> „Geschützt sind auch Außenseiter und Sektierer und solche Religions- und Weltanschauungsgemeinschaften, die sich nicht in unserem europäischen Kulturkreis entwickelt haben und ihm möglicherweise sogar ablehnend gegenüberstehen. Das vom Grundgesetz gewährleistete Recht der Religionsfreiheit darf auch nicht durch die allgemeine Rechtsordnung noch durch eine unbestimmte Güterabwägungsklausel relativiert werden ..." [23]

---

[19] Morlok 2004, Art. 139 WRV – Art. 140 GG, Rdnr. 15.
[20] Campenhausen 1999, Art. 140 GG – Art. 139 WRV, Rdnr. 18.
[21] BVerfGE 12, S. 1.
[22] Campenhausen 1996, S. 67.
[23] Winter 2001b, S. 212.

Es ist Ausdruck und Stärke der freiheitlich demokratischen Grundordnung, wo immer möglich auch auf Unfreiheit und Unterdrückung mit freiheitlichen und an den Menschenrechten orientierter Toleranz in Parität zu anderen zu reagieren. Daher genießen auch Muslime den gleichen Feiertagsschutz wie alle Bürger in Deutschland ohne Ansehen ihrer Abstammung, Rasse, Sprache, Heimat und Herkunft, religiöser oder politischer Anschauung und ihrer Art des Glaubens, Art. 3 GG.

Dementsprechend ist es in gewisser Weise auch konsequent, wenn sich eine Religionsgemeinschaft mit Abweichlern oder gar Austritten oder mit abweichenden gesellschaftlichen Auffassungen besonders schwer tut. Dies ihr vorzuhalten verkennt das Wesen von Religion. Generell wird zwar verschiedentlich argumentiert, sozialschädliches Verhalten aus dem Schutzbereich von Grundrechten grundsätzlich auszuklammern;[24] in besonderem Maße mag dies für die Berufsfreiheit gelten.[25]

Mit einem solchen Ansatz wird jedoch der Sinn der Grundstruktur der Grundrechte mit ihrer Ausdifferenzierung zwischen Schutzbereich und Schranken verkannt, die für eine sachgerechte Gegenüberstellung von Belangen des Einzelnen und denen der Allgemeinheit sorgen und ihre Abwägung am Maßstab der Verhältnismäßigkeit erst ermöglichen soll.[26]

Ein Einschreiten bzw. Verweigern des Feiertagsschutzes wäre allenfalls dann zu bejahen, wenn durch die Versammlungen anlässlich religiöser Feste eine konkrete Gefahr für Dritte vorliegt. Dies würde dann zu einer Relativierung des Feiertagsschutzrechts führen müssen. Formelle Anforderungen, wie der Körperschaftsstatus oder das Vorliegen einer Religionsgemeinschaft, gelten nicht als Argument, die staatliche Anerkennung von Feiertagen zu verweigern.[27]

Bedenken, wie sie bei den Anerkennungsverfahren der Bahá'i oder der Zeugen Jehovas vorlagen, dürfen nicht dazu benutzt werden, die Anerkennung von Feiertagen als staatlich geschützte zu verhindern. So steht der Anerkennung anderer als der bisher geschützten Feiertage rechtlich nichts im Wege. Der Gesetzgeber ist grundsätzlich frei, auch andere Feiertage anzuerkennen. Ansprüche auf Anerkennung bestimmter Feiertage gibt es aber nicht.[28]

Die in Kapitel 1 dieser Arbeit angeführten Religionsgemeinschaften hätten sicher nichts dagegen einzuwenden, wenn einer oder mehrere ihrer Feiertage staatlich anerkannt würden, dies ist allerdings nicht deren Intention und – abgesehen von der Realisierbarkeit – auch nicht vordringlichster Wunsch.

---

24 Etwa bei Mangoldt, 1999 zu Art. 1 Rn. 279.

25 Ebenda.

26 Neureither 2002, S. 29.

27 Ausführlich in Heinemann 2003, S. 226.

28 Zum Anspruch ausführlich unter Kapitel 1.10.2. mit Hinweis auf BVerfG in NJW, 1995, S. 3379, Entscheidung zum Buß- und Bettag.

9.3. Der Sonntagsschutz

9.3.1. Bestand des Sonntagsschutzes?

Art 139 WRV bestimmt als wöchentlichen Ruhetag den Sonntag. Dies bedeutete zugleich eine negative Entscheidung der Verfassung zu Lasten der Ruhetage anderer Religionsgemeinschaften.[29] Das Grundgesetz greift an dieser Stelle bewusst die religiösen Bedürfnisse und Traditionen der Mehrheit auf. Die Orientierung der staatlichen Feiertagsgesetzgebung an der christlichen Tradition bedeutet als solche noch keine Verletzung dieser Paritätspflicht.[30]

> „Der Schutz von Sonn- und Feiertagen ist ein zentrales Element unserer gesamten öffentlichen Ordnung, weil er einen verbindlichen Ordnungsrahmen für einen kollektiven Zeitrhythmus in allen Lebensbereichen vorgibt. Indem der Verfassungsgeber den Sonntag verbindlich als Tag der allgemeinen Arbeitsruhe festlegt, trägt er nicht nur dem Bedürfnis des einzelnen Menschen nach einer regelmäßigen Unterbrechung des Arbeitsprozesses Rechnung, sondern er schreibt zugleich die soziale Synchronisation der Arbeitsruhe vor.“ [31]

Damit steht der Sonntagsschutz auch für die Zukunft nicht zur Disposition.[32]

9.3.2. Stellungnahmen der Minderheiten zum Sonntagsschutz

Die in den Abschnitten 1.1. bis 1.5. genannten Religionsgemeinschaften sind, obwohl der Sonntag nicht ihr Ruhetag ist, für die Beibehaltung des Sonntagsschutzes.

Die Siebenten-Tags-Adventisten haben als Gastmitglied in der Arbeitsgemeinschaft Christlicher Kirchen in Deutschland (ACK) offiziell erklärt, wegen der gemeinsamen Zeit für Familie, Freunde und Nachbarn solle der Sonntagsschutz aufrechterhalten bleiben. Damit schloss sich die Gemeinschaft der Siebenten-Tags-Adventisten teilweise der Erklärung des Kirchenamts der EKD und der Deutschen Bischofskonferenz an.[33]

Auch die Zeugen Jehovas haben in einer Stellungnahme die positive Auswirkung des Sonntagsschutzes hervorgehoben und nutzen diesen Tag als Versammlungstag.[34]

Die Bahá'i haben in Deutschland, entgegen der weltweiten Festlegung, die den Freitag als Ruhetag vorsieht, am Sonntag ihren Andachtstag.[35]

---

[29] Hoeren und Mattner 1989, Einführung, Rdnr. 20 ff.
[30] Campenhausen 1999, Art 139 WRV, Rdnr. 14.
[31] Winter 2001b, S. 204.
[32] So auch immer noch ständige Rechtsprechung des BVerfGE 111, S. 10 ff.
[33] Kirchenamt der EKD und Sekretariat der Deutschen Bischofkonferenz 15.11.1999.
[34] Wachtturm vom 15. 02. 1993, S. 23–25.
[35] Siehe Einblicke, Bahá'i-Verlag, S. 15.

Eine offizielle Stellungnahme der muslimischen Gemeinden zum Sonntagsschutz liegt nicht vor. Auf eine diesbezügliche Anfrage des Verfassers hin erklärte der Direktor des Islam-Archives, Salim Abdullah, dass sich in Deutschland die Muslime auf den freien Sonntag eingestellt haben und Versammlungen deshalb grundsätzlich sonntags stattfinden. Für die muslimischen Vereine sei die Beibehaltung des einheitlichen Sonntagsschutzes wünschenswert.
Den religiösen Minderheiten ist mit einer Beibehaltung des Sonntagsschutzes mehr gedient als mit der staatlichen Anerkennung ihrer Feiertage, insofern wird die Frage nach staatlichen Feiertagen für Minderheiten nur theoretisch erörtert und hat kaum praktische Relevanz.

10. Ausblick

Positiv kann festgestellt werden, dass die deutsche Rechtsprechung das Prinzip einer wohlwollenden Neutralität des Staates gegenüber den verschiedenen Religionsgemeinschaften immer mehr als Leitprinzip in den Vordergrund stellt.[1] Damit hat der Feiertagsschutz auch für Minderheiten eine immer bessere Chance der Verwirklichung.
Inhaltlich geht die Rechtsprechung immer mehr dazu über, nicht im eigentlichen Sinne staatskirchenrechtlich zu entscheiden, sondern religionsrechtlich, was die Frage nach neuen Begriffen aufwirft. Dies hat zwar mehr symbolische Bedeutung, macht aber inhaltliche Wandelungen bewusst. Auch Görisch wirft diese Frage auf, bleibt aber in der Forderung nach begrifflichem Wandel nicht (wünschenswert ausreichend) konsequent.[2] Wichtig ist, dass die Besonderheit der Kirchen gegenüber anderen gesellschaftlichen Organisationen bestehen bleibt, nämlich darin, dass

> „sie sich nicht in erster Linie eigenen organisierten Gruppeninteressen verpflichtet wissen, sondern den Anspruch erheben ‚für andere' einzutreten und der Gesellschaft im Ganzen zu dienen".[3]

Dies bedarf des regelmäßigen Austausches der Gläubigen untereinander, welcher gerade an den Ruhetagen stattfinden kann. In der richtigen Distanz zum Staat sollte es weiterhin gelingen, die Religionsfreiheit und den Schutz der Begegnung mit Gott besonders an den jeweiligen Feiertagen aufrechtzuerhalten. Die Religionsfreiheit als eines der vornehmsten Menschenrechte soll auch in Zukunft helfen, von Seiten der Kirchen, den Menschen geistliche Orientierung als etwas Wesentliches zu vermitteln.[4] Hierfür brauchen die Menschen gemeinsame Zeit; als Gläubige vor allem auch Zeit mit Gott. Dies kann nur durch kontinuierliche Regelmäßigkeit erreicht werden. Hierzu haben viele Gläubige Gott versprochen, sich ihm zu bestimmten Zeiten zuwenden zu wollen – in ihren Feier-, Ruhe- oder Gebetszeiten.
Dieses Recht wurde auch den Minderheiten vom Anfang ihres Aufkommens zugestanden (Kapitel 2). In den verschiedenen Lebensbereichen können die Gläubigen in Deutschland ihre Feiertage ohne größere Schwierigkeiten leben (Kapitel 4, 6, 7). Im Bereich des Arbeitslebens ist die Umsetzung des Feiertagsschutzes problematisch und spitzt sich durch die derzeit angespannte Wirtschaftslage weiter zu. Darüber hinaus stimmt die Kopftuchentscheidung des Bundesverfassungsgerichtes[5] in Verbindung mit den Gesetzesplänen, beispiels-

---

[1] Krings 2000, S. 555 ff.
[2] Görisch 2001, S. 888.
[3] Winter 2001b, S. 214.
[4] Ebenda.
[5] In NJW 2003, S. 3111 ff.

weise der baden-württembergischen Landesregierung, eher sorgenvoll.[6] Der Gesetzentwurf[7] geht weit über das Ziel bekenntnisorientierter Neutralität hinaus. Ich halte ihn mit Sacksofsky für verfassungswidrig und in seiner Tragweite nicht für ein friedliches Miteinander in Deutschland beitragend.[8]

Während beispielsweise der Film „Die Passion Christi" in nahezu allen muslimischen Ländern mit großem Erfolg läuft, will das „christliche Deutschland" das Tragen des Kopftuches in Schulen verbieten.[9] Dies ist mit Blick auf das Urteil des LAG Schleswig-Holstein[10] vom 22. 06. 2005 von besonderer Bedeutung. Hier wurde das Kopftuch-Urteil des BAG[11] zur Grundlage der Entscheidung über eine Feiertagsschutzfrage gemacht. Nun verbietet eine Stadt das Kopftuch auch in Kindergärten.[12]

Erfreulicherweise haben das Urteil des BAG zum „Kopftuch"[13] und das Urteil des LAG Schleswig-Holstein zum Feiertagsschutz für Minderheiten,[14] dem Grundrecht der Religionsfreiheit, in der Grundrechtskollision mit dem Grundrecht der Unternehmensfreiheit größere Bedeutung beigemessen.

Es ist an der Zeit, wenn im Sinne dieser Urteile und einer Gleichbehandlung der Religionsgemeinschaften die Bundesländer analog den Verträgen mit den jüdischen Glaubensgemeinschaften solche auch mit anderen Religionsgemeinschaften abschließen würden, damit nicht in jedem Verfahren bei Gericht oder Behörden das Ob, Wie und Wann der Feiertage immer wieder neu erörtert werden muss.

Der Blick zur Europäischen Union (Kapitel 8) lässt aufgrund des abgelehnten Verfassungsvorschlages auf ein religionsfreundlicheres Europa hoffen .[15]

> „Ich fühle mich als Europäer, nicht obwohl, sondern weil meine Mitbürger unterschiedlich sind und es bitte bleiben möchten. Dies ist für mich die wahre Akzeptanz der anderen. Ich betone das Wort Akzeptanz und sage nicht Toleranz – Annehmen, nicht ertragen." [16]

Diese Akzeptanz ist Grundgedanke echter Religionsfreiheit. In diesem Sinne schließe ich mit den Worten des Sozialdemokraten Meerfeld in der Weimarer Nationalversammlung:

---

[6] So auch Sacksofsky 2003, S. 3301, die Kompetenzzuweisung an die Länder ist nur ein geringer Trost.

[7] Abgedruckt in Engelken 2004, S. 26.

[8] So auch Sacksofsky 2003, S. 3297 ff.

[9] „Der Spiegel" vom 10. 04. 2004, S. 154–169.

[10] LAG Schleswig-Holstein, 4 Sa 120/05–1 Ca1919 b/04 04 und BAG, Beschluss vom 10.11.2005, 2 AZN 752/05, 4 Sa 120/05.

[11] BAG Urteil vom 10. 10. 2002, abgedruckt in Entscheidungen des BAG Bd. 103, S. 111 ff.

[12] „Stuttgarter Zeitung" vom 16. 07. 2005, S. 1 und 36.

[13] BAG Urteil vom 10. 10. 2002, abgedruckt in Entscheidungen des BAG Bd. 103, S. 111 ff.

[14] LAG Schleswig-Holstein, ebd.

[15] Optimistisch auch Winter 2001a, S. 905.

[16] So Pas 2003, S. 27.

> „Meine Partei will keinen Kulturkampf. Sie anerkennt die Macht und Bedeutung der Religion, auch für die Gegenwart. Sie weiß, dass die Religion ein inneres Bedürfnis für zahllose Menschen ist; sie erkennt ebenso an, dass diese Menschen durchweg das Bedürfnis zum Zusammenschluss in kirchlichen Gemeinschaften haben und man diesem Zustand Rechnung tragen muss. Die Auseinandersetzung zwischen Staat und Kirche soll daher zum Frieden führen und nicht zum Kriege.“ [17]

Die Errungenschaft hieraus ist der Feiertagsschutz für Minderheiten, damals, heute und hoffentlich auch morgen.

[17] So in Ziegler 1932, S. 125.

Anhang I. Übersicht über die gesetzlichen Feiertage in der Bundesrepublik[1]

Feiertage	BW	BY[2]	BE	BB	HB	HH	HE	MV
Neujahrstag (1.1.)	x	x	x	x	x	x	x	x
Hl. Drei Könige (6.1.)	x	x						
Karfreitag	x	x	x	x	x	x	x	x
Ostermontag	x	x	x	x	x	x	x	x
1. Mai	x	x	x	x	x	x	x	x
Christi Himmelfahrt	x	x	x	x	x	x	x	x
Pfingstmontag	x	x	x	x	x	x	x	x
Fronleichnam	x	x					x	
Mariä Himmelfahrt		k						
Tag der Deutschen Einheit (3.10.)	x	x	x	x	x	x	x	x
Reformationstag (31.10.)				x				x
Allerheiligen (1.11.)	x	x						
Buß- und Bettag								
1.u. 2. Weihnachtstag (25./26.12.)	x	x	x	x	x	x	x	x

Feiertage	NI	NW	RP	SL	SN	ST	SH	TH
Neujahrstag (1.1.)	x	x	x	x	x	x	x	x
Hl. Drei Könige (6.1.)						x		
Karfreitag	x	x	x	x	x	x	x	x
Ostermontag	x	x	x	x	x	x	x	x
1. Mai	x	x	x	x	x	x	x	x
Christi Himmelfahrt	x	x	x	x	x	x	x	x
Pfingstmontag	x	x	x	x	x	x	x	x
Fronleichnam		x	x	x	[3]			[4]
Mariä Himmelfahrt				x				
Tag der Deutschen Einheit (3.10.)	x	x	x	x	x	x	x	x
Reformationstag (31.10.)					x	x		x
Allerheiligen (1.11.)		x	x	x				
Buß- und Bettag					x			
1.u. 2. Weihnachtstag (25./26.12.)	x	x	x	x	x	x	x	x

(Stand: 1. April 1995). *x* bedeutet gesetzlicher Feiertag; *k* bedeutet gesetzlicher Feiertag mit überwiegend *katholischer* Bevölkerung. Länderabkürzungen siehe folgende Seite.

---

[1] Siehe Quelle: http://www.bmi.bund.de/services/lexikon/lexikon.jsp?key=F&hit=Feiertage (15. 1. 2004)

[2] In der Stadt Augsburg ist außerdem der 8. August (Friedensfest) gesetzlicher Feiertag.

[3] Fronleichnam ist gesetzlicher Feiertag nur in den vom Staatsministerium des Innern durch Rechtsverordnung bestimmten Gemeinden im Landkreis Bautzen und im Westlausitzkreis.

[4] Der Innenminister kann durch Rechtsverordnung für Gemeinden mit vorwiegend katholischer Bevölkerung Fronleichnam als gesetzlichen Feiertag festlegen. Bis zum Erlass dieser Rechtsverordnung gilt der Fronleichnamstag in denjenigen Teilen Thüringens, in denen er 1994 als gesetzlicher Feiertag begangen wurde, als solcher fort.

Länderabkürzungen
BW Baden-Württemberg
BY Bayern
BE Berlin
BB Brandenburg
HB Bremen
HH Hamburg
HE Hessen
MV Mecklenburg-Vorpommern
NI Niedersachsen
NW Nordrhein-Westfalen
RP Rheinland-Pfalz
SL Saarland
SN Sachsen
ST Sachsen-Anhalt
SH Schleswig-Holstein
TH Thüringen

Anhang II. Anlage zur Übersicht über die gesetzlichen Feiertage in der Bundesrepublik Deutschland [5]

Feiertage	2005	2006	2007	2008	2009	2010
Neujahrstag	1.1.	1.1.	1.1.	1.1.	1.1.	1.1.
Hl. Drei Könige *	6.1.	6.1.	6.1.	6.1.	6.1.	6.1.
Karfreitag	25.3.	14.4.	6.4.	21.3.	10.4.	2.4.
Ostermontag	28.3.	17.4.	9.4.	24.3.	13.4.	5.5.
1. Mai	1.5.	1.5.	1.5.	1.5.	1.5.	1.5.
Christi Himmelfahrt	5.5.	25.5.	17.5.	1.5.	21.5.	13.5.
Pfingstmontag	16.5.	5.6.	28.5.	12.5.	1.6.	24.5.
Fronleichnam *	26.5.	15.6.	7.6.	22.5.	11.6.	3.6.
Mariä Himmelfahrt *	15.8.	15.8.	15.8.	15.8.	15.8.	15.8.
Tag der Deutschen Einheit	3.10.	3.10.	3.10.	3.10.	3.10.	3.10.
Reformationstag *	31.10.	31.10.	31.10.	31.10.	31.10.	31.10.
Allerheiligen *	1.11.	1.11.	1.11.	1.11.	1.11.	1.11.
Buß- und Bettag *	16.11.	22.11.	21.11.	19.11.	18.11.	17.11.
1. Weihnachtstag	25.12.	25.12.	25.12.	25.12.	25.12.	25.12.
2. Weihnachtstag	26.12.	26.12.	26.12.	26.12.	26.12.	26.12.

* Wegen der gesetzlichen Regelung in den einzelnen Ländern – insbesondere zu Buß- und Bettag – siehe Übersicht. (Stand: 1. April 1995).

[5] Siehe Quelle: http://www.bmi.bund.de/services/lexikon/lexikon.jsp?key=F&hit=Feiertage (15. 1. 2004)

Anhang III. Übersicht Unterrichtsbefreiung

Baden-Württemberg

Anlage zu § 4 Abs. 2 Nr. 1 und 2 der Verordnung des Kultusministeriums über die Pflicht zur Teilnahme am Unterricht und sonstigen Schulveranstaltungen (Schulbesuchsverordnung).

Bayern

Auswirkungen des Gesetzes über den Schutz der Sonn- und Feiertage sowie anderer religiöser und nationaler Feiertage auf den Unterricht an den Schulen.
Bek vom 13. Juni 1978, geändert durch Bek vom 13. November 1993

Berlin

Dienstblatt des Senats von Berlin
Teil III, Nr. 6, 3. November 1993

Brandenburg

VV-Schulbetrieb (VVschub)
Das Schulrecht in Brandenburg

Bremen

Richtlinien über Unterrichts- und Dienstbefreiung an religiösen Feiertagen vom 24. Februar 2003

Hamburg

Richtlinien und Hinweise für die Erziehung und den Unterricht ausländischer Kinder und Jugendlicher in Hamburger Schulen
Hamburg, Juli 1983

Hessen

Abschrift aus dem Amtsblatt des Hessischen Kultusministers Nr. 6 vom 30.06.1977
Interkultureller Kalender 2003
Beurlaubung Rd. Erlass d. Kultusminister v. 26.03.1980

Niedersachsen

Islamische Feiertage im Schuljahr 2003/2004
Rd. Erl. d. MK v. 04. 06. 2003 303-82013
Jüdische Feiertage im Schuljahr 2003/2004
RdErl. d. MK v. 04. 06. 2003 303-82013
Unterricht an kirchlichen Feiertagen und Veranstaltungen
RdErl. d. MK v. 01. 08. 2002 303-82013 – VORIS 22410

Nordrhein-Westfalen

Verwaltungsvorschriften zu § 10 AschO – Beurlaubung

Rheinland-Pfalz

Unterrichtsausfall und Unterrichtsbefreiung an kirchlichen Feiertagen und aus Anlass religiöser Veranstaltungen sowie Regelung des Schulgottesdienstes

Verwaltungsvorschrift des Kultusministeriums vom 9. Mai 1990 (914 A – 51253/39)

Saarland

Gesetz Nr. 1489 über die Zustimmung zum Vertrag zwischen dem Saarland und der Synagogengemeinde Saar – Körperschaft des öffentlichen Rechts, vom Februar 2002

Erlass betreffend Befreiung der Kinder der Angehörigen der „Adventisten vom Siebenten Tage" vom Schulbesuch an Sonnabenden, vom März 1958 – Amtl. Schulblatt S. 49

Erlass zur Ergänzung des Erlasses betreffend Befreiung der Kinder der Angehörigen der „Adventisten vom Siebenten Tage" vom Schulbesuch an Sonnabenden vom 26. März 1958, Amtliches Schulblatt 1958, Seite 49, vom 12. Juli 1978 – GMBl. Saar S. 542

Erlass zur Befreiung von Schülern, die der islamischen Religion angehören, vom Schulbesuch an religiösen Feiertagen des Islam, vom 2. November 1978 – GMBl. Saar S. 759

Erlass zur Befreiung von Schülern, die der religiösen Gemeinschaft der Bahá'i angehören, vom Schulbesuch an Feiertagen der Bahá'i, vom 10. September 1973 – GMBi. Saar S. 497

Sachsen

Verordnung des Sächsischen Staatsministeriums für Kultus über den Besuch öffentlicher Schulen im Freistaat Sachsen (Schulbesuchsordnung – SBO), vom 12. August 1994

Sachsen-Anhalt

Unterrichtsbefreiung an Feiertagen anderer Religionsgemeinschaften, Teilnahme an kirchlichen Rüstzeiten, RdErl. des MK vom 01. 10. 1993

Anhang IV. Vertrag zwischen dem Land Mecklenburg-Vorpommern mit dem Landesverband der Jüdischen Gemeinde in Mecklenburg-Vorpommern

Vom 14. Juni 1996 (GVOBl. M-V S. 556), in Kraft am 15. Oktober 1996
GS Meckl.-Vorp. Gl. Nr. 2223-2

Das Land Mecklenburg-Vorpommern (im Folgenden: das Land),

vertreten durch den Ministerpräsidenten,
Herrn Dr. Berndt Seite,

und

alle Jüdischen Gemeinden in Mecklenburg-Vorpommern,
vertreten durch den Landesverband der Jüdischen Gemeinden
in Mecklenburg-Vorpommern (im Folgenden: der Landesverband),

vertreten durch die satzungsgemäßen Vertreter

haben auf der Grundlage der vom Grundgesetz für die Bundesrepublik Deutschland und von der Verfassung des Landes Mecklenburg-Vorpommern gewährleisteten Stellung der korporierten Religionsgemeinschaften im freiheitlichen und demokratischen Rechtsstaat

- in dem Bewusstsein, für das jüdische Leben in diesem Land eine besondere Verantwortung zu tragen, die aus der Geschichte Deutschlands gewachsen ist,
- in dem Bewusstsein des unermesslichen Leides, das die jüdische Bevölkerung in Deutschland und Europa erdulden musste, insbesondere der Vernichtung des jüdischen Lebens auch in Mecklenburg-Vorpommern,
- eingedenk der staatlichen Ignoranz in den Jahren der kommunistischen Diktatur gegenüber den jüdischen Gemeinden, die eine Neubelebung jüdischen Gemeindelebens weitgehend verhindert hat,
- in dem Bestreben, das kulturelle Erbe des Judentums im Land zu wahren und zu pflegen,
- in dem Wunsch, der Jüdischen Gemeinschaft in Mecklenburg-Vorpommern den Wiederaufbau des Gemeindelebens zu erleichtern,

folgenden Vertrag geschlossen:

Artikel 1
Glaubensfreiheit

(1) Das Land gewährt der Freiheit, den jüdischen Glauben zu bekennen und auszuüben, den Schutz von Verfassung und Gesetz.

(2) Der Landesverband verwaltet seine Angelegenheiten innerhalb der Schranken des für alle geltenden Gesetzes selbständig.

Artikel 2
Jüdische Feiertage

(1) Der staatliche Schutz der jüdischen Feiertage wird gewährleistet.

(2) Folgende jüdische Feiertage sind Feiertage im Sinne von § 7 des Gesetzes über Sonn- und Feiertage (Feiertagsgesetz Mecklenburg-Vorpommern vom 18. Juni 1992 (GVOBl. M-V S. 342), zuletzt geändert durch das Gesetz vom 20. Dezember 1994, GVOBl. M-V S. 1055):

a) Pessach – Fest zum Auszug aus Ägypten, am 1., 2., 7. und 8. Tag, beginnend am Vortage um 17.00 Uhr,
b) Schawuoth – Wochenfest, am 1. und 2. Tag, beginnend am Vortage um 17.00 Uhr,
c) Rosch Haschana – Neujahrsfest, am 1. und 2. Tag, beginnend am Vortage um 16.00 Uhr,
d) Jom Kippur – Versöhnungsfest, beginnend am Vortage um 16.00 Uhr,
e) Sukkoth – Laubhüttenfest, am 1. und 2. Tag, beginnend am Vortage um 17.00 Uhr,
f) Schemini Azeret – Schlussfest, beginnend am Vortage um 17.00 Uhr,
g) Simchat Thora – Fest der Gesetzesfreude, beginnend am Vortage um 16.00 Uhr.

(3) Die Daten der Feiertage beziehen sich auf den jüdischen Mondkalender und werden der Landesregierung zwei Jahre im Voraus mitgeteilt.

Artikel 3
Zusammenwirken

(1) Die Landesregierung und der Landesverband werden zur Pflege ihrer Beziehungen und zur Klärung beiderseits interessierender Fragen regelmäßige Begegnungen durchführen.

(2) Bei Gesetzgebungsvorhaben und Programmen, die Belange des Landesverbandes unmittelbar berühren, wird die Landesregierung den Landesverband beteiligen.

Artikel 4
Freundschaftsklausel

Die Vertragsschließenden werden in Zukunft etwa auftretende Meinungsverschiedenheiten über die Auslegung dieses Vertrages in freundschaftlicher Weise beilegen.

Artikel 5
Friedhöfe

(1) Das Land gewährt den jüdischen Friedhöfen in gleichem Maße staatlichen Schutz wie Friedhöfen, die sich in kommunaler oder kirchlicher Trägerschaft befinden.

(2) Die Jüdischen Gemeinden haben das Recht, im Rahmen der Gesetze neue Friedhöfe anzulegen.

(3) Das Land gewährt im Rahmen der Vereinbarung zwischen dem Bund und den Ländern Zuschüsse für die Erhaltung und Pflege derjenigen jüdischen Friedhöfe oder Teilen von ihnen, die nach den religiösen Vorschriften nicht mehr belegt werden können.

Artikel 6
Gedenkstätten

Das Land wird den Landesverband in die Um- und Neugestaltung der Gedenkstätten für die Opfer der NS-Gewaltherrschaft mit einbeziehen und, soweit jüdische Belange betroffen sind, Mitsprache gewähren.

Artikel 7
Denkmalpflege

(1) Der Landesverband und das Land tragen gemeinsam Verantwortung für den Schutz und Erhalt der jüdischen Denkmale.

(2) Der Landesverband stellt sicher, dass die jüdischen Denkmale erhalten bleiben und nach Möglichkeit der Allgemeinheit zugänglich gemacht werden. Insoweit sind Enteignungen nach dem Denkmalschutzrecht unzulässig.

(3) Bei Entscheidungen über Denkmale, die gottesdienstlichen, kultischen oder gleichartigen religiösen Zwecken unmittelbar dienen, berücksichtigen die Denkmalschutzbehörden die vom Landesverband festgestellten Belange. Der Landesverband entscheidet im Benehmen mit der obersten Denkmalschutzbehörde,

falls die untere Denkmalschutzbehörde oder das fachlich zuständige Landesamt die geltend gemachten Belange nicht anerkennt.

(4) Das Land nimmt bei der Förderung nach dem Denkmalschutzrecht, auch bei der Vergabe von Mitteln, Rücksicht auf die besonderen denkmalpflegerischen Aufgaben des Landesverbandes. Es setzt sich dafür ein, dass der Landesverband auch von solchen Einrichtungen Hilfe erhält, die auf nationaler und internationaler Ebene für die Kultur- und Denkmalpflege tätig sind.

Artikel 8
Bildungs- und Sozialeinrichtungen

(1) Der Landesverband hat das Recht, im Rahmen des Artikel *7 des Grundgesetzes Bildungseinrichtungen zu betreiben. Genehmigung, staatliche Anerkennung und Förderung dieser Einrichtungen regelt das Gesetz.

(2) Der Landesverband hat das Recht, Aufgaben der Gesundheits- und Wohlfahrtspflege wahrzunehmen. Er hat Anspruch auf gleiche Förderung wie andere Träger der Wohlfahrtspflege.

Artikel 9
Vertretung in Medien

Das Land wird darauf hinwirken, dass die öffentlich-rechtlichen Rundfunkanstalten und die privaten Rundfunkveranstalter dem Landesverband angemessene Sendezeiten zur Übertragung religiöser Sendungen zur Verfügung stellen. In den Aufsichtsgremien soll der Landesverband vertreten sein.

Artikel 10
Finanzielle Leistungen

(1) Eingedenk des geschichtlich bedingten besonderen Verhältnisses zu seinen jüdischen Bürgern und zur Erhaltung und Pflege des gemeinsamen deutsch-jüdischen Kulturerbes beteiligt sich das Land an den Ausgaben des Landesverbandes für dessen religiöse Bedürfnisse und dessen Verwaltung mit einem jährlichen Gesamtzuschuss. Diese Zahlung tritt an die Stelle der bisher an den Landesverband erbrachten freiwilligen Leistungen.

(2) Die Höhe des Gesamtzuschusses beträgt jährlich 480.000,- DM, erstmals für das Jahr 1996. Die Zahlung erfolgt vierteljährlich im Voraus.

Artikel 11
Gebühren- und Steuerbefreiung

Auf Landesrecht beruhende Befreiungen und Ermäßigungen von Steuern und Gebühren für das Land gelten auch für den Landesverband.

Artikel 12
Inkrafttreten, Schlussbestimmungen

(1) Dieser Vertrag bedarf der Zustimmung des Landtages und des Verbandstages des Landesverbandes. Er tritt mit dem Austausch der Mitteilungen über die Zustimmungen in Kraft. Der Zeitpunkt des Inkrafttretens wird im Gesetz- und Verordnungsblatt bekannt gemacht.

(2) Die Beziehungen zwischen dem Land und dem Landesverband sind durch diesen Vertrag abschließend geregelt. Die Bestimmungen treten an die Stelle früherer vertraglicher oder gesetzlicher Regelungen.

(3) Für den Fall der Entstehung weiterer Jüdischer Gemeinden verwaltet der Landesverband die durch das Land nach Artikel 10 erbrachten finanziellen Leistungen treuhänderisch auch für weitere, auf den jüdischen Religionsgesetzen beruhenden Gemeinden, die eine Anerkennung als Körperschaft des öffentlichen Rechts beanspruchen können oder als solche anerkannt sind, unabhängig davon, ob diese Gemeinden Mitglieder des Landesverbandes sind. Der Landesverband ist verpflichtet, auch diese Gemeinden finanziell zu unterstützen. Für den Fall, dass eine Einigung über die Höhe der finanziellen Leistungen nicht erzielt werden kann, entscheidet der Zentralrat der Juden in Deutschland als Schiedsrichter, soweit es sich um Gemeinden handelt, die dem Zentralrat angeschlossen sind.

Zu Urkund dessen ist dieser Vertrag in zweifacher Urschrift unterzeichnet worden; jede Partei erhält eine Urschrift.

Schwerin, am 14. Juni 1996

Für das Land Mecklenburg-Vorpommern	Für den Landesverband der Jüdischen Gemeinden in Mecklenburg-Vorpommern
Dr. Berndt Seite Ministerpräsident	Valeriy Bunimov Vorsitzender des Landesverbandes der Jüdischen Gemeinden in Mecklenburg-Vorpommern

Zusatzprotokoll zum Vertrag des Landes Mecklenburg-Vorpommern mit dem Landesverband der Jüdischen Gemeinden in Mecklenburg-Vorpommern
Zu Artikel 10 Abs. 2:
Die vertragsschließenden Parteien sind übereingekommen, den Betrag nach Ablauf von fünf Jahren zu überprüfen.

Das Zusatzprotokoll ist zweifach ausgefertigt. Jede Vertragspartei erhält eine Ausfertigung.

Schwerin, am 14. Juni 1996

Für das Land Mecklenburg-Vorpommern	Für den Landesverband der Jüdischen Gemeinden in Mecklenburg Vorpommern
Dr. Berndt Seite Ministerpräsident	Valeriy Bunimov Vorsitzender des Landesverbandes der Jüdischen Gemeinden in Mecklenburg-Vorpommern

Bekanntmachung über das Inkrafttreten des Vertrages zwischen dem Land Mecklenburg-Vorpommern mit dem Landesverband der Jüdischen Gemeinden in Mecklenburg-Vorpommern vom 14. Juni 1996

Vom 23. Oktober 1996 (GVOBl. M-V S. 560)

Gemäß Artikel 12 Abs. 1 Satz 3 des Vertrages zwischen dem Land Mecklenburg-Vorpommern mit dem Landesverband der Jüdischen Gemeinden in Mecklenburg-Vorpommern vom 14. Juni 1996 wird hiermit bekannt gegeben, dass der Vertrag zwischen dem Land Mecklenburg-Vorpommern und dem Landesverband der Jüdischen Gemeinden in Mecklenburg-Vorpommern vom 14. Juni 1996 am 15. Oktober 1996 in Kraft getreten ist. Mit dem Inkrafttreten des Gesetzes zu dem Vertrag zwischen dem Land Mecklenburg-Vorpommern mit dem Landesverband der Jüdischen Gemeinden in Mecklenburg-Vorpommern vom 14. Juni 1996 erhält der Vertrag zwischen dem Land Mecklenburg-Vorpommern mit dem Landesverband der Jüdischen Gemeinden in Mecklenburg-Vorpommern vom 14. Juni 1996 Gesetzeskraft.

Schwerin, den 23. Oktober 1996

Der Ministerpräsident
Dr. Berndt Seite

Anhang V. Schreiben des Zentralrates der Juden vom 19. März 2004

ZENTRALRAT DER JUDEN IN DEUTSCHLAND

Körperschaft des öffentlichen Rechts

Herrn
RA Andreas Huber
Postfach 4260

73745 Ostfildern

EINGEGANGEN
23. März 2004
Erl. ....

Berlin, 19.03.2004
26. Adar 5764
KR//100 11320 01

Anfrage zum Feiertagsschutz

Sehr geehrter Herr Huber,

Ihre Anfrage vom 3.3.2004 ist hier eingegangen.

Grundsätzlich muß ich Ihnen mitteilen, daß sämtliche Jüdischen Gemeinden in der Bundesrepüblik Deutschland durch Landesstaatsverträge eine Feiertagsschutzregelung mit den dafür zuständigen Landesregierungen vereinbart haben.

Die erste Jüdische Gemeinde auf deutschem Boden gründete sich in Köln im Jahre 321 unserer Zeitrechnung.

Die Gestaltung der jüdischen Feiertage steht in keinerlei Zusammenhang mit dem christlichen Sonntag oder staatlichen Feiertagen.

In der Hoffnung damit Ihre Fragen beantwortet zu haben, verbleibe ich

mit freundlichen Grüßen

Stephan J. Kramer
Geschäftsführer

Leo-Baeck-Haus
Postfach 04 02 07, 10061 Berlin
Tucholskystraße 9 10117 Berlin Tel: 030 – 28 44 56 0 Fax: 030 – 28 44 56 13
E-Mail:info@zentralratdjuden.de Internet: www.zentralratdjuden.de

Anhang VI. Auf einen Blick – Siebenten-Tags-Adventisten 2006

Die Siebenten-Tags-Adventisten – Was glauben sie?

Siebenten-Tags-Adventisten teilen mit allen Christen den Glauben an Jesus Christus. Er ist die Mitte ihres Lebens. Und sie glauben, dass es wichtig ist, das Evangelium, die Nachricht von der Errettung, allen Menschen zu bringen.

Jesus Christus

ist unser Herr und Erlöser. Mitte unseres Glaubens und Lebens ist nicht ein Buch oder ein System von Lehren, sondern der gegenwärtige, lebendige Jesus Christus. Er lebt von Ewigkeit her gemeinsam mit Gott, dem Vater. Um uns zu retten, wurde er Mensch. Er lebte unter uns, starb am Kreuz, stand am dritten Tag von den Toten auf und kehrte in die himmlische Welt zurück. Dort wirkt er als Fürsprecher und Anwalt der Menschen. So errettete er uns und versöhnte uns ein für allemal mit Gott (Johannes 3,16.17).

Die Zukunft

dieser Welt liegt in seiner Hand. Jesus Christus selbst und jene, die von ihm zeugten, haben immer wieder betont, dass er wiederkommen werde. Sie sagten bestimmte Zeichen voraus, die auf das Ende der Welt weisen (Matthäus 24; 2. Timotheus 3,1–5). Diese Voraussagen erfüllen sich vor unseren Augen. Dabei betonen Adventisten nicht das Weltende, sondern den wiederkommenden Jesus Christus; nicht das Ende, sondern die Vollendung; nicht die Angst, sondern die Hoffnung. Wir glauben dem Zeugnis des Neuen Testaments, dass Jesus Christus persönlich, sichtbar und für alle Menschen gleichzeitig wiederkommen wird. Wir wissen nicht, wann das sein wird, wir glauben aber, dass es bald ist (Offenbarung 1,7; 1. Thessalonicher 4,16 f.).

Die Auferstehung

ist mit der Wiederkunft von Jesus Christus aufs Engste verbunden. Wenn er kommt, wird nicht nur die Welt vollendet; sondern auch wer an ihn glaubt, wird in der Auferstehung neu geschaffen. Damit ist Gottes Absicht verwirklicht: Neue Menschen sollen auf einer neuen Erde leben (Johannes 5,28.29).

Die Bibel

enthält alles Wissenswerte über Jesus Christus und die Erlösung. Schon das Alte Testament sagt sein Kommen voraus; das Neue Testament zeugt von dem, was er gesagt und getan hat. In der Bibel erfahren wir, wer Jesus Christus wirklich ist. So ist sie als das von Gott eingegebene (inspirierte) Wort die einzige Grundlage für den Glauben und das Leben (2. Timotheus 3,16; 2. Petrus 1,21).

Die Taufe

steht am Beginn eines neuen Lebens mit Christus. Zunächst wird jemand über den Inhalt des Glaubens unterrichtet; erkennt, dass er Jesus Christus braucht; er wird sich Jesus zuwenden, der sein Leben ändert. Schließlich bekennt der Mensch seine Entscheidung für ihn in der Taufe.
Sie hat eine tiefe Bedeutung: Wie Jesus Christus starb und am dritten Tag auferstand, so wird ein Mensch beim Untertauchen ins Wasser begraben und er aufersteht zu einem neuen Leben mit Jesus Christus (Römer 6,3–7). Deshalb werden nach dem Zeugnis des Neuen Testaments Menschen durch Untertauchen getauft, wenn sie Jesus Christus erkennen, sein Wort annehmen und an ihn glauben.

Die Zehn Gebote

sind von Jesus in der Bergpredigt erklärt und vertieft worden. Das Halten der Gebote kann uns nicht erretten. Aber wer Jesus Christus nachfolgt, wer als Christ leben will, für den sind sie ewige, unabänderliche Maßstäbe seines Handelns; sie sagen uns, was recht und unrecht ist. Die Kraft aber, das Böse zu lassen und das Gute zu tun, gibt uns Gott durch Christus und durch den Heiligen Geist (1. Johannes 5,2–4).

Der siebente Tag

ist der Ruhetag (hebräisch: Sabbat). Wir leben heute in einer Welt der Hektik, der Ruhelosigkeit, der kräftezehrenden Leistung. Gott hat von Anfang an für uns Menschen an jedem siebenten Tag einen Ruhepunkt gesetzt, an dem wir nicht arbeiten sollen, den Sabbat. Gott schenkte und verordnete uns diesen Tag, an dem wir zur Ruhe kommen, Einkehr halten bei uns selbst, an dem wir Gott begegnen und an dem wir auch Zeit haben für unsere Mitmenschen. Indem wir den von Gott gesegneten siebenten Tag, den Samstag, feiern, anerkennen wir Gott als Schöpfer (1. Mose 2, 1–3; 2. Mose 20, 8–11) und folgen dem Beispiel, das Jesus und die Apostel selbst gegeben haben (Lukas 4,16; Matthäus 24,20; Apostelgeschichte 18,4.11).

Die Siebenten-Tags-Adventisten – Woher kommen sie?

Am Beginn des 19. Jahrhunderts gab es in Europa und den Vereinigten Staaten religiöse Bewegungen, in denen Menschen zu einem persönlichen Glauben an Jesus Christus kamen. Eine dieser Bewegungen war die große Erweckung um 1840. Eine besondere Rolle spielte dabei der Glaube, dass Jesus Christus bald wiederkommen werde. In Deutschland z. B. berechnete der Prälat Albrecht Bengel die Wiederkunft für das Jahr 1836, in den USA erwartete der Baptisten-Pastor William Miller sie für das Jahr 1844.

Jesus Christus kam nicht wieder, die Gläubigen waren tief enttäuscht und vielfachem Spott ausgesetzt. Die große Erweckung brach zusammen.
Dennoch blieb eine Gruppe von Gläubigen übrig, die die Erkenntnisse der großen Erweckung nicht einfach verwarf, sondern kritisch sichtete. Sie organisierte sich 1863 als Freikirche und gab sich den Namen Siebenten-Tags-Adventisten.

Die Siebenten-Tags-Adventisten haben nie ein Datum für die Wiederkunft errechnet, aber sie folgen zugleich der Aufforderung Jesu, jederzeit auf ihn zu warten. Sie achten auf die prophetischen Aussagen der Heiligen Schrift und deuten sie für die Gegenwart.

Die Siebenten-Tags-Adventisten verstehen sich darüber hinaus als Erben der Reformation. Sie anerkennen wie alle Protestanten nur die Heilige Schrift als Grundlage für ihren Glauben. Mit diesem Grundsatz machen sie ernst. Einerseits wurden Lehren ausgeschieden, die aus nichtchristlichen Quellen in die christliche Kirche eingedrungen waren. Zum anderen aber wurden biblische Lehren wiederentdeckt, die in der langen und verworrenen Kirchengeschichte vergessen worden waren.

Die Siebenten-Tags-Adventisten sehen sich als reformatorische Endzeitgemeinde, deren Mitte Jesus Christus ist. Sie bilden eine weltweit organisierte Gemeinschaft mit einer gesunden finanziellen Grundlage, die sie vom Staat unabhängig macht.

Die Siebenten-Tags-Adventisten – Wie leben sie?

Christliches Leben

umfasst den ganzen Menschen und alle Bereiche des Daseins. Deshalb betonen Siebenten-Tags-Adventisten eine Lebensführung, die sich an der Bibel orientiert.
Wir freuen uns über das Leben, das Gott uns schenkt. Wir leben weder asketisch noch ausschweifend. Wir glauben, dass wir eine Verantwortung haben für uns selbst und andere. So meiden wir zum Beispiel alle Rausch- und Genussgifte. Wir setzen uns auch dafür ein, Menschen von Alkohol, Nikotin und anderen zerstörerischen Bindungen zu befreien. Denn Christus hat uns nicht erlöst, damit wir wieder unfrei werden.
Adventisten sind freigebig. Wir hoffen nicht nur auf eine neue Erde, wir kennen auch unsere

gesellschaftliche Verantwortung

heute. Wir glauben, dass ein Christ nicht Gewalt anwenden darf, um ungute Verhältnisse zu verändern. Unglück und Leid soll er durch die Kraft der Liebe

bekämpfen. Dazu dient ein gut entwickeltes Wohlfahrtswerk, das soziale Hilfe leistet, ebenso wie ein weltweiter Katastrophen- und Entwicklungsdienst (ADRA).
Alle sozialen Bemühungen bleiben letztlich ohne Erfolg, wenn die Menschen selbstsüchtig sind. Darum bemühen wir uns in eigenen Schulen um eine

ganzheitliche Erziehung

für Kinder und Jugendliche, um sie für ein christliches Leben vorzubereiten. Wir glauben, dass sich junge Menschen ganzheitlich entwickeln sollen, damit sich alle Kräfte und Fähigkeiten harmonisch entfalten können, die körperlichen, seelischen, sozialen und geistlichen.
Wie Jesus Christus sich besonders der Kranken annahm, so sehen auch wir die Hilfe für kranke und leidende Menschen als wesentlich an. Das ärztliche Bildungs- und Missionswerk der Siebenten-Tags-Adventisten auf der ganzen Welt ist Ausdruck dieser Verantwortung. Überhaupt glauben wir: Heilung und Heil sind eng verbunden.

FAKTEN (Internationaler Stand vom 1. 1. 2005)

Getaufte Gemeindeglieder	13.936.932
Anzahl der Gemeinden	57.850
Gemeinde-Bibelschulen	122.620
Teilnehmer	17.947.009
Angestellte insgesamt	203.586
davon ordinierte Pastoren	15.381
Weltmission	
Länder, in denen Siebenten-Tags-Adventisten tätig sind	204
Sprachen, in denen die christliche Botschaft verbreitet wird	882
Medienzentren	10
Radiostationen mit wöchentlichen Sendungen	5.512
Fernsehstationen mit wöchentlichen Sendungen	2.552
Gesundheit	
Krankenhäuser und Sanatorien	167
Kliniken und Sanitätsstationen	407
Ärzte, Krankenschwestern und weiteres Personal	87.912
Patienten behandelt (ambulant und stationär)	14.398.863
Gesundkost-Fabriken	28
Wohlfahrt/Entwicklungs- und Katastrophenhilfe (ADRA)	
Alten-, Kinder- und Waisenheime	158
Länder, in denen ADRA tätig ist	125
Durchgeführte ADRA-Projekte im Jahr 2004	1.505

Personen, denen diese Projekte zugute kamen	23.845.638
Gesamtwert der Projekte	Euro 132.548.500
Bildung	
Schulen und Hochschulen insgesamt	6.845
Schüler und Studenten	1.293.758
Lehrkräfte und weiteres Personal	65.710
Grundschulen	5.322
Höhere und weiterführende Schulen	1.385
Berufsschulen	37
Universitäten, Hochschulen und Colleges	101
Verlage und Publikationen	
Verlagshäuser	57
Regelmäßig erscheinende Zeitschriften	439
Sprachen, in denen christliche Literatur gedruckt wird	347

Wenn Sie mehr über uns wissen möchten, rufen Sie uns an oder schreiben Sie uns:

Gemeinschaft der Siebenten-Tags-Adventisten . Presse- und Informationsstelle
D-73760 Ostfildern, Senefelderstraße 15,
Tel. (07 11) 4 48 19 14; Fax (07 11)4 48 19 60
E-Mail: info@adventisten.de: Online: http://www.adventisten.de

Kirche der Siebenten-Tags-Adventisten . Abteilung Kommunikation
A-1090 Wien, Nußdorfer Straße 5, Tel. (01) 3 19 93 01; Fax (01) 3 19 93 01 23
E-Mail: union@sta.at; Online: http://www.sta.at

Freikirche der Siebenten-Tags-Adventisten . Abteilung Kommunikation
CH-8050 Zürich, Gubelstrasse 23, Tel. (044) 3 15 65 00; Fax (044) 3 15 65 19
E-Mail: info@stanet.ch; Online: http://www.stanet.de

Anhang VII. Gesetzesverzeichnis – Arbeitszeit, Feiertagsregelung, Ladenschluss

Arbeitszeitgesetz (ArbZG), vom 6. Juni 1994, zuletzt geändert durch Art. 180 Achte ZuständigkeitsanpassungsVO vom 25. 11. 2003 (BGBl. I S. 2304), (BGBl. I S. 1170) FNA8050-21

Gesetz über die Sonntage und Feiertage (Feiertagsgesetz – FTG) in der Fassung vom 8. Mai 1995 (GBl. S. 450)

Gesetz über den Schutz der Sonn- und Feiertage (Feiertagsgesetz – FTG) vom 21. Mai 1980, zuletzt geändert durch § 5 Zweites Bayerisches Gesetz zur Anpassung des Landesrechts an den Euro (2. BayEuroAnpG) vom 24. 4. 2001 (GVBl. S. 140), BayRS 1131-3-I

Gesetz über die Sonn- und Feiertage vom 28. Oktober 1954, zuletzt geändert durch 1. ÄndG Sonn- und FeiertagsG vom 2. 12. 1994 (GVBl. S. 491), (GVBl. S. 615), BRV 92

Verordnung über den Schutz der Sonn- und Feiertage (Feiertagsschutzverordnung) vom 29. November 1954, zuletzt geändert durch 5. ÄndVO vom 23. 6. 1995 (BerlGVBl. S. 386), (BerlGVBl, S. 643, ber. S. 784)

Gesetz über die Sonn- und Feiertage vom 21. März 1991, zuletzt geändert durch Art. 1 Drittes ÄndG vom 20. 11. 2003 (GVBl. I S. 287), GVBl. I S. 44

Gesetz über die Sonn- und Feiertage vom 12. November 1954, zuletzt geändert durch Art. 1 Viertes ÄndG vom 26. 3. 2002 (Brem.GBl. S. 43), (Brem.GBl. S. 115), SaBremR 113-c-1

Gesetz über Sonntage, Feiertage, Gedenktage und Trauertage (Feiertagsgesetz), vom 16. Oktober 1953, zuletzt geändert durch Drittes ÄndG vom 6. 12. 2000 (HmbGVBl. S. 358), (HmbGVBl. S. 289) BS HBG 113-a

Zweite Verordnung zum Feiertagsgesetz (Verordnung über den Volkstrauertag) vom 10. November 1953, zuletzt geändert durch Art. 28 Strafrechtsber.G vom 2. 3. 1970 (HmbGVBl. S. 90), (HmbGVBl. S. 313), BS HBG 113-a-1

Vierte Verordnung zum Feiertagsgesetz (Verordnung zum Schutz des Buß- und Betttages) vom 7. November 1995, (HmbGVBl. S. 290)

Feiertagsschutzverordnung in der Fassung vom 15. Februar 1957, zuletzt geändert durch Art. 1 Dritte ÄndVO vom 7. 11. 1995 (HmbGVBl. S. 290), (HmbGVBl. S. 51), BS HBG 113-a-2

Verordnung über die Beschäftigung von Arbeitnehmern an Sonn- und Feiertagen vom 10. April 1962, (HmbGVBI. S. 94)

Hessisches Feiertagsgesetz (HFeiertagsG) in der Fassung vom 29. Dezember 1971, zuletzt geändert durch Art. 1 Sechstes ÄndG vom 26. 11. 1997 (GVBl. S. 396), (GVBl. S. 344), GVBl. II 17-6

Gesetz über Sonn- und Feiertage (Feiertagsgesetz Mecklenburg-Vorpommern – TG M-V) in der Fassung der Bekanntmachung vom 8. März 2002, (GVOBl. M-V S. 145), GS Meckl.-Vorp. Gl. Nr. 1136-1

Niedersächsisches Gesetz über die Feiertage (NFeiertagsG) in der Fassung der Bekanntmachung vom 7. März 1995, zuletzt geändert durch Art. 1 ÄndG vom 24. 1. 2002 (Nds. GVBl. S. 17), (Nds. GVBl. S. 50)

Gesetz über Sonn- und Feiertage (Feiertagsgesetz NW) in der Fassung der Bekanntmachung vom 23. April 1989, zuletzt geändert durch Art. 1 Zweites ÄndG vom 20. 12. 1994 (GV. NW S. 1114), (GV. NW. S. 222)

Landesgesetz über den Schutz der Sonn- und Feiertage (Feiertagsgesetz – LFtG) vom 15. Juli 1970, zuletzt geändert 4 E-Kommunikation-FörderungsG vom 21. 7. 2003 (GVBl. S. 155), (GVBl. S. 225), BS Rh-Pf 113-10

Gesetz Nr. 1040 über die Sonn- und Feiertage (Feiertagsgesetz – SFG) vom 18. Februar 1976, zuletzt geändert durch § 2 ZustG vom 6. 2. 2002 (Amtsbl. S. 526), (Amtsbl. S. 213)

Gesetz über Sonn- und Feiertage im Freistaat Sachsen (SächsSFG) vom 10. November 1992, zuletzt geändert durch Art. 4 Aufhebungs- und ÄnderungsG vom 6. 6. 2002 (SächsGVBl. S. 168), (SächsGVBl. S. 536)

Gesetz über die Sonn- und Feiertage, (FeiertG LSA), vom 22. Mai 1992, zuletzt geändert durch § 1 Drittes ÄndG vom 20. 11. 2003 (GVBl. LSA S. 328), (GVBl. LSA S. 356)

Gesetz über Sonn- und Feiertage in der Fassung vom 6. März 1997, (GVOBl. Schl.-H. S. 149) GS Schl.-H. II Gl.Nr. 1136-1

Thüringer Feiertagsgesetz (ThürFtG) vom 21. Dezember 1994, zuletzt geändert durch Art. 8 ThürEurUmstG vom 30. 10. 1994 (GVBl. S. 265), (GVBl. S. 1221)

Gesetz über den Ladenschluss in der Fassung der Bekanntmachung vom 2. Juni 2003 (BGBl. I S. 744), FNA 8050-20

Verordnung über den Verkauf bestimmter Waren an Sonn- und Feiertagen vom 21. Dezember 1957, zuletzt geändert durch Art. 3 Gesetz zur Änderung des Gesetzes über den Ladenschluss und zur Neuregelung der Arbeitszeit in Bäckereien und Konditoreien vom 30. 7. 1996 (BGBl. I S. 1186), (BGBl. I S. 1881), BGBl. III/FNA 8050-20-2

Verordnung über die Zulassung der Beschäftigung von Arbeitnehmern an Sonn- und Feiertagen (Bedarfsgewerbeverordnung – BedGewV) vom 18. November 1997, (Brem. GBl. S. 577, ber. S. 614) SaBremR 7102-9-1

Verordnung über Ausnahmen von der Sonn- Feiertagsruhe in den Bedürfnis-Gewerben (Bedürfnis-Gewerbeverordnung) vom 4. September 1997, (Amtsbl. S. 890)

Verordnung über Ausnahmen vom Verbot der Beschäftigung von Arbeitnehmern an Sonn- und Feiertagen in der Eisen- und Stahlindustrie in der Fassung der Bekanntmachung vom 31. Juli 1968, zuletzt geändert durch G zur Vereinheitlichung und Flexibilisierung des Arbeitszeitrechts vom 6. 6. 1994 (BGBl. I S. 1170), (BGBl. I. S. 885), FNA 7107-4

Verordnung über Ausnahmen vom Verbot der Beschäftigung von Arbeitnehmern an Sonn- und Feiertagen in der Papierindustrie vom 20. Juli 1963, zuletzt geändert durch Art. 14 Gesetz zur Vereinheitlichung und Flexibilisierung des Arbeitszeitrechts vom 6. 6. 1994 (BGBl. I S. 1170), (BGBl. I S. 491), BGBl. III/FNA 7107-5

Anhang VIII. Schreiben der Berliner Diözese der Russischen Orthodoxen Kirche des Moskauer Patriarchats vom 15. März 2004

Berliner Diözese
der Russischen Orthodoxen Kirche des Moskauer Patriarchats (K.d.ö.R.)
- Der Erzbischof -
Wildensteiner Str. 10, D-10318 Berlin
Tel.: 030 / 508 20 24 Fax: 030 / 509 81 53

Erzbischof Feofan, Postfach 17, D-10267 Berlin

Herrn
Andreas Huber
Postfach 4260
73745 Ostfildern

EINGEGANGEN
18. März 2004
Erl............

Ihr Schreiben vom 03.03.2004 A/dc

№ 73 Berlin, 15. März 2004

Sehr geehrter Herr Huber,

Ihr o.a. Schreiben haben wir dankend erhalten. Die Beantwortung der darin enthaltenen Fragen erfolgt unsererseits gemäß der von Ihnen erstellten Nummerierung:

1. Die Einhaltung der Feiertage, worunter in erster Linie die Teilnahme am Gottesdienst zu verstehen ist, ist wünschenswert und für ein vollwertiges spirituelles Leben notwendig. Ein Fernbleiben vom Gottesdienst ist heute jedoch aus ersichtlichen Gründen (Arbeit, Schule, Krankheit etc.) entschuldbar. Eine formelle Pflicht zum Besuch der Gottesdienste besteht nicht, auch sind keinerlei Strafen für das Nicheinhalten dieser Norm vorgesehen. Den Apostolischen Kanones zufolge ist jemand, der ohne triftigen Grund drei Wochen nicht an der Heiligen Eucharistie teilgenommen hat, zwar als Abtrünniger anzusehen, aus Konzession gegenüber der säkularisierten Gesellschaft wird diese Norm heute aber in der Praxis nicht angewandt. Die getauften Mitglieder der Kirche, welche nicht regelmäßig (oder gar nicht) zum Gottesdienst erscheinen, aber von sich sagen, sie hätten Gott „in ihren Herzen", sollten sich trotzdem öfters an das vierte Gebot Mose erinnern.
2. Eine staatliche Stellungnahme zur Rechtmäßigkeit der kirchlichen Feiertage liegt uns explizit nicht vor, geht aber aus der Anerkennung der Diözese als K.d.ö.R. hervor. Zudem sind die großen Feiertage der Orthodoxen Kirche im Kalender der „Gewerkschaft für Erziehung und Wissenschaft" (GEW) zusammen mit jüdischen und islamischen Feiertagen eingetragen, was auf eine Respektierung der orthodoxen Feiertage seitens staatlicher Stellen schließen lässt.

3. Die russische Orthodoxie ist seit 1718 (Einweihung der Botschaftskapelle in Berlin) in Deutschland präsent. Die Zahl der Gläubigen kann wegen des Fehlens von Mitgliedslisten nur geschätzt werden. Es dürften mehrere Hunderttausend Getaufte sein, aktive Mitglieder sind es wohl 15.000 in Deutschland.
4. Kirchliche Feste werden in der Regel auch an normalen Arbeitstagen gefeiert, sofern der Priester nicht im (weltlichen) Berufsleben steht. Kirchweihfeste werden mancherorts auf den nächstgelegenen Sonntag verlegt, damit möglichst alle Gemeindeglieder daran teilnehmen können.
5. Die Orthodoxe Kirche setzt sich für den Sonntagsschutz in Deutschland ein. Dieser selbstverständliche und unumstößliche Standpunkt wird auch in der „Sozialdoktrin der Russischen Orthodoxen Kirche" aus dem Jahr 2000 bekräftigt.

In der Hoffnung, Ihnen behilflich gewesen zu sein, verbleiben wir mir mit freundlichen Grüßen,

i.A.
Erzpriester M. Divakov
Sekretär der Diözese

Anhang IX. Schreiben der Griechisch-Orthodoxen Metropole von Deutschland

ΟΙΚΟΥΜΕΝΙΚΟΝ ΠΑΤΡΙΑΡΧΕΙΟΝ
ΟΡΘΟΔΟΞΟΣ ΕΛΛΗΝΙΚΗ ΜΗΤΡΟΠΟΛΙΣ ΓΕΡΜΑΝΙΑΣ
ΕΞΑΡΧΙΑ ΚΕΝΤΡΩΑΣ ΕΥΡΩΠΗΣ
ÖKUMENISCHES PATRIARCHAT
GRIECHISCH-ORTHODOXE METROPOLIE VON DEUTSCHLAND
EXARCHAT VON ZENTRALEUROPA

BONN DEUTSCHLAND

D-53227 BONN-BEUEL
Dietrich-Bonhoeffer-Str. 2
D-53185 BONN
Postfach 300555
Telefon: (0228) 46 20 41-2
Telefax: (0228) 46 49 89

EINGEGANGEN
18. März 2004
Erl.............

am 16.03.2004

Herrn
Rechtsanwalt Andreas Huber

Postfach 42 60

73745 Ostfildern

Vorab per FAX
=============

Anfrage zum Feiertagsschutz

Sehr geehrter Herr Rechtsanwakt,

nachdem Metropolit Augoustinos nach längerer Abwesenheit wieder in Bonn eintraf, erhielt ich heute von ihm den Auftrag, Ihnen auf Ihre Anfrage das Folgende zu antworten:

ad 1. Für unsere orthodoxen Gläubigen ist der Gottesdienstbesuch an Sonn- und Feiertagen wünschenswert, aber nicht Pflicht. Dies ist pastorale Praxis.

ad 2. Es liegen uns keine staatlichen Stellungnahmen vor; allerdings haben wir auch nichts beantragt und noch weniger gerichtliche Schritte unternommen.

ad 3. Einzelne griechisch-orthodoxe Kirchengemeinden gibt es seit über zweihundert Jahren in Deutschland. 1922 wurden alle griechisch-orthodoxen Kirchengemeinden in Deutschland dem Erzbistum von Thyateira und Großbritannien - zugehörig zum Ökumenischen Patriarchat von Konstantinopel - unterstellt.
Im Jahr 1963 wurde vom Ökumenischen Patriarchen Athenagoras und der Hl.Synode des Ökumenischen Patriarchats die Griechisch-Orthodoxe Metropolie von Deutschland und Exarchat von Zentraleuropa errichtet. Sie umfaßt heute über fünfzig Kirchengemeinden und ein mehrfaches an Filialen und Predigtstätten. In Deutschland leben heute ca 360 000 griechisch-orthodoxe Christen

ad 4. An orthodoxen kirchlichen Feiertagen, die nicht arbeitsfrei sind, wird Gottesdienst gefeiert, auch wenn nur wenige Gläubige anwesend sein können. Der Feiertag wird dann am nächsten Sonntag mitgefeiert, wenn die Gemeinde vollzählig versammelt ist. Das ist keine gute, höchstens eine Notlösung.

ad 5. Es gibt keine offizielle Stellungnahme unserer Metropolie zum Sonntagsschutz. Wir sind aber eindeutig dafür, und zwar nicht nur aus kulturellen Gründen.

Eminenz hofft, Ihnen damit geholfen zu haben und sendet Ihnen seine Segenswünsche!

Mit freundlichen Grüßen

i.A. Dr.Zimmermann
Metropolitanbüro der GOMVD

Körperschaft des öffentlichen Rechts gemäß Gesetz von 29.10.1974, GV.NW.1974, S. 1062.
Internet Web-Site: *www.[illegible]doxie.net*
Bankverbindung: *Dresdner Bank Bonn, Konto-Nr.: 221343600, BLZ: 370 800 40.*

Anhang X. Wortlaut der einschlägigen Artikel der Reichsverfassung[6]

Artikel 10

Das Reich kann im Wege der Gesetzgebung Grundsätze aufstellen für:
1. ...
2. das Schulwesen ...

Dritter Abschnitt

Religion und Religionsgesellschaften

... Artikel 136

[1] Die bürgerlichen und staatsbürgerlichen Rechte und Pflichten werden durch die Ausübung der Religionsfreiheit weder bedingt noch beschränkt.
[2] Der Genuss bürgerlicher und staatsbürgerlicher Rechte sowie die Zulassung zu öffentlichen Ämtern sind unabhängig von dem religiösen Bekenntnis.
[3] Niemand ist verpflichtet, seine religiöse Überzeugung zu offenbaren. Die Behörden haben nur soweit das Recht, nach der Zugehörigkeit zu einer Religionsgesellschaft zu fragen, als davon Rechte und Pflichten abhängen oder eine gesetzlich angeordnete statistische Erhebung dies erfordert.
[4] Niemand darf zu einer kirchlichen Handlung oder Feierlichkeit oder zur Teilnahme an religiösen Übungen oder zur Benutzung einer religiösen Eidesform gezwungen werden.

Artikel 137

[1] Es besteht keine Staatskirche.
[2] Die Freiheit der Vereinigung zu Religionsgesellschaften wird gewährleistet. Der Zusammenschluss von Religionsgesellschaften innerhalb des Reichsgebiets unterliegt keinen Beschränkungen.
[3] Jede Religionsgesellschaft ordnet und verwaltet ihre Angelegenheiten selbständig innerhalb der Schranken des für alle geltenden Gesetzes. Sie verleiht ihre Ämter ohne Mitwirkung des Staates oder der bürgerlichen Gemeinde.
[4] Religionsgesellschaften erwerben die Rechtsfähigkeit nach den allgemeinen Vorschriften des bürgerlichen Rechtes.

... Artikel 148

...

---

[6] Reichsverfassung von 1919.

[2] Beim Unterricht in öffentlichen Schulen ist Bedacht zu nehmen, dass die Empfindungen Andersdenkender nicht verletzt werden.
[3] Staatsbürgerkunde und Arbeitsunterricht sind Lehrfächer der Schulen. Jeder Schüler erhält bei Beendigung der Schulpflicht einen Abdruck der Verfassung.
[4] Das Volksbildungswesen, einschließlich der Volkshochschulen, soll von Reich, Ländern und Gemeinden gefördert werden.

Artikel 149

[1] Der Religionsunterricht ist ordentliches Lehrfach der Schulen mit Ausnahme der bekenntnisfreien (weltlichen) Schulen. Seine Erteilung wird im Rahmen der Schulgesetzgebung geregelt. Der Religionsunterricht wird in Übereinstimmung mit den Grundsätzen der betreffenden Religionsgesellschaft unbeschadet des Aufsichtsrechts des Staates erteilt.
[2] Der Erteilung religiösen Unterrichts und die Vornahme kirchlicher Verrichtungen bleibt der Willenserklärung der Lehrer, die Teilnahme an religiösen Unterrichtsfächern und an kirchlichen Feiern und Handlungen der Willenserklärung desjenigen überlassen, der über die religiöse Erziehung des Kindes zu bestimmen hat.
[3] Die theologischen Fakultäten an den Hochschulen bleiben erhalten.

Übergangs- und Schlussbestimmungen

... Artikel 174

Bis zum Erlass des in Artikel 146, Abs. 2 vorgesehenen Reichsgesetzes bleibt es bei der bestehenden Rechtslage. Das Gesetz hat Gebiete des Reichs, in denen eine nach Bekenntnissen nicht getrennte Schule gesetzlich besteht, besonders zu berücksichtigen.

Anhang XI. Schreiben des Ministeriums für Wissenschaft und Kunst in Baden-Württemberg vom 19. Februar 1990

MINISTERIUM FÜR WISSENSCHAFT UND KUNST
BADEN-WÜRTTEMBERG

Ministerium für Wissenschaft und Kunst Baden-Württemberg
Postfach 10 34 53 7000 Stuttgart 10

An die
Hochschulen und
Berufsakademien
im Lande Baden-Württemberg

Neue Telefonnummer : 279 - 0

Stuttgart, den 19. Februar 1990
Bearbeiter: Wohnsdorf
Durchwahl 3125
Aktenzeichen: I-057.9/76
(Bitte bei Antwort angeben)

Betr.: Gemeinschaft der Siebenten-Tags-Adventisten
hier: Ablegung von Prüfungen an Samstagen

Beil.: 1 Beschluß des Oberverwaltungsgerichts für das Land Nordrhein-Westfalen vom 7. August 1984

Die Hochschulen und Berufsakademien werden aus gegebenem Anlaß gebeten, für Studenten, die der Gemeinschaft der Siebenten-Tags-Adventisten angehören, Prüfungstermine an Samstagen auf Antrag auf einen anderen Wochentag zu verlegen oder ihnen die Möglichkeit einzuräumen, die erforderlichen Leistungskontrollen durch Nachklausuren oder - falls die Prüfungsordnung keine schriftliche Form der Prüfung vorschreibt - durch eine mündliche Prüfung zu erbringen. Die Studenten sind allerdings vorher in geeigneter Weise darauf hinzuweisen, daß sie ihrerseits gemäß eines Beschlusses des Verwaltungsgerichts Stuttgart (vgl. auch Urteil des EuGH vom 27. Oktober 1976, DÖV 1977, 408) verpflichtet sind, die Hochschulen und Berufsakademien so rechtzeitig auf mögliche religiöse Konfliktsituationen hinzuweisen, daß hierauf bei der Festlegung des Terminplans

- 2 -

Dienstgebäude: 7000 Stuttgart 1 Königstraße 46 (Mittnachtbau) | Telefon Vermittlung (07 11) 20 03-1 Telefax (07 11) 20 03-22 95 | Teletex 711 1398 mwkBW Telex 7 21 585 mwkbw d | Innenhof Mittnachtbau (Einfahrt Gymnasiumstraße)

- 2 -

für die Prüfungen nach Möglichkeit noch Rücksicht genommen werden kann. Auf den beiliegenden Beschluß des Oberverwaltungsgerichts für das Land Nordrhein-Westfalen vom 7. August 1984 wird verwiesen.

Erhardt

Professor Dr. Erhardt
Ministerialdirektor

Anhang XII. Schreiben des Wirtschaftsministeriums in Baden-Württemberg vom 27. Januar 1993

Az.: III 6000.0/62

Wirtschaftsministerium Baden Württemberg – Der Ministerialdirektor

An die
Gemeinschaft der
Siebenten-Tags-Adventisten
in Baden-Württemberg
Herrn Heinz Hopf
Firnhaberstr. 7

Den 27. Jan. 1993

7000 Stuttgart 1

Betr.: Ablegung von Prüfungen (Klausuren) an Samstagen
für Lehrlinge und Meister im Handwerk

Bezug: Ihr Schreiben vom 2. September 1992, HH/Du,
Zwischennachricht vom 29. 09. 1992

Sehr geehrter Herr Hopf,

nachdem mir nun eine Stellungnahme der Handwerkskammern in Baden-Württemberg zu dem von Ihnen vorgetragenen Problem vorliegt, darf ich auf Ihr Schreiben vom 02. September 1992 zurückkommen.

Wie mir die Handwerkskammern mitgeteilt haben, sind in der Vergangenheit bei keiner Handwerkskammer Schwierigkeiten bei der Prüfungsteilnahme eines Angehörigen Ihrer Glaubensgemeinschaft aufgetreten. Zwar finden nach Angaben des Handwerks Gesellen- und Meisterprüfungen in gewissem Umfang auch an Samstagen statt, jedoch konnte bisher in allen Fällen, nach Hinweis des Prüflings auf seine Glaubenszugehörigkeit, die Durchführung der Prüfung auf einen anderen Wochentag verlegt werden.

Eine von Ihnen angeregte generelle Regelung zur Frage der Ablegung von Prüfungen an Samstagen erscheint mir angesichts der wenigen Fälle in den letzten Jahren als nicht erforderlich.

(Fortsetzung. Schreiben des Wirtschaftsministeriums in Baden-Württemberg vom 27. Januar 1993)

Die baden-württembergischen Handwerkskammern haben zugesagt, auch zukünftig den Betroffenen die Verlegung der Prüfungen auf andere Tage anzubieten. Dabei ist jedoch Voraussetzung, dass die Prüfungsbewerber die Kammern auf ihr Glaubensbekenntnis hinweisen.

Mit freundlichen Grüßen

Peter Bogusch

Anhang XIII. Richtlinie 2000/78/EG des Rates vom 27. November 2000

zur Festlegung eines allgemeinen Rahmens für die Verwirklichung der Gleichbehandlung in Beschäftigung und Beruf

Amtsblatt der Europäischen Gemeinschaften v. 2. 12. 2000 – L 303/16

Der Rat der Europäischen Union –
gestützt auf den Vertrag zur Gründung der Europäischen Gemeinschaft, insbesondere auf Artikel 13,
auf Vorschlag der Kommission ([1]),
nach Stellungnahme des Europäischen Parlaments ([2]),
nach Stellungnahme des Wirtschafts- und Sozialausschusses ([3]),
nach Stellungnahme des Ausschusses der Regionen ([4]),
in Erwägung nachstehender Gründe:
(1) Nach Artikel 6 Absatz 2 des Vertrags über die Europäische Union beruht die Europäische Union auf den Grundsätzen der Freiheit, der Demokratie, der Achtung der Menschenrechte und Grundfreiheiten sowie der Rechtsstaatlichkeit; diese Grundsätze sind allen Mitgliedstaaten gemeinsam. Die Union achtet die Grundrechte, wie sie in der Europäischen Konvention zum Schutze der Menschenrechte und Grundfreiheiten gewährleistet sind und wie sie sich aus den gemeinsamen Verfassungsüberlieferungen der Mitgliedstaaten als allgemeine Grundsätze des Gemeinschaftsrechts ergeben.
(2) Der Grundsatz der Gleichbehandlung von Männern und Frauen wurde in zahlreichen Rechtsakten der Gemeinschaft fest verankert, insbesondere in der Richtlinie 76/207/EWG des Rates vom 9. Februar 1976 zur Verwirklichung des Grundsatzes der Gleichbehandlung von Männern und Frauen hinsichtlich des Zugangs zur Beschäftigung, zur Berufsbildung und zum beruflichen Aufstieg sowie in Bezug auf die Arbeitsbedingungen ([5]).
(3) Bei der Anwendung des Grundsatzes der Gleichbehandlung ist die Gemeinschaft gemäß Artikel 3 Absatz 2 des EG-Vertrags bemüht, Ungleichheiten zu beseitigen und die Gleichstellung von Männern und Frauen zu fördern, zumal Frauen häufig Opfer mehrfacher Diskriminierung sind.
(4) Die Gleichheit aller Menschen vor dem Gesetz und der Schutz vor Diskriminierung ist ein allgemeines Menschenrecht; dieses Recht wurde in der Allgemeinen Erklärung der Menschenrechte, im VN-Übereinkommen zur Beseitigung aller Formen der Diskriminierung von Frauen, im Internationalen Pakt der VN über bürgerliche und politische Rechte, im Internationalen VN über wirtschaftliche, soziale und kulturelle Rechte sowie in der Europäischen Konvention zum Schutze der Menschenrechte und Grundfreiheiten anerkannt, die von allen Mitgliedstaaten unterzeichnet wurden. Das Übereinkommen 111 der Internationalen Arbeitsorganisation untersagt Diskriminierungen in Beschäftigung und Beruf.

(5) Es ist wichtig, dass diese Grundrechte und Grundfreiheiten geachtet werden. Diese Richtlinie berührt nicht die Vereinigungsfreiheit, was das Recht jeder Person umfasst, zum Schutze ihrer Interessen Gewerkschaften zu gründen und Gewerkschaften beizutreten.
(6) In der Gemeinschaftscharta der sozialen Grundrechte der Arbeitnehmer wird anerkannt, wie wichtig die Bekämpfung jeder Art von Diskriminierung und geeignete Maßnahmen zur sozialen und wirtschaftlichen Eingliederung älterer Menschen und von Menschen mit Behinderung sind.
(7) Der EG-Vertrag nennt als eines der Ziele der Gemeinschaft die Förderung der Koordinierung der Beschäftigungspolitiken der Mitgliedstaaten. Zu diesem Zweck wurde in den EG-Vertrag ein neues Beschäftigungskapitel eingefügt, das die Grundlage bildet für die Entwicklung einer koordinierten Beschäftigungsstrategie und für die Förderung der Qualifizierung, Ausbildung und Anpassungsfähigkeit der Arbeitnehmer.
(8) In den vom Europäischen Rat auf seiner Tagung am 10. und 11. Dezember 1999 in Helsinki vereinbarten beschäftigungspolitischen Leitlinien für 2000 wird die Notwendigkeit unterstrichen, einen Arbeitsmarkt zu schaffen, der die soziale Eingliederung fördert, in dem ein ganzes Bündel aufeinander abgestimmter Maßnahmen getroffen wird, die darauf abstellen, die Diskriminierung von benachteiligten Gruppen, wie den Menschen mit Behinderung, zu bekämpfen. Ferner wird betont, dass der Unterstützung älterer Arbeitnehmer mit dem Ziel der Erhöhung ihres Anteils an der Erwerbsbevölkerung besondere Aufmerksamkeit gebührt.
(9) Beschäftigung und Beruf sind Bereiche, die für die Gewährleistung gleicher Chancen für alle und für eine volle Teilhabe der Bürger am wirtschaftlichen, kulturellen und sozialen Leben sowie für die individuelle Entfaltung von entscheidender Bedeutung sind.
(10) Der Rat hat am 29. Juni 2000 die Richtlinie 2000/43/EG ([6]) zur Anwendung des Gleichbehandlungsgrundsatzes ohne Unterschied der Rasse oder der ethnischen Herkunft angenommen, die bereits einen Schutz vor einer solchen Diskriminierung in Beschäftigung und Beruf gewährleistet.
(11) Diskriminierungen wegen der Religion oder der Weltanschauung, einer Behinderung, des Alters oder der sexuellen Ausrichtung können die Verwirklichung der im EG-Vertrag festgelegten Ziele unterminieren, insbesondere die Erreichung eines hohen Beschäftigungsniveaus und eines hohen Maßes an sozialem Schutz, die Hebung des Lebensstandards und der Lebensqualität, den wirtschaftlichen und sozialen Zusammenhalt, die Solidarität sowie die Freizügigkeit.
(12) Daher sollte jede unmittelbare oder mittelbare Diskriminierung wegen der Religion oder der Weltanschauung, einer Behinderung, des Alters oder der sexuellen Ausrichtung in den von der Richtlinie abgedeckten Bereichen gemeinschaftsweit untersagt werden. Dieses Diskriminierungsverbot sollte auch für Staatsangehörige dritter Länder gelten, betrifft jedoch nicht die Ungleichbehandlungen aus Gründen der Staatsangehörigkeit und lässt die Vorschriften über die

Einreise und den Aufenthalt von Staatsangehörigen dritter Länder und ihren Zugang zu Beschäftigung und Beruf unberührt.
(13) Diese Richtlinie findet weder Anwendung auf die Sozialversicherungs- und Sozialschutzsysteme, deren Leistungen nicht einem Arbeitsentgelt in dem Sinne gleichgestellt werden, der diesem Begriff für die Anwendung des Artikels 141 des EG-Vertrags gegeben wurde, noch auf Vergütungen jeder Art seitens des Staates, die den Zugang zu einer Beschäftigung oder die Aufrechterhaltung eines Beschäftigungsverhältnisses zum Ziel haben.
(14) Diese Richtlinie berührt nicht die einzelstaatlichen Bestimmungen über die Festsetzung der Altersgrenzen für den Eintritt in den Ruhestand.
(15) Die Beurteilung von Tatbeständen, die auf eine unmittelbare oder mittelbare Diskriminierung schließen lassen, obliegt den einzelstaatlichen gerichtlichen Instanzen oder anderen zuständigen Stellen nach den einzelstaatlichen Rechtsvorschriften oder Gepflogenheiten; in diesen einzelstaatlichen Vorschriften kann insbesondere vorgesehen sein, dass mittelbare Diskriminierung mit allen Mitteln, einschließlich statistischer Beweise, festzustellen ist.
(16) Maßnahmen, die darauf abstellen, den Bedürfnissen von Menschen mit Behinderung am Arbeitsplatz Rechnung zu tragen, spielen eine wichtige Rolle bei der Bekämpfung von Diskriminierungen wegen einer Behinderung.
(17) Mit dieser Richtlinie wird unbeschadet der Verpflichtung, für Menschen mit Behinderung angemessene Vorkehrungen zu treffen, nicht die Einstellung, der berufliche Aufstieg, die Weiterbeschäftigung oder die Teilnahme an Aus- und Weiterbildungsmaßnahmen einer Person vorgeschrieben, wenn diese Person für die Erfüllung der wesentlichen Funktionen des Arbeitsplatzes oder zur Absolvierung einer bestimmten Ausbildung nicht kompetent, fähig und verfügbar ist.
(18) Insbesondere darf mit dieser Richtlinie den Streitkräften sowie der Polizei, den Haftanstalten oder den Notfalldiensten unter Berücksichtigung des rechtmäßigen Ziels, die Einsatzbereitschaft dieser Dienste zu wahren, nicht zur Auflage gemacht werden, Personen einzustellen oder weiter zu beschäftigen, die nicht den jeweiligen Anforderungen entsprechen, um sämtliche Aufgaben zu erfüllen, die ihnen übertragen werden können.
(19) Ferner können die Mitgliedstaaten zur Sicherung der Schlagkraft ihrer Streitkräfte sich dafür entscheiden, dass die eine Behinderung und das Alter betreffenden Bestimmungen dieser Richtlinie auf alle Streitkräfte oder einen Teil ihrer Streitkräfte keine Anwendung finden. Die Mitgliedstaaten, die eine derartige Entscheidung treffen, müssen den Anwendungsbereich dieser Ausnahmeregelung festlegen.
(20) Es sollten geeignete Maßnahmen vorgesehen werden, d. h. wirksame und praktikable Maßnahmen, um den Arbeitsplatz der Behinderung entsprechend einzurichten, z. B. durch eine entsprechende Gestaltung der Räumlichkeiten oder eine Anpassung des Arbeitsgeräts, des Arbeitsrhythmus, der Aufgabenverteilung oder des Angebots an Ausbildungs- und Einarbeitungsmaßnahmen.

(21) Bei der Prüfung der Frage, ob diese Maßnahmen zu übermäßigen Belastungen führen, sollten insbesondere der mit ihnen verbundene finanzielle und sonstige Aufwand sowie die Größe, die finanziellen Ressourcen und der Gesamtumsatz der Organisation oder des Unternehmens und die Verfügbarkeit von öffentlichen Mitteln oder anderen Unterstützungsmöglichkeiten berücksichtigt werden.

(22) Diese Richtlinie lässt die einzelstaatlichen Rechtsvorschriften über den Familienstand und davon abhängige Leistungen unberührt.

(23) Unter sehr begrenzten Bedingungen kann eine unterschiedliche Behandlung gerechtfertigt sein, wenn ein Merkmal, das mit der Religion oder Weltanschauung, einer Behinderung, dem Alter oder der sexuellen Ausrichtung zusammenhängt, eine wesentliche und entscheidende berufliche Anforderung darstellt, sofern es sich um einen rechtmäßigen Zweck und eine angemessene Anforderung handelt. Diese Bedingungen sollten in die Informationen aufgenommen werden, die die Mitgliedstaaten der Kommission übermitteln.

(24) Die Europäische Union hat in ihrer Schlussakte zum Vertrag von Amsterdam beigefügten Erklärung Nr. 11 zum Status der Kirchen und weltanschaulichen Gemeinschaften ausdrücklich anerkannt, dass sie den Status, den Kirchen und religiöse Vereinigungen oder Gemeinschaften in den Mitgliedstaaten nach deren Rechtsvorschriften genießen, achtet und ihn nicht beeinträchtigt und dass dies in gleicher Weise für den Status von weltanschaulichen Gemeinschaften gilt. Die Mitgliedstaaten können in dieser Hinsicht spezifische Bestimmungen über die wesentlichen, rechtmäßigen und gerechtfertigten beruflichen Anforderungen beibehalten oder vorsehen, die Vorraussetzung für die Ausübung einer diesbezüglichen beruflichen Tätigkeit sein könnten.

(25) Das Verbot der Diskriminierung wegen des Alters stellt ein wesentliches Element zur Erreichung der Ziele der beschäftigungspolitischen Leitlinien und zur Förderung der Vielfalt im Bereich der Beschäftigung dar. Ungleichbehandlungen wegen des Alters können unter bestimmten Umständen jedoch gerechtfertigt sein und erfordern daher besondere Bestimmungen, die je nach der Situation der Mitgliedstaaten unterschiedliche sein können. Es ist daher unbedingt zu unterscheiden zwischen Ungleichbehandlung, die insbesondere durch rechtmäßige Ziele im Bereich der Beschäftigungspolitik, des Arbeitsmarktes und der beruflichen Bildung gerechtfertigt ist, und einer Diskriminierung, die zu verbieten ist.

(26) Das Diskriminierungsverbot sollte nicht der Beibehaltung oder dem Erlass von Maßnahmen entgegenstehen, mit denen bezweckt wird, Benachteiligungen von Personen mit einer bestimmten Religion oder Weltanschauung, einer bestimmten Behinderung, einem bestimmten Alter oder einer bestimmten sexuellen Ausrichtung zu verhindern oder auszugleichen, und diese Maßnahmen können die Einrichtung und Beibehaltung von Organisationen von Personen mit einer bestimmten Religion oder Weltanschauung, einer bestimmten Behinderung, einem bestimmten Alter oder einer bestimmten sexuellen Ausrichtung

zulassen, wenn deren Zweck hauptsächlich darin besteht, die besonderen Bedürfnisse dieser Personen zu fördern.

(27) Der Rat hat in seiner Empfehlung 86/379/EWG vom 24. Juli 1986 ([7]) zur Beschäftigung von Behinderten in der Gemeinschaft einen Orientierungsrahmen festgelegt, der Beispiele für positive Aktionen für die Beschäftigung und Berufsbildung von Menschen mit Behinderung anführt; in seiner Entschließung vom 17. Juni 1999 betreffend gleiche Beschäftigungschancen für behinderte Menschen ([8]) hat er bekräftigt, dass es wichtig ist, insbesondere der Einstellung, der Aufrechterhaltung des Beschäftigungsverhältnisses sowie der beruflichen Bildung und dem lebensbegleitenden Lernen von Menschen mit Behinderung besondere Aufmerksamkeit zu widmen.

(28) In dieser Richtlinie werden Mindestanforderungen festgelegt; es steht den Mitgliedstaaten somit frei, günstigere Vorschriften einzuführen oder beizubehalten. Die Umsetzung dieser Richtlinie darf nicht eine Absenkung des in den Mitgliedstaaten bereits bestehenden Schutzniveaus rechtfertigen.

(29) Opfer von Diskriminierungen wegen der Religion oder Weltanschauung, einer Behinderung, des Alters oder der sexuellen Ausrichtung sollten über einen angemessenen Rechtsschutz verfügen. Um einen effektiven Schutz zu gewährleisten, sollte auch die Möglichkeit bestehen, dass sich Verbände oder andere juristische Personen unbeschadet der nationalen Verfahrensordnung bezüglich der Vertretung und Verteidigung vor Gericht bei einem entsprechenden Beschluss der Mitgliedstaaten im Namen eines Opfers oder zu seiner Unterstützung an einem Verfahren beteiligen.

(30) Die effektive Anwendung des Gleichheitsgrundsatzes erfordert einen angemessenen Schutz vor Viktimisierung.

(31) Eine Änderung der Regeln für die Beweislast ist geboten, wenn ein glaubhafter Anschein einer Diskriminierung besteht. Zur wirksamen Anwendung des Gleichbehandlungsgrundsatzes ist eine Verlagerung der Beweislast auf die beklagte Partei erforderlich, wenn eine solche Diskriminierung nachgewiesen ist. Allerdings obliegt es dem Beklagten nicht, nachzuweisen, dass der Kläger einer bestimmten Religion angehört, eine bestimmte Weltanschauung hat, eine bestimmte Behinderung aufweist, ein bestimmtes Alter oder eine bestimmte sexuelle Ausrichtung hat.

(32) Die Mitgliedstaaten können davon absehen, die Regeln für die Beweislastverteilung auf Verfahren anzuwenden, in denen die Ermittlung des Sachverhalts dem Gericht oder der zuständigen Stelle obliegt. Dies betrifft Verfahren, in denen die klagende Partei den Beweis des Sachverhalts, dessen Ermittlung dem Gericht oder der zuständigen Stelle obliegt, nicht anzutreten braucht.

(33) Die Mitgliedstaaten sollten den Dialog zwischen den Sozialpartnern und im Rahmen der einzelstaatlichen Gepflogenheiten mit Nichtregierungsorganisationen mit dem Ziel fördern, gegen die verschiedenen Formen von Diskriminierung am Arbeitsplatz anzugehen und diese zu bekämpfen.

(34) In Anbetracht der Notwendigkeit, den Frieden und die Aussöhnung zwischen den wichtigsten Gemeinschaften in Nordirland zu fördern, sollten in diese Richtlinie besondere Bestimmungen aufgenommen werden.
(35) Die Mitgliedstaaten sollten wirksame, verhältnismäßige und abschreckende Sanktionen für den Fall vorsehen, dass gegen die aus dieser Richtlinie erwachsenden Verpflichtungen verstoßen wird.
(36) Die Mitgliedstaaten können den Sozialpartnern auf deren gemeinsamen Antrag die Durchführung der Bestimmungen dieser Richtlinie übertragen, die in den Anwendungsbereich von Tarifverträgen fallen, sofern sie alle erforderlichen Maßnahmen treffen, um jederzeit gewährleisten zu können, dass die durch diese Richtlinie vorgeschriebenen Ergebnisse erzielt werden.
(37) Im Einklang mit dem Subsidiaritätsprinzip nach Artikel 5 des EG-Vertrags kann das Ziel dieser Richtlinie, nämlich die Schaffung gleicher Ausgangsbedingungen in der Gemeinschaft bezüglich der Gleichbehandlung in Beschäftigung und Beruf, auf der Ebene der Mitgliedstaaten nicht ausreichend erreicht werden und kann daher wegen des Umfangs und der Wirkung der Maßnahme besser auf Gemeinschaftsebene verwirklicht werden. Im Einklang mit dem Verhältnismäßigkeitsprinzip nach jenem Artikel geht diese Richtlinie nicht über das für die Erreichung dieses Ziels erforderliche Maß hinaus.

hat folgende Richtlinie erlassen:

Kapitel 1
Allgemeine Bestimmungen

Artikel 1

Zweck

Zweck dieser Richtlinie ist die Schaffung eines allgemeinen Rahmens zur Bekämpfung der Diskriminierung wegen der Religion oder der Weltanschauung, einer Behinderung, des Alters oder der sexuellen Ausrichtung in Beschäftigung und Beruf im Hinblick auf die Verwirklichung des Grundsatzes der Gleichbehandlung in den Mitgliedstaaten.

Artikel 2

Der Begriff „Diskriminierung"

(1) Im Sinne dieser Richtlinie bedeutet „Gleichbehandlungsgrundsatz", dass es keine unmittelbare oder mittelbare Diskriminierung wegen eines der in Artikel 1 genannten Gründe geben darf.
(2) Im Sinne des Absatzes 1
liegt eine unmittelbare Diskriminierung vor, wenn eine Person wegen eines in Artikel 1 genannten Gründe in einer vergleichbaren Situation eine weniger

günstige Behandlung erfährt, als eine andere Person erfährt, erfahren hat oder erfahren würde;
liegt eine mittelbare Diskriminierung vor, wenn dem Anschein nach neutrale Vorschriften, Kriterien oder Verfahren Personen mit einer bestimmten Religion oder Weltanschauung, einer bestimmten Behinderung, eines bestimmten Alters oder mit einer bestimmten sexuellen Ausrichtung gegenüber anderen Personen in besonderer Weise benachteiligen können, es sei denn:
diese Vorschriften, Kriterien oder Verfahren sind durch ein rechtmäßiges Ziel sachlich gerechtfertigt, und die Mittel sind zur Erreichung dieses Ziels angemessen und erforderlich, oder der Arbeitgeber oder jede Person oder Organisation, auf die diese Richtlinie Anwendung findet, ist im Falle von Personen mit einer bestimmten Behinderung aufgrund des einzelstaatlichen Rechts verpflichtet, geeignete Maßnahmen entsprechend den in Artikel 5 enthaltenen Grundsätzen vorzusehen, um die sich durch diese Vorschrift, dieses Kriterium oder dieses Verfahren ergebenden Nachteile zu beseitigen.
(3) Unerwünschte Verhaltensweisen, die mit einem der Gründe nach Artikel 1 in Zusammenhang stehen und bezwecken oder bewirken, dass die Würde der betreffenden Person verletzt und ein von Einschüchterungen, Anfeindungen, Erniedrigungen, Entwürdigungen oder Beleidigungen gekennzeichnetes Umfeld geschaffen wird, sind Belästigungen, die als Diskriminierung im Sinne von Absatz 1 gelten. In diesem Zusammenhang können die Mitgliedstaaten den Begriff „Belästigung" im Einklang mit den einzelstaatlichen Rechtsvorschriften und Gepflogenheiten definieren.
(4) Die Anweisung zur Diskriminierung einer Person wegen eines der Gründe nach Artikel 1 gilt als Diskriminierung im Sinne des Absatzes 1.
(5) Diese Richtlinie berührt nicht die im einzelstaatlichen Recht vorgesehenen Maßnahmen, die in einer demokratischen Gesellschaft für die Gewährleistung der öffentlichen Sicherheit, die Verteidigung der Ordnung und die Verhütung von Straftaten, zum Schutz der Gesundheit und zum Schutz der Rechte und Freiheiten anderer notwendig sind.

Artikel 3

Geltungsbereich

(1) Im Rahmen der auf die Gemeinschaft übertragenen Zuständigkeiten gilt diese Richtlinie für alle Personen in öffentlichen und privaten Bereichen, einschließlich öffentlicher Stellen, in Bezug auf
a) die Bedingungen – einschließlich Auswahlkriterien und Einstellungsbedingungen – für den Zugang zu unselbständiger und selbständiger Erwerbstätigkeit, unabhängig von Tätigkeitsfeld und beruflicher Position, einschließlich des beruflichen Aufstiegs;
b) den Zugang zu allen Formen und allen Ebenen der Berufsberatung, der Berufsausbildung, der beruflichen Weiterbildung und der Umschulung, einschließlich der praktischen Berufserfahrung;

c) die Beschäftigungs- und Arbeitsbedingungen, einschließlich der Entlassungsbedingungen und des Arbeitsentgelts;
d) die Mitgliedschaft und Mitwirkung in einer Arbeitnehmer- oder Arbeitgeberorganisation oder einer Organisation, deren Mitglieder einer bestimmten Berufsgruppe angehören, einschließlich der Inanspruchnahme der Leistungen solcher Organisationen.
(2) Diese Richtlinie betrifft nicht unterschiedliche Behandlungen aus Gründen der Staatsangehörigkeit und berührt nicht die Vorschriften und Bedingungen für die Einreise von Staatsangehörigen dritter Länder oder staatenlosen Personen in das Hoheitsgebiet der Mitgliedstaaten oder deren Aufenthalt in diesem Hoheitsgebiet sowie eine Behandlung, die sich aus der Rechtsstellung von Staatsangehörigen dritter Länder oder staatenlosen Personen ergibt.
(3) Diese Richtlinie gilt nicht für Leistungen jeder Art seitens der staatlichen Systeme oder der damit gleichgestellten Systeme einschließlich der staatlichen Systeme der sozialen Sicherheit oder des sozialen Schutzes.
(4) Die Mitgliedstaaten können vorsehen, dass diese Richtlinie hinsichtlich von Diskriminierungen wegen einer Behinderung und des Alters nicht für die Streitkräfte gilt.

Artikel 4

Berufliche Anforderungen

(1) Ungeachtet des Artikels 2 Absätze 1 und 2 können die Mitgliedstaaten vorsehen, dass eine Ungleichbehandlung wegen eines Merkmals, das im Zusammenhang mit einem der in Artikel 1 genannten Diskriminierungsgründe steht, keine Diskriminierung darstellt, wenn das betreffende Merkmal aufgrund der Art einer bestimmten beruflichen Tätigkeit oder der Bedingungen ihrer Ausbildung eine wesentliche und entscheidende berufliche Anforderung darstellt, sofern es sich um einen rechtmäßigen Zweck und eine angemessene Anforderung handelt.
(2) Die Mitgliedstaaten können in Bezug auf berufliche Tätigkeiten innerhalb von Kirchen und anderen öffentlichen oder privaten Organisationen, deren Ethos auf religiösen Grundsätzen oder Weltanschauungen beruht, Bestimmungen in ihren zum Zeitpunkt der Annahme dieser Richtlinie geltenden Rechtsvorschriften beibehalten oder in künftigen Rechtsvorschriften Bestimmungen vorsehen, die zum Zeitpunkt der Annahme dieser Richtlinie bestehende einzelstaatliche Gepflogenheiten widerspiegeln und wonach eine Ungleichbehandlung wegen der Religion oder Weltanschauung einer Person keine Diskriminierung darstellt, wenn die Religion oder die Weltanschauung dieser Person nach der Art dieser Tätigkeiten oder der Umstände ihrer Ausübung eine wesentliche, rechtmäßige und gerechtfertigte berufliche Anforderung angesichts des Ethos der Organisation darstellt. Eine solche Ungleichbehandlung muss die verfassungsrechtlichen Bestimmungen und Grundsätze der Mitgliedstaaten sowie die allgemeinen

Grundsätze des Gemeinschaftsrechts beachten und rechtfertigt keine Diskriminierung aus einem anderen Grund.
Sofern die Bestimmungen dieser Richtlinie im übrigen eingehalten werden, können die Kirchen und anderen öffentlichen oder privaten Organisationen, deren Ethos auf religiösen Grundsätzen oder Weltanschauungen beruht, im Einklang mit den einzelstaatlichen verfassungsrechtlichen Bestimmungen und Rechtsvorschriften von den für sie arbeitenden Personen verlangen, dass sie sich loyal und aufrichtig im Sinne des Ethos der Organisation verhalten.

Artikel 5

Angemessene Vorkehrungen für Menschen mit Behinderung

Um die Anwendung des Gleichbehandlungsgrundsatzes auf Menschen mit Behinderung zu gewährleisten, sind angemessene Vorkehrungen zu treffen. Das bedeutet, dass der Arbeitsgeber die geeigneten und im konkreten Fall erforderlichen Maßnahmen ergreift, um den Menschen mit Behinderung den Zugang zur Beschäftigung, die Ausübung eines Berufes, den beruflichen Aufstieg und die Teilnahme an Aus- und Weiterbildungsmaßnahmen zu ermöglichen, es sei denn, diese Maßnahmen würden den Arbeitgeber unverhältnismäßig belasten. Diese Belastung ist nicht unverhältnismäßig, wenn sie durch geltende Maßnahmen im Rahmen der Behindertenpolitik des Mitgliedstaates ausreichend kompensiert wird.

Artikel 6

Gerechtfertigte Ungleichbehandlung wegen des Alters

(1) Ungeachtet des Artikels 2 Absatz 2 können die Mitgliedstaaten vorsehen, dass Ungleichbehandlungen wegen des Alters keine Diskriminierung darstellen, sofern sie objektiv und angemessen sind und im Rahmen des nationalen Rechts durch ein legitimes Ziel, worunter insbesondere rechtmäßige Ziele aus den Bereichen Beschäftigungspolitik, Arbeitsmarkt und berufliche Bildung zu verstehen sind, gerechtfertigt sind und die Mittel zur Erreichung dieses Ziels angemessen und erforderlich sind.
Derartige Ungleichbehandlungen können insbesondere Folgendes einschließen:
die Festlegung besonderer Bedingungen für den Zugang zur Beschäftigung und zur beruflichen Bildung sowie besonderer Beschäftigungs- und Arbeitsbedingungen, einschließlich der Bedingungen für Entlassung und Entlohnung, um die berufliche Eingliederung von Jugendlichen, älteren Arbeitnehmern und Personen mit Fürsorgepflichten zu fördern oder ihren Schutz sicherzustellen;
die Festlegung von Mindestanforderungen an das Alter, die Berufserfahrung oder das Dienstalter für den Zugang zur Beschäftigung oder für bestimmte mit der Beschäftigung verbundene Vorteile;
die Festsetzung eines Höchstalters für die Einstellung aufgrund der spezifischen Ausbildungsanforderungen eines bestimmten Arbeitsplatzes oder aufgrund der

Notwendigkeit einer angemessenen Beschäftigungszeit vor dem Eintritt in den Ruhestand.

(2) Ungeachtet des Artikels 2 Absatz 2 können die Mitgliedstaaten vorsehen, dass bei den betrieblichen Systemen der sozialen Sicherung die Festsetzung von Altersgrenzen als Vorraussetzung für die Mitgliedschaft oder den Bezug von Altersrente oder von Leistungen bei Invalidität einschließlich der Festsetzung unterschiedlicher Altersgrenzen im Rahmen dieser Systeme für bestimmte Beschäftigte oder Gruppen bzw. Kategorien von Beschäftigten und die Verwendung im Rahmen dieser Systeme von Alterskriterien für versicherungsmathematische Berechnungen keine Diskriminierung wegen des Alters darstellt, solange dies nicht zu Diskriminierungen wegen des Geschlechts führt.

Artikel 7

Positive und spezifische Maßnahmen

(1) Der Gleichbehandlungsgrundsatz hindert die Mitgliedstaaten nicht daran, zur Gewährleistung der völligen Gleichstellung im Berufsleben spezifische Maßnahmen beizubehalten oder einzuführen, mit denen Benachteiligungen wegen eines in Artikel 1 genannten Diskriminierungsgrunds verhindert oder ausgeglichen werden.

(2) Im Falle von Menschen mit Behinderung steht der Gleichbehandlungsgrundsatz weder dem Recht der Mitgliedstaaten entgegen, Bestimmungen zum Schutz der Gesundheit und der Sicherheit am Arbeitsplatz beizubehalten oder zu erlassen, noch steht er Maßnahmen entgegen, mit denen Bestimmungen oder Vorkehrungen eingeführt oder beibehalten werden sollen, die einer Eingliederung von Menschen mit Behinderung in die´Arbeitswelt dienen oder diese Eingliederung fördern.

Artikel 8

Mindestanforderungen

(1) Die Mitgliedstaaten können Vorschriften einführen oder beibehalten, die im Hinblick auf die Wahrung des Gleichbehandlungsgrundsatzes günstiger als die in dieser Richtlinie vorgesehenen Vorschriften sind.

(2) Die Umsetzung dieser Richtlinie darf keinesfalls als Rechtfertigung für eine Absenkung des von den Mitgliedstaaten bereits garantierten allgemeinen Schutzniveaus in Bezug auf Diskriminierungen in den von der Richtlinie abgedeckten Bereichen benutzt werden.

Kapitel II
Rechtsbehelfe und Rechtsdurchsetzung

Artikel 9

Rechtsschutz

(1) Die Mitgliedstaaten stellen sicher, dass alle Personen, die sich durch die Nichtanwendung des Gleichbehandlungsgrundsatzes in ihren Rechten für verletzt halten, ihre Ansprüche aus dieser Richtlinie auf dem Gerichts- und/oder Verwaltungsweg sowie, wenn die Mitgliedstaaten es für angezeigt halten, in Schlichtungsverfahren geltend machen können, selbst wenn das Verhältnis, während dessen die Diskriminierung vorgekommen sein soll, bereits beendet ist.
(2) Die Mitgliedstaaten stellen sicher, dass Verbände, Organisationen oder andere juristische Personen, die gemäß den in ihrem einzelstaatlichen Recht festgelegten Kriterien ein rechtmäßiges Interesse daran haben, für die Einhaltung der Bestimmungen dieser Richtlinie zu sorgen, sich entweder im Namen der beschwerten Person oder zu deren Unterstützung und mit deren Einwilligung an den in dieser Richtlinie zur Durchsetzung der Ansprüche vorgesehenen Gerichts- und/oder Verwaltungsverfahren beteiligen können.
(3) Die Absätze 1 und 2 lassen einzelstaatliche Regelungen über Fristen für die Rechtsverfolgung betreffend den Gleichbehandlungsgrundsatz unberührt.

Artikel 10

Beweislast

(1) Die Mitgliedstaaten ergreifen im Einklang mit ihrem nationalen Gerichtswesen die erforderlichen Maßnahmen, um zu gewährleisten, dass immer dann, wenn Personen, die sich durch die Nichtanwendung des Gleichbehandlungsgrundsatzes für verletzt halten und bei einem Gericht oder einer anderen zuständigen Stelle Tatsachen glaubhaft machen, die das Vorliegen einer unmittelbaren oder mittelbaren Diskriminierung vermuten lassen, es dem Beklagten obliegt zu beweisen, dass keine Verletzung des Gleichbehandlungsgrundsatzes vorgelegen hat.
(2) Absatz 1 lässt das Recht der Mitgliedstaaten, eine für den Kläger günstigere Beweislastregelung vorzusehen, unberührt.
(3) Absatz 1 gilt nicht für Strafverfahren.
(4) Die Absätze 1, 2 und 3 gelten auch für Verfahren gemäß Artikel 9 Absatz 2.
(5) Die Mitgliedstaaten können davon absehen, Absatz 1 auf Verfahren anzuwenden, in denen die Ermittlung des Sachverhalts dem Gericht oder der zuständigen Stelle obliegt.

Artikel 11

Viktimisierung

Die Mitgliedstaaten treffen im Rahmen ihrer nationalen Rechtsordnung die erforderlichen Maßnahmen, um die Arbeitnehmer vor Entlassung oder anderen Benachteiligungen durch den Arbeitsgeber zu schützen, die als Reaktion auf eine Beschwerde innerhalb des betreffenden Unternehmens oder auf die Einleitung eines Verfahrens zur Durchsetzung des Gleichbehandlungsgrundsatzes erfolgen.

Artikel 12

Unterrichtung

Die Mitgliedstaaten tragen dafür Sorge, dass die gemäß dieser Richtlinie getroffenen Maßnahmen sowie die bereits geltenden einschlägigen Vorschriften allen Betroffenen in geeigneter Form, zum Beispiel am Arbeitsplatz, in ihrem Hoheitsgebiet bekannt gemacht werden.

Artikel 13

Sozialer Dialog

(1) Die Mitgliedstaaten treffen im Einklang mit den einzelstaatlichen Gepflogenheiten und Verfahren geeignete Maßnahmen zur Förderung des sozialen Dialogs zwischen Arbeitgebern und Arbeitsnehmern mit dem Ziel, die Verwirklichung des Gleichbehandlungsgrundsatzes durch Überwachung der betrieblichen Praxis, durch Tarifverträge, Verhaltenskodizes, Forschungsarbeiten oder durch einen Austausch von Erfahrungen und bewährten Verfahren, voranzubringen.

(2) Soweit vereinbar mit den einzelstaatlichen Gepflogenheiten und Verfahren, fordern die Mitgliedstaaten Arbeitgeber und Arbeitnehmer ohne Eingriff in deren Autonomie auf, auf geeigneter Ebene Antidiskriminierungsvereinbarungen zu schließen, die die in Artikel 3 genannten Bereiche betreffen, soweit diese in den Verantwortungsbereich der Tarifparteien fallen. Die Vereinbarungen müssen den in dieser Richtlinie sowie den in den einschlägigen nationalen Durchführungsbestimmungen festgelegten Mindestanforderungen entsprechen.

Artikel 14

Dialog mit Nichtregierungsorganisationen

Die Mitgliedstaaten fördern den Dialog mit den jeweiligen Nichtregierungsorganisationen, die gemäß den einzelstaatlichen Rechtsvorschriften und Gepflogenheiten ein rechtmäßiges Interesse daran haben, sich an der Bekämpfung von Diskriminierung wegen eines der in Artikel 1 genannten Gründe zu beteiligen, um die Einhaltung des Grundsatzes der Gleichbehandlung zu fördern.

Kapitel III
Besondere Bestimmungen

Artikel 15

Nordirland

(1) Angesichts des Problems, dass eine der wichtigsten Religionsgemeinschaften Nordirlands im dortigen Polizeidienst unterrepräsentiert ist, gilt die unterschiedliche Behandlung bei der Einstellung der Bediensteten dieses Dienstes – auch von Hilfspersonal – nicht als Diskriminierung, sofern diese unterschiedliche Behandlung gemäß den einzelstaatlichen Rechtsvorschriften ausdrücklich gestattet ist.
(2) Um eine Ausgewogenheit der Beschäftigungsmöglichkeit für Lehrkräfte in Nordirland zu gewährleisten und zugleich einen Beitrag zur Überwindung der historischen Gegensätze zwischen den wichtigsten Religionsgemeinschaften Nordirlands zu leisten, finden die Bestimmungen dieser Richtlinie über Religion und Weltanschauung keine Anwendung auf die Einstellung von Lehrkräften in Schulen Nordirlands, sofern dies gemäß den einzelstaatlichen Rechtsvorschriften ausdrücklich gestattet ist.

Kapitel IV
Schlussbestimmungen

Artikel 16

Einhaltung

Die Mitgliedstaaten treffen die erforderlichen Maßnahmen, um sicherzustellen, dass
a) die Rechts- und Verwaltungsvorschriften, die dem Gleichbehandlungsgrundsatz zuwiderlaufen, aufgehoben werden;
b) die mit dem Gleichbehandlungsgrundsatz nicht zu vereinbarenden Bestimmungen in Arbeits- und Tarifverträgen, Betriebsordnungen und Statuten freier Berufe und der Arbeitsgeber- und Arbeitsnehmerorganisationen für nichtig erklärt werden oder erklärt werden können oder geändert werden.

Artikel 17

Sanktionen

Die Mitgliedstaaten legen die Sanktionen fest, die bei einem Verstoß gegen die einzelstaatlichen Vorschriften zur Anwendung dieser Richtlinie zu verhängen sind, und treffen alle erforderlichen Maßnahmen, um deren Durchführung zu gewährleisten. Die Sanktionen, die auch Schadenersatzleistungen an die Opfer umfassen können, müssen wirksam, verhältnismäßig und abschreckend sein. Die Mitgliedstaaten teilen diese Bestimmungen der Kommission spätestens am 2.

Dezember 2003 mit und melden alle sie betreffenden späteren Änderungen unverzüglich.

Artikel 18

Umsetzung der Richtlinie

Die Mitgliedstaaten erlassen die erforderlichen Rechts- und Verwaltungsvorschriften, um dieser Richtlinie spätestens zum 2. Dezember 2003 nachzukommen, oder können den Sozialpartnern auf deren gemeinsamen Antrag die Durchführung der Bestimmungen dieser Richtlinie übertragen, die in den Anwendungsbereich von Tarifverträgen fallen. In diesem Fall gewährleisten die Mitgliedstaaten, dass die Sozialpartner spätestens am 2. Dezember 2003 im Weg einer Vereinbarung die erforderlichen Maßnahmen getroffen haben; dabei haben die Mitgliedstaaten alle erforderlichen Maßnahmen zu treffen, um jederzeit gewährleisten zu können, dass die durch diese Richtlinie vorgeschriebenen Ergebnisse erzielt werden. Sie setzen die Kommission unverzüglich davon in Kenntnis. Um besonderen Bedingungen Rechnung zu tragen, können die Mitgliedstaaten erforderlichenfalls eine Zusatzfrist von drei Jahren ab dem 2. Dezember 2003, d.h. insgesamt sechs Jahre, in Anspruch nehmen, um die Bestimmungen dieser Richtlinie über die Diskriminierung wegen des Alters und einer Behinderung umzusetzen. In diesem Fall setzen sie die Kommission unverzüglich davon in Kenntnis. Ein Mitgliedstaat, der die Inanspruchnahme dieser Zusatzfrist beschließt, erstattet der Kommission jährlich Bericht über die von ihm ergriffenen Maßnahmen zur Bekämpfung der Diskriminierung wegen des Alters und einer Behinderung und über die Fortschritte, die bei der Umsetzung der Richtlinie erzielt werden konnten. Die Kommission erstattet dem Rat jährlich Bericht.

Wenn die Mitgliedstaaten derartige Vorschriften erlassen, nehmen sie in den Vorschriften selbst oder durch einen Hinweise bei der amtlichen Veröffentlichung auf diese Richtlinie Bezug. Die Mitgliedstaaten regeln die Einzelheiten der Bezugnahme.

Artikel 19

Bericht

(1) Bis zum 2. Dezember 2005 und in der Folge alle fünf Jahre übermitteln die Mitgliedstaaten der Kommission sämtliche Informationen, die diese für die Erstellung eines dem Europäischen Parlament und dem Rat vorzulegenden Berichts über die Anwendung dieser Richtlinie benötigt.

(2) Die Kommission berücksichtigt in ihrem Bericht in angemessener Weise die Standpunkte der Sozialpartner und der einschlägigen Nichtregierungsorganisationen. Im Einklang mit dem Grundsatz der systematischen Berücksichtigung geschlechterspezifischer Fragen werden ferner in dem Bericht die Auswirkung der Maßnahmen auf Frauen und Männer bewertet. Unter Berücksichtigung der

übermittelten Informationen enthält der Bericht erforderlichenfalls auch Vorschläge für eine Änderung und Aktualisierung dieser Richtlinie.

Artikel 20

Inkrafttreten

Diese Richtlinie tritt am Tag ihrer Veröffentlichung im Amtsblatt der Europäischen Gemeinschaften in Kraft.

Artikel 21

Adressdaten

Diese Richtlinie ist an die Mitgliedstaaten gerichtet.
Geschehen zu Brüssel am 27. November 2000.

Im Namen des Rates

Der Präsident
É. GUIGOU

([1]) ABl. C 177 E vom 27. 6. 2000, S. 42.
([2]) Stellungnahme vom 12. Oktober 2000
(noch nicht im Amtsblatt veröffentlicht).
([3]) ABl. C 204 vom 18. 7. 2000, S. 82
([4]) ABl. C 226 vom 8. 8. 2000, S. 1.
([5]) ABl. L 39 vom 14. 2. 1976, S. 40.
([6]) ABl. L 180 vom 19. 7. 2000, S. 22.
([7]) ABl. L 225 vom 12. 8. 1986, S. 43.
([8]) ABl. C 186 vom 2. 7. 1999, S. 3

Anhang XIV. Offener Brief des Vorstandes der Arbeitsgemeinschaft Christlicher Kirchen (ACK) in Deutschland

Ökumenische Centrale · Postfach 900617 · 60446 Frankfurt am Main

Ludolfusstraße 2-4
60487 Frankfurt am Main
☎ 069 / 247027-0
Fax 069 / 247027-30
e-mail: ackoec@t-online.de

Offener Brief des Vorstandes der Arbeitsgemeinschaft Christlicher Kirchen in Deutschland im Blick auf den Schutz des Sonntags

Sehr geehrte Damen und Herren,

in den letzten Monaten ist durch eine verstärkte regionale und lokale Ausweitung von Sonntagsverkäufen eine erneute Diskussion über den Schutz des Sonntags entfacht worden.

Als Arbeitsgemeinschaft Christlicher Kirchen, zu der insgesamt 17 Mitgliedskirchen gehören, appellieren wir eindringlich an Sie, sich für den Schutz des Sonntags einzusetzen.

Wir teilen die Besorgnis über eine schleichende Aushöhlung des Sonntagsschutzes, die der Rat der Evangelischen Kirche in Deutschland (EKD) und die Deutsche Bischofskonferenz (DBK) in ihrer gemeinsamen Stellungnahme vom 16. September 1999 („Menschen brauchen den Sonntag") geäußert haben. Wir unterstützen diesen Aufruf wie auch andere kirchliche Initiativen und Aktionen, die für den Schutz des Sonntags eintreten.

Der Sonntag hat einen zentralen Stellenwert nicht nur für die christlichen Kirchen in unserem Land, sondern auch für das allgemeine kulturelle und gesellschaftliche Leben. Nach christlicher Tradition ist der Sonntag nicht nur der Tag des Gottesdienstes in Erinnerung an die Auferstehung Jesu Christi. Er ist in Anknüpfung an das jüdisch-biblische Gebot auch zugleich ein Tag der Arbeitsruhe, der Erholung (für Mensch und Tier) und der Besinnung.

Damit hat er neben seiner religiösen Dimension einen hohen Symbolwert für die Gestalt einer humanen, menschenfreundlichen Gesellschaft. Der Sonntag ist sinnfälliger Ausdruck für die Freiheit und Würde des Menschen. Als Gottes Geschöpf darf der Mensch nicht zum „Humankapital" degradiert und der freien Verfügbarkeit ökonomischer Ziele und Zwecke unterworfen werden. Auch seine Fixierung und Reduktion auf die Rolle des Verbrauchers, der auf grenzenlosen Konsum aus ist, widerspricht seiner Würde.

Der Sonntag steht für eine Befreiung von solchen Zwängen und Verengungen. Darum darf die Sonntagsruhe nicht zur marktabhängigen Manövriermasse werden

Für die zivile Kultur und die soziale Stabilität ist ein gemeinsamer arbeitsfreier Tag nötig und förderlich. Nur ein fester, möglichst breiter und planbarer Zeitrhythmus von Arbeit und Arbeitsruhe bietet Raum für eine sinnvolle gemeinsame Freizeitgestaltung. Der Sonntag ist insofern ein Teil menschlicher Lebensqualität. Für den sozialen Zusammenhalt und das soziale

Evangelische Kreditgenossenschaft eG Frankfurt am Main · BLZ 500 605 00 · Konto-Nr. 400 3020
Postbank Frankfurt am Main · BLZ 500 100 60 · Konto-Nr. 1199 10-600

Klima in unserer Gesellschaft hat er eine nicht zu unterschätzende Bedeutung. Er ermöglicht in einer Zeit zunehmender Vereinzelung u.a. die Gestaltung von Freundschaften und eine Pflege des Familienlebens. In Zeiten rastloser Hektik und nichtendender Werbeangebote bietet er Raum zum Innehalten.

Eine leichtfertige Preisgabe des Sonntags als allgemeiner Tag der Arbeitsruhe bzw. seine fortgesetzte Aushöhlung hätten langfristig verhängnisvolle gesellschaftliche Konsequenzen. Ausnahmen von der Sonntagsruhe sollten darum auf das Unumgängliche im Interesse des Allgemeinwohls beschränkt bleiben. Sie sollten erkennbar Ausnahmen bleiben und nicht zunehmend der Beliebigkeit unterworfen und so allmählich und schrittweise zur Regel werden. Umfragen zeigen, daß die Mehrheit der Bevölkerung keine Ausweitung der Sonntagsarbeit wünscht. Im Falle einer weiteren Aushöhlung des Sonntagsschutzes droht eine Teilung der Gesellschaft in Sonntagsgewinner und Sonntagsverlierer. Insbesondere die weiblichen Arbeitnehmerinnen hätten die Hauptlast zu tragen.

Untersuchungen dokumentieren außerdem, daß eine Ausweitung von Arbeitszeiten nicht zwangsläufig zur Schaffung neuer Arbeitsplätze geführt hat.

In jüngeren Äußerungen haben Vertreter und Vertreterinnen verschiedener Parteien erklärt, daß sie etwaigen Bestrebungen zur Beinträchtigung oder gar Abschaffung des Sonntagsschutzes entgegentreten werden. Wir unterstützen ausdrücklich ein solches Engagement und möchten auch Sie darin bestärken.

Wir rufen Sie dazu auf, im Rahmen Ihrer politischen und gesetzgeberischen Verantwortung nachdrücklich für einen bundeseinheitlichen Schutz des Sonntags einzutreten. Dabei erinnern wir an die im Grundgesetz garantierte Sonderstellung des Sonntags. Im GG heißt es wörtlich: „Der Sonntag und die staatlich anerkannten Feiertage bleiben als Tage der Arbeitsruhe und der seelischen Erhebung gesetzlich geschützt." (ins GG übernommener Art. 139 der Weimarer Verfassung).

Unsere Gesellschaft kann sich eine sukzessive Einschränkung und Unterminierung des Sonntagschutzes in ihrem eigenen kulturellen und sozialen Interesse nicht leisten. Menschen brauchen nicht nur Werktage, sondern auch den Sonntag!

Frankfurt, den 15. November 1999

Vorstand der Arbeitsgemeinschaft Christlicher Kirchen in Deutschland

Bischof Dr. Joachim Wanke (Römisch-katholische Kirche)
Vorsitzender der Arbeitsgemeinschaft Christlicher Kirchen in Deutschland

Metropolit Augustinos (Griechisch-Orthodoxe Metropolie)
Stellv. Vorsitzender
Landessuperintendent Walter Herrenbrück (Evangelische Kirche in Deutschland)
Stellv. Vorsitzender
Bischof Dr. Walter Klaiber (Evangelisch-methodistische Kirche)
Stellv. Vorsitzender
Vereinigungsleitererin Irmgard Stanullo (Bund Evangelisch-Freikirchlicher Gemeinden)
Stellv. Vorsitzende

Zur Arbeitsgemeinschaft Christlicher Kirchen in Deutschland gehören:

Äthiopisch-Orthodoxe Kirche in Deutschland
Arbeitsgemeinschaft Anglikanisch-Episkopaler Gemeinden in Deutschland
Arbeitsgemeinschaft Mennonitischer Gemeinden in Deutschland
Armenisch-Apostolische Orthodoxe Kirche in Deutschland
Bund Evangelisch-Freikirchlicher Gemeinden in Deutschland
Die Heilsarmee in Deutschland
Evangelisch-altreformierte Kirche in Niedersachsen
Evangelische Brüder-Unität - Herrnhuter Brüdergemeine
Evangelische Kirche in Deutschland
Evangelisch-methodistische Kirche
Griechisch-Orthodoxe Metropolie von Deutschland
Katholisches Bistum der Alt-Katholiken in Deutschland
Koptisch-Orthodoxe Kirche in Deutschland
Römisch-katholische Kirche
Russische Orthodoxe Kirche von Berlin und Deutschland
Selbständige Evangelisch-Lutherische Kirche
Syrisch-Orthodoxe Kirche von Antiochien in Deutschland

****

Apostelamt Jesu Christi
Bund freier Evangelischer Gemeinden in Deutschland
Gemeinschaft der Siebenten-Tags-Adventisten in Deutschland
Mülheimer Verband Freikirchlich-Evangelischer Gemeinden

****

Arbeitsgemeinschaft Ökumenischer Kreise in der Bundesrepublik Deutschland
Evangelisches Missionswerk
Religiöse Gesellschaft der Freunde (Quäker)

Anhang XV. Richtlinie 93/104/EG des Rates vom 23. November 1993 über bestimmte Aspekte der Arbeitszeitgestaltung

Der Rat der Europäischen Union –
gestützt auf den Vertrag zur Gründung der Europäischen Gemeinschaft, insbesondere auf Artikel 118a,
auf Vorschlag der Kommission ([1]),
in Zusammenarbeit mit dem Europäischen Parlament ([2]),
nach Stellungnahme des Wirtschafts- und Sozialausschusses ([3]),
in Erwägung nachstehender Gründe:
Nach Artikel 118a des Vertrages legt der Rat durch Richtlinien Mindestvorschriften fest, die die Verbesserung insbesondere der Arbeitsumwelt fördern, um die Sicherheit und die Gesundheit der Arbeitnehmer verstärkt zu schützen. Nach demselben Artikel sollen diese Richtlinien keine verwaltungsmäßigen, finanziellen oder rechtlichen Auflagen vorschreiben, die der Gründung und Entwicklung von Klein- und Mittelbetrieben entgegenstehen.
Die Bestimmungen der Richtlinie 89/391/EWG des Rates vom 12. Juni 1989 über die Durchführung von Maßnahmen zur Verbesserung der Sicherheit und des Gesundheitsschutzes der Arbeitnehmer bei der Arbeit ([4]) sind auf die durch die vorliegende Richtlinie geregelte Materie – unbeschadet der darin enthaltenen strengeren und/oder spezifischen Vorschriften – in vollem Umfang anwendbar.
In der Gemeinschaftscharta der sozialen Grundrechte der Arbeitnehmer, die von den Staats- und Regierungschefs von elf Mitgliedstaaten auf der Tagung des Europäischen Rates von Straßburg am 9. Dezember 1989 verabschiedet wurde, heißt es unter Punkt 7 Absatz 1 und Punkt 8 sowie Punkt 19 Absatz 1 wie folgt:
„7. Die Verwirklichung des Binnenmarktes muss zu einer Verbesserung der Lebens- und Arbeitsbedingungen der Arbeitnehmer in der Europäischen Gemeinschaft führen. Dieser Prozess erfolgt durch eine Angleichung dieser Bedingungen auf dem Wege des Fortschritts und betrifft namentlich die Arbeitszeit und die Arbeitszeitgestaltung sowie andere Arbeitsformen als das unbefristete Arbeitsverhältnis, wie das befristete Arbeitsverhältnis, Teilzeitarbeit, Leiharbeit und Saisonarbeit.
8. Jeder Arbeitnehmer der Europäischen Gemeinschaft hat Anspruch auf die wöchentliche Ruhezeit und auf einen bezahlten Jahresurlaub, deren Dauer gemäß den einzelstaatlichen Gepflogenheiten auf dem Wege des Fortschritts in den einzelnen Staaten einander anzunähern ist.
19. Jeder Arbeitnehmer muss in seiner Arbeitsumwelt zufriedenstellende Bedingungen für Gesundheitsschutz und Sicherheit vorfinden. Es sind geeignete Maßnahmen zu ergreifen, um die Harmonisierung der auf diesem Gebiet bestehenden Bedingungen auf dem Wege des Fortschritts weiterzuführen."
Die Verbesserung von Sicherheit, Arbeitshygiene und Gesundheitsschutz der Arbeitnehmer bei der Arbeit stellen Zielsetzungen dar, die keinen rein wirtschaftlichen Überlegungen untergeordnet werden dürfen. Die vorliegende Richt-

linie stellt einen konkreten Beitrag zur Ausgestaltung der sozialen Dimension des Binnenmarktes dar.
Mit dem Erlass von Mindestvorschriften für die Arbeitszeitgestaltung können die Arbeitsbedingungen der Arbeitnehmer in der Gemeinschaft verbessert werden.
Um die Sicherheit und Gesundheit der Arbeitnehmer in der Gemeinschaft zu gewährleisten, müssen ihnen Mindestruhezeiten – je Tag, Woche und Jahr – sowie angemessene Ruhepausen zugestanden werden; in diesem Zusammenhang muss auch eine wöchentliche Höchstarbeitszeit festgelegt werden.
Hinsichtlich der Arbeitszeitgestaltung ist den Grundsätzen der Internationalen Arbeitsorganisation Rechnung zu tragen; dies betrifft auch die für Nachtarbeit geltenden Grundsätze.
Bei der wöchentlichen Ruhezeit muss der Unterschiedlichkeit der kulturellen, ethnischen, religiösen und anderen Faktoren in den Mitgliedstaaten hinreichend Rechnung getragen werden. Insbesondere fällt es in den Zuständigkeitsbereich eines jeden Mitgliedstaats, letztlich darüber zu befinden, ob und in welchem Maße der Sonntag in die wöchentliche Ruhezeit einzubeziehen ist.
Untersuchungen zeigen, dass der menschliche Organismus während der Nacht besonders empfindlich auf Umweltstörungen und auf bestimmte belastende Formen der Arbeitsorganisation reagiert und dass lange Nachtarbeitszeiträume für die Gesundheit der Arbeitnehmer nachteilig sind und ihre Sicherheit bei der Arbeit beeinträchtigen können.
Infolgedessen ist die Dauer der Nachtarbeit, auch in bezug auf die Mehrarbeit, einzuschränken und vorzusehen, dass der Arbeitgeber im Falle regelmäßiger Inanspruchnahme von Nachtarbeiten die zuständigen Behörden auf Ersuchen davon in Kenntnis setzt. Nachtarbeiter haben vor Aufnahme der Arbeit – und danach regelmäßig – Anspruch auf eine unentgeltliche Untersuchung ihres Gesundheitszustandes und müssen, wenn sie gesundheitliche Schwierigkeiten haben, soweit jeweils möglich auf eine für sie geeignete Arbeitsstelle mit Tagarbeit versetzt werden.
In Anbetracht der besonderen Lage von Nacht- und Schichtarbeitern müssen deren Sicherheit und Gesundheit in einem Maße geschützt werden, das der Art ihrer Arbeit entspricht, und die Schutz- und Vorsorgeleistungen oder -mittel müssen effizient organisiert und eingesetzt werden.
Die Arbeitsbedingungen können die Sicherheit und Gesundheit der Arbeitnehmer beeinträchtigen. Die Gestaltung der Arbeit nach einem bestimmten Rhythmus muss dem allgemeinen Grundsatz Rechnung tragen, dass die Arbeitsgestaltung dem Menschen angepasst sein muss.
In bestimmten Sektoren, die nicht in den Anwendungsbereich dieser Richtlinie fallen, kann es aufgrund der besonderen Art der Arbeit erforderlich sein, getrennte Maßnahmen hinsichtlich der Arbeitszeitgestaltung zu treffen.
In Anbetracht der Fragen, die sich aufgrund der Arbeitszeitgestaltung im Unternehmen stellen können, ist eine gewisse Flexibilität bei der Anwendung einzelner Bestimmungen dieser Richtlinie vorzusehen, wobei jedoch die Grundsätze

des Schutzes der Sicherheit und der Gesundheit der Arbeitnehmer zu beachten sind.
Je nach Lage des Falles sollten die Mitgliedstaaten oder die Sozialpartner die Möglichkeit haben, von einzelnen Bestimmungen dieser Richtlinie abzuweichen. Im Falle einer Abweichung müssen jedoch den betroffenen Arbeitnehmern in der Regel gleichwertige Ausgleichsruhezeiten gewährt werden –

hat folgende Richtlinie erlassen:

Abschnitt I. Anwendungsbereich und Begriffsbestimmungen

Artikel 1

Gegenstand und Anwendungsbereich

(1) Diese Richtlinie enthält Mindestvorschriften für Sicherheit und Gesundheitsschutz bei der Arbeitszeitgestaltung.
(2) Gegenstand dieser Richtlinie sind
a) die täglichen und wöchentlichen Mindestruhezeiten, der Mindestjahresurlaub, die Ruhepausen, und die wöchentliche Höchstarbeitszeit
sowie
b) bestimmte Aspekte der Nacht- und der Schichtarbeit sowie des Arbeitsrhythmus.
(3) Diese Richtlinie findet unbeschadet des Artikels 17 Anwendung auf alle privaten oder öffentlichen Tätigkeitsbereiche im Sinne des Artikels 2 der Richtlinie 89/391/EWG, mit Ausnahme des Straßen-, Luft-, See- und Schienenverkehrs, der Binnenschifffahrt, der Seefischerei, anderer Tätigkeiten auf See sowie der Tätigkeiten der Ärzte in der Ausbildung.
(4) Die Bestimmungen der Richtlinie 89/391/EWG finden unbeschadet strengerer und/oder spezifischer Vorschriften in der vorliegenden Richtlinie auf die in Absatz 2 genannten Bereiche voll Anwendung.

Artikel 2

Begriffsbestimmungen

Im Sinne dieser Richtlinie sind:
1. Arbeitszeit: jede Zeitspanne, während der ein Arbeitnehmer gemäß den einzelstaatlichen Rechtsvorschriften und/oder Gepflogenheiten arbeitet, dem Arbeitgeber zur Verfügung steht und seine Tätigkeit ausübt oder Aufgaben wahrnimmt;
2. Ruhezeit: jede Zeitspanne außerhalb der Arbeitszeit;
3. Nachtzeit: jede, in den einzelstaatlichen Rechtsvorschriften festgelegte Zeitspanne von mindestens sieben Stunden, welche auf jeden Fall die Zeitspanne zwischen 24 Uhr und 5 Uhr umfasst;
4. Nachtarbeiter:

a) einerseits: jeder Arbeitnehmer, der während der Nachtzeit normalerweise mindestens drei Stunden seiner täglichen Arbeitszeit verrichtet;
b) andererseits: jeder Arbeitnehmer, der während der Nachtzeit gegebenenfalls einen bestimmten Teil seiner jährlichen Arbeitszeit verrichtet, der nach Wahl des jeweiligen Mitgliedstaats festgelegt wird:
i) nach Anhörung der Sozialpartner in den einzelstaatlichen Rechtsvorschriften oder
ii) in Tarifverträgen oder Vereinbarungen zwischen den Sozialpartnern auf nationaler oder regionaler Ebene;
5. Schichtarbeit: jede Form der Arbeitsgestaltung kontinuierlicher oder nicht kontinuierlicher Art mit Belegschaften, bei der Arbeitnehmer nach einem bestimmten Zeitplan, auch im Rotationsturnus, sukzessive an den gleichen Arbeitsstellen eingesetzt werden, so dass sie ihre Arbeit innerhalb eines Tages oder Wochen umfassenden Zeitraums zu unterschiedlichen Zeiten verrichten müssen;
6. Schichtarbeiter: jeder in einem Schichtarbeitsplan eingesetzte Arbeitnehmer.

Abschnitt II. Mindestruhezeiten – sonstige Aspekte der Arbeitszeitgestaltung

Artikel 3

Tägliche Ruhezeit

Die Mitgliedstaaten treffen die erforderlichen Maßnahmen, damit jedem Arbeitnehmer pro 24-Stunden-Zeitraum eine Mindestruhezeit von elf zusammenhängenden Stunden gewährt wird.

Artikel 4

Ruhepause

Die Mitgliedstaaten treffen die erforderlichen Maßnahmen, damit jedem Arbeitnehmer bei einer täglichen Arbeitszeit von mehr als sechs Stunden eine Ruhepause gewährt wird; die Einzelheiten, insbesondere Dauer und Voraussetzung für die Gewährung dieser Ruhepause, werden in Tarifverträgen oder Vereinbarungen zwischen den Sozialpartnern oder in Ermangelung solcher Übereinkünfte in den innerstaatlichen Rechtsvorschriften festgelegt.

Artikel 5

Wöchentliche Ruhezeit

Die Mitgliedstaaten treffen die erforderlichen Maßnahmen, damit jedem Arbeitnehmer pro Siebentageszeitraum eine kontinuierliche Mindestruhezeit von 24 Stunden zuzüglich der täglichen Ruhezeit von elf Stunden gemäß Artikel 3 gewährt wird.
Die Mindestruhezeit gemäß Absatz 1 schließt grundsätzlich den Sonntag ein.

Wenn objektive, technische der arbeitsorganisatorische Umstände dies rechtfertigen, kann eine Mindestruhezeit von 24 Stunden gewählt werden.

Artikel 6

Wöchentliche Höchstarbeitszeit

Die Mitgliedstaaten treffen die erforderlichen Maßnahmen, damit nach Maßgabe der Erfordernisse der Sicherheit und des Gesundheitsschutzes der Arbeitnehmer:
1. die wöchentliche Arbeitszeit durch innerstaatliche Rechts- und Verwaltungsvorschriften oder in Tarifverträgen oder Vereinbarungen zwischen den Sozialpartnern festgelegt wird;
2. die durchschnittliche Arbeitszeit pro Siebentageszeitraum 48 Stunden einschließlich der Überstunden nicht überschreitet.

Artikel 7

Jahresurlaub

(1) Die Mitgliedstaaten treffen die erforderlichen Maßnahmen, damit jeder Arbeitnehmer einen bezahlten Mindestjahresurlaub von vier Wochen nach Maßgabe der Bedingungen für die Inanspruchnahme und die Gewährung erhält, die in den einzelstaatlichen Rechtsvorschriften und/oder nach den einzelstaatlichen Gepflogenheiten vorgesehen sind.
(2) Der bezahlte Mindestjahresurlaub darf außer bei Beendigung des Arbeitsverhältnisses nicht durch eine finanzielle Vergütung ersetzt werden.

Abschnitt III. Nachtarbeit – Schichtarbeit – Arbeitsrhythmus

Artikel 8

Dauer der Nachtarbeit

Die Mitgliedstaaten treffen die erforderlichen Maßnahmen, damit:
1. die normale Arbeitszeit für Nachtarbeiter im Durchschnitt acht Stunden pro 24-Stunden-Zeitraum nicht überschreitet.
2. Nachtarbeiter, deren Arbeit mit besonderen Gefahren oder einer erheblichen körperlichen oder geistigen Anspannung verbunden ist, in einem 24-Stunden-Zeitraum, während dem sie Nachtarbeit verrichten, nicht mehr als acht Stunden arbeiten.
Zum Zwecke dieser Nummer wird im Rahmen von einzelstaatlichen Rechtsvorschriften und/oder Gepflogenheiten oder von Tarifverträgen oder Vereinbarungen zwischen den Sozialpartnern festgelegt, welche Arbeit unter Berücksichtigung der Auswirkungen der Nachtarbeit und der ihr eigenen Risiken mit besonderen Gefahren oder einer erheblichen körperlichen und geistigen Anspannung verbunden ist.

Artikel 9

Untersuchung des Gesundheitszustands von Nachtarbeitern und Versetzung auf Arbeitsstellen mit Tagarbeit

(1) Die Mitgliedstaaten treffen die erforderlichen Maßnahmen, damit:
a) der Gesundheitszustand der Nachtarbeiter vor Aufnahme der Arbeit und danach regelmäßig unentgeltlich untersucht wird;
b) Nachtarbeiter mit gesundheitlichen Schwierigkeiten, die nachweislich damit verbunden sind, dass sie Nachtarbeit leisten, soweit jeweils möglich auf eine Arbeitsstelle mit Tagarbeit versetzt werden, für die sie geeignet sind.
(2) Die unentgeltliche Untersuchung des Gesundheitszustandes gemäß Absatz 1 Buchstabe a) unterliegt der ärztlichen Schweigepflicht.
(3) Die unentgeltliche Untersuchung des Gesundheitszustandes gemäß Absatz 1 Buchstabe a) kann im Rahmen des öffentlichen Gesundheitswesens durchgeführt werden.

Artikel 10

Garantien für Arbeit während der Nachtzeit

Die Mitgliedstaaten können die Arbeit bestimmter Gruppen von Nachtarbeitern, die im Zusammenhang mit der Arbeit während der Nachtzeit einem Sicherheits- oder Gesundheitsrisiko ausgesetzt sind, nach Maßgabe der einzelstaatlichen Rechtsvorschriften und/oder Gepflogenheiten von bestimmten Garantien abhängig machen.

Artikel 11

Unterrichtung bei regelmäßiger Inanspruchnahme von Nachtarbeitern

Die Mitgliedstaaten treffen die erforderlichen Maßnahmen, damit der Arbeitgeber bei regelmäßiger Inanspruchnahme von Nachtarbeitern die zuständigen Behörden auf Ersuchen davon in Kenntnis setzt.

Artikel 12

Sicherheits- und Gesundheitsschutz

Die Mitgliedstaaten treffen die erforderlichen Maßnahmen, damit:
1. Nacht- und Schichtarbeitern hinsichtlich Sicherheit und Gesundheit in einem Maße Schutz zuteil wird, das der Art ihrer Arbeit Rechnung trägt;
2. die zur Sicherheit und zum Schutz der Gesundheit von Nacht- und Schichtarbeitern gebotenen Schutz- und Vorsorgeleistungen oder -mittel denen für die übrigen Arbeitnehmer entsprechen und jederzeit vorhanden sind.

Artikel 13

Arbeitsrhythmus

Die Mitgliedstaaten treffen die erforderlichen Maßnahmen, damit ein Arbeitgeber, der beabsichtigt, die Arbeit nach einem bestimmten Rhythmus zu gestalten, dem allgemeinen Grundsatz Rechnung trägt, dass die Arbeitsgestaltung dem Menschen angepasst sein muss, insbesondere im Hinblick auf die Verringerung der eintönigen Arbeit und des maschinenbestimmten Arbeitsrhythmus, nach Maßgabe der Art der Tätigkeit und der Erfordernisse der Sicherheit und des Gesundheitsschutzes, insbesondere was die Pausen während der Arbeitszeit betrifft.

Abschnitt IV. Sonstige Bestimmungen

Artikel 14

Spezifischere Gemeinschaftsvorschriften

Die Bestimmungen dieser Richtlinie gelten nicht, soweit andere Gemeinschaftsinstrumente spezifischere Vorschriften für bestimmte Beschäftigungen oder berufliche Tätigkeiten enthalten.

Artikel 15

Günstigere Vorschriften

Das Recht der Mitgliedstaaten, für die Sicherheit und den Gesundheitsschutz der Arbeitnehmer günstigere Rechts- und Verwaltungsvorschriften anzuwenden oder zu erlassen oder die Anwendung von für die Sicherheit und den Gesundheitsschutz der Arbeitnehmer günstigeren Tarifverträgen oder Vereinbarungen zwischen den Sozialpartnern zu fördern oder zu gestatten, bleibt unberührt.

Artikel 16

Bezugszeiträume

Die Mitgliedstaaten können für die Anwendung der folgenden Artikel einen Bezugszeitraum vorsehen, und zwar

1. für Artikel 5 (wöchentliche Ruhezeit) einen Bezugszeitraum bis zu 14 Tagen;
2. für Artikel 6 (wöchentliche Höchstarbeitszeit) einen Bezugszeitraum bis zu vier Monaten. Die nach Artikel 7 gewährten Zeiten des bezahlten Jahresurlaubs sowie die Krankheitszeiten bleiben bei der Berechnung des Durchschnitts unberücksichtigt oder sind neutral;
3. für Artikel 8 (Dauer der Nachtarbeit) einen Bezugszeitraum, der nach Anhörung der Sozialpartner oder in Tarifverträgen oder Vereinbarungen zwischen den Sozialpartnern auf nationaler oder regionaler Ebene festgelegt wird. Fällt die aufgrund von Artikel 5 verlangte wöchentliche Mindestruhezeit von 24 Stun-

den in den Bezugszeitraum, so bleibt sie bei der Berechnung des Durchschnitts unberücksichtigt.

Artikel 17

Abweichungen

(1) Unter Beachtung der allgemeinen Grundsätze des Schutzes der Sicherheit und der Gesundheit der Arbeitnehmer können die Mitgliedstaaten von den Artikeln 3, 4, 5, 6, 8 und 16 abweichen, wenn die Arbeitszeit wegen der besonderen Merkmale der ausgeübten Tätigkeit nicht gemessen und/oder nicht im Voraus festgelegt wird oder von den Arbeitnehmern selbst festgelegt werden kann, und zwar insbesondere in bezug auf nachstehende Arbeitnehmer:
a) leitende Angestellte oder sonstige Personen mit selbständiger Entscheidungsbefugnis;
b) Arbeitskräfte, die Familienangehörige sind;
c) Arbeitnehmer, die im liturgischen Bereich von Kirchen oder Religionsgemeinschaften beschäftigt sind.
(2) Sofern die betroffenen Arbeitnehmer gleichwertige Ausgleichsruhezeiten oder in Ausnahmefällen, in denen die Gewährung solcher gleichwertigen Ausgleichsruhezeiten aus objektiven Gründen nicht möglich ist, einen angemessenen Schutz erhalten, kann im Wege von Rechts- und Verwaltungsvorschriften oder im Wege von Tarifverträgen oder Vereinbarungen zwischen den Sozialpartnern abgewichen werden:
2.1. von den Artikel 3, 4, 5, 8 und 16:
a) bei Tätigkeiten, die durch eine Entfernung zwischen dem Arbeitsplatz und dem Wohnsitz des Arbeitnehmers oder durch eine Entfernung zwischen verschiedenen Arbeitsplätzen des Arbeitnehmers gekennzeichnet sind;
b) für den Wach- und Schließdienst sowie die Dienstbereitschaft, die durch die Notwendigkeit gekennzeichnet sind, den Schutz von Sachen und Personen zu gewährleisten, und zwar insbesondere in bezug auf Wachpersonal oder Hausmeister oder Wach- und Schließunternehmen;
c) bei Tätigkeiten, die dadurch gekennzeichnet sind, dass die Kontinuität des Dienstes oder der Produktion gewährleistet sein muss, und zwar insbes. bei
i) Aufnahme-, Behandlungs- und/oder Pflegediensten von Krankenhäusern oder ähnlichen Einrichtungen, Heimen sowie Gefängnissen,
ii) Hafen- und Flughafenpersonal,
iii) Presse-, Rundfunk-, Fernsehdiensten oder kinematographischer Produktion, Post oder Telekommunikation, Ambulanz-, Feuerwehr- oder Katastrophenschutzdiensten,
iv) Gas-, Wasser- oder Stromversorgungsbetrieben, Hausmüllabfuhr oder Verbrennungsanlagen,
v) Industriezweigen, in denen der Arbeitsprozess aus technischen Gründen nicht unterbrochen werden kann,
vi) Forschungs- und Entwicklungstätigkeiten,

vii) landwirtschaftlichen Tätigkeiten;
d) im Falle eins vorhersehbaren übermäßigen Arbeitsanfalls, insbesondere
i) in der Landwirtschaft,
ii) im Fremdenverkehr,
iii) im Postdienst;
2.2. von den Artikeln 3, 4, 5, 8 und 16:
a) unter den in Artikel 5 Absatz 4 der Richtlinie 89/391/EWG aufgeführten Bedingungen;
b) im Falle eines Unfalls oder der Gefahr eines unmittelbar bevorstehenden Unfalls;
2.3. von den Artikeln 3 und 5:
a) wenn bei Schichtarbeit der Arbeitnehmer die Gruppe wechselt und zwischen dem Ende der Arbeit in einer Schichtgruppe und dem Beginn der Arbeit in der nächsten nicht in den Genuss der täglichen und/oder wöchentlichen Ruhezeit kommen kann;
b) bei Tätigkeiten, bei denen die Arbeitszeiten über den Tag verteilt sind, insbesondere im Falle von Reinigungspersonal.
(3) Von den Artikeln 3, 4, 5, 8 und 16 kann abgewichen werden im Wege von Tarifverträgen oder Vereinbarungen zwischen den Sozialpartnern auf nationaler oder regionaler Ebene oder, bei zwischen den Sozialpartnern getroffenen Abmachungen, im Wege von Tarifverträgen oder Vereinbarungen zwischen Sozialpartnern auf niedrigerer Ebene. Mitgliedstaaten, in denen es keine rechtliche Regelung gibt, wonach über die in dieser Richtlinie geregelten Fragen zwischen den Sozialpartnern auf nationaler oder regionaler Ebene Tarifverträge oder Vereinbarungen geschlossen werden können, oder Mitgliedstaaten, in denen es einen entsprechenden rechtlichen Rahmen gibt und innerhalb dessen Grenzen können im Einklang mit den einzelstaatlichen Rechtsvorschriften und/oder Gepflogenheiten Abweichungen von den Artikeln 3, 4, 5, 8 und 16 durch Tarifverträge oder Vereinbarungen zwischen den Sozialpartnern auf geeigneter kollektiver Ebene zulassen.
Die Abweichungen gemäß den Unterabsätzen 1 und 2 sind nur unter der Voraussetzung zulässig, dass die betroffenen Arbeitnehmer gleichwertige Ausgleichsruhezeiten oder in Ausnahmefällen, in denen die Gewährung solcher Ausgleichsruhezeiten aus objektiven Gründen nicht möglich ist, einen angemessenen Schutz erhalten.
Die Mitgliedstaaten können Vorschriften vorsehen
- für die Anwendung dieses Absatzes durch die Sozialpartner und
- für die Erstreckung der Bestimmungen von gemäß diesem Absatz geschlossenen Tarifverträgen oder Vereinbarungen auf andere Arbeitnehmer gemäß den einzelstaatlichen Rechtsvorschriften und/oder Gepflogenheiten.
(4) Die in Absatz 2 Nummern 2.1 und 2.2 und in Absatz 3 vorgesehene Möglichkeit der Abweichung von Artikel 16 Nummer 2 darf nicht die Festlegung eines Bezugszeitraums zur Folge haben, der länger ist als sechs Monate.

Den Mitgliedstaaten ist es jedoch mit der Maßgabe, dass sie dabei die allgemeinen Grundsätze der Sicherheit und des Gesundheitsschutzes der Arbeitnehmer wahren, freigestellt zuzulassen, dass in den Tarifverträgen oder Vereinbarungen zwischen Sozialpartnern aus objektiven, technischen oder arbeitsorganisatorischen Gründen längere Bezugszeiträume festgelegt werden, die auf keinen Fall zwölf Monate überschreiten dürfen.
Vor Ablauf einer Frist von sieben Jahren ab dem in Artikel 18 Absatz 1 Buchstabe a) genannten Zeitpunkt, überprüft der Rat anhand eines Vorschlags der Kommission, dem ein Evaluierungsbericht beigefügt ist, die Bestimmungen dieses Absatzes und befindet über das weitere Vorgehen.

Artikel 18

Schlussbestimmungen

(1)
a) Die Mitgliedstaaten setzen die erforderlichen Rechts- und Verwaltungsvorschriften in Kraft, um dieser Richtlinie spätestens am 23. November 1996 nachzukommen, oder sie vergewissern sich spätestens zu diesem Zeitpunkt, dass die Sozialpartner mittels Vereinbarungen die erforderlichen Bestimmungen einführen; dabei sind die Mitgliedstaaten gehalten, die erforderlichen Vorkehrungen zu treffen, damit sie jederzeit gewährleisten können, dass die von der Richtlinie vorgeschriebenen Ergebnisse erzielt werden.
b)
i) Es ist einem Mitgliedstaat jedoch freigestellt, Artikel 6 nicht anzuwenden, wenn er die allgemeinen Grundsätze der Sicherheit und des Gesundheitsschutzes der Arbeitnehmer einhält und mit den erforderlichen Maßnahmen dafür sorgt, dass
- kein Arbeitgeber von einem Arbeitnehmer verlangt, im Durchschnitt des in Artikel 16 Nummer 2 genannten Bezugszeitraums mehr als 48 Stunden innerhalb eines Siebentagezeitraums zu arbeiten, es sei denn der Arbeitnehmer hat sich hierzu bereit erklärt;
- keinem Arbeitnehmer Nachteile daraus entstehen, dass er nicht bereit ist, eine solche Arbeit zu leisten;
- der Arbeitgeber aktuelle Listen über alle Arbeitnehmer führt, die eine solche Arbeit leisten;
- die Listen den zuständigen Behörden zur Verfügung gestellt werden, die aus Gründen der Sicherheit und/oder des Schutzes der Gesundheit der Arbeitnehmer die Möglichkeit zur Überschreitung der wöchentlichen Höchstarbeitszeit unterbinden oder einschränken können;
- der Arbeitgeber die zuständigen Behörden auf Ersuchen darüber unterrichtet, welche Arbeitnehmer sich dazu bereit erklärt haben, im Durchschnitt des in Artikel 16 Nummer 2 genannten Bezugszeitraums mehr als 48 Stunden innerhalb eines Siebentagezeitraums zu arbeiten.

Vor Ablauf einer Frist von sieben Jahren ab dem in Buchstabe a) genannten Zeitpunkt überprüft der Rat anhand eines Vorschlags der Kommission, dem ein Evaluierungsbericht beigefügt ist, die Bestimmungen unter dieser Ziffer und befindet über das weitere Vorgehen.
ii) Auch für die Anwendung des Artikels 7 ist es den Mitgliedstaaten freigestellt, eine Übergangszeit von höchstens drei Jahren ab dem in Buchstabe a) genannten Zeitpunkt in Anspruch zu nehmen, unter der Bedingung, dass während dieser Übergangszeit
- jeder Arbeitnehmer einen bezahlten Mindestjahresurlaub von drei Wochen nach Maßgabe der in den einzelstaatlichen Rechtsvorschriften und/oder nach den einzelstaatlichen Gepflogenheiten vorgesehenen Bedingungen für dessen Inanspruchnahme und Gewährung erhält und
- der bezahlte Jahresurlaub von drei Wochen außer im Falle der Beendigung des Arbeitsverhältnisses nicht durch eine finanzielle Vergütung ersetzt wird.
c) Die Mitgliedstaaten setzen die Kommission unverzüglich davon in Kenntnis.
(2) Wenn die Mitgliedstaaten Vorschriften nach Absatz 1 erlassen, nehmen sie in den Vorschriften selbst oder durch einen Hinweis bei der amtlichen Veröffentlichung auf diese Richtlinie Bezug. Die Mitgliedstaaten regeln die Einzelheiten der Bezugnahme.
(3) Unbeschadet des Rechtes der Mitgliedstaaten, je nach der Entwicklung der Lage im Bereich der Arbeitszeit unterschiedliche Rechts- und Verwaltungsvorschriften sowie Vertragsvorschriften zu entwickeln, sofern die Mindestvorschriften dieser Richtlinie eingehalten werden, stellt die Durchführung dieser Richtlinie keine wirksame Rechtfertigung für eine Zurücknahme des allgemeinen Arbeitnehmerschutzes dar.
(4) Die Mitgliedstaaten teilen der Kommission den Wortlaut der innerstaatlichen Rechtsvorschriften mit, die sie auf dem unter diese Richtlinie fallenden Gebiet erlassen oder bereits erlassen haben.
(5) Die Mitgliedstaaten erstatten der Kommission alle fünf Jahre Bericht über die Anwendung der Bestimmungen dieser Richtlinie in der Praxis und geben dabei die Standpunkte der Sozialpartner an.
Die Kommission unterrichtet darüber das Europäische Parlament, den Rat, den Wirtschafts- und Sozialausschuss sowie den Beratenden Ausschuss für Sicherheit, Arbeitshygiene und Gesundheitsschutz am Arbeitsplatz.
(6) Die Kommission legt dem Europäischen Parlament, dem Rat und dem Wirtschafts- und Sozialausschuss alle fünf Jahre einen Bericht über die Anwendung dieser Richtlinie unter Berücksichtigung der Absätze 1, 2, 3, 4 und 5 vor.

Artikel 19
Diese Richtlinie ist an die Mitgliedstaaten gerichtet.
Geschehen zu Brüssel am 23. November 1993.
Im Namen des Rates
Der Präsident
M. SMET

([1]) ABl. Nr. C 254 vom 9. 10. 1990, S. 4.
([2]) ABl. Nr. C 72 vom 18. 3. 1991, S. 95, und Beschluss vom 27. Oktober 1993 (noch nicht im Amtsblatt veröffentlicht).
([3]) ABl. Nr. C 60 vom 8. 3. 1991, S. 26.
([4]) ABl. Nr. L 183 vom 29. 6. 1989, S. 1.

Literatur

Abdullah, Muhammed Salim: Geschichte des Islams in Deutschland. Islam und westliche Welt. Graz, Wien, Köln 1981.

Albrecht, Gerd: Sonntagsarbeit. Auswirkungen und rechtliche Probleme. In: AuR 1989, S. 97 ff.

Albrecht, Alfred: Religionspolitische Aufgaben angesichts der Präsenz des Islam in der Bundesrepublik Deutschland. In: Heiner Marré (Hrsg.): Essener Gespräche zum Thema Staat und Kirche, Bd. 20. Münster 1986, S. 205 ff.

Alexy, Robert: Theorie der Grundrechte. Baden-Baden 1985.

Anschütz, Gerhard: Die Verfassung des Deutschen Reiches, 14. Auflage und 4. Bearb. Berlin 1933.

Anzinger, Rudolf: Die aktuelle Entwicklung im Arbeitszeitrecht. In: RdA 1994, S. 11 ff.

Anzinger, Rudolf: Ergänzung des Arbeitszeitgesetzes durch das Euro-Einführungsgesetz. In: NZA 1998, S. 845 ff.

Arndt, Adolf: Die Verfassungsbeschwerde wegen Verletzung des rechtlichen Gehörs. In: NJW 1959, S. 1297 ff.

Assmann, Wolfgang: Schulwissen über die abrahamischen Religionen. In: Herbert-Quandt-Stiftung (Hrsg.): Europäische Identität und kultureller Pluralismus: Judentum, Christentum und Islam in europäischen Wehrplänen. Bad Homburg von der Höhe 2003, S. 6 ff.

Assmann, Wolfgang: Vermittlung von interkultureller Kompetenz – Basis für eine europäische Identität und den Trialog der Kulturen. In: Herbert-Quandt-Stiftung (Hrsg.): Interkulturelles Schulwissen und europäische Identität. Bad Homburg von der Höhe 2004, S. 9 ff.

Bahá'i-Verlag (Hrsg.): Bahá'i-Einblicke. Hofheim 2002.

Bäumlin, Richard: Das Grundrecht der Gewissensfreiheit. In: VVDStRL Bd. 28, 1970, S. 3 ff.

Basdevant-Gaudemet, Brigitte: Staat und Kirche in Frankreich. In: Robbers, Gerhard (Hrsg.): Staat und Kirche in der Europäischen Union. Baden-Baden 1995, S. 127 ff.

Bebel, August: Die Sonntags-Arbeit. Berlin 1888.

Beinert, Wolfgang: Der Sonntagsgottesdienst. Essen 1978.

Benda, Ernst: Probleme der industriellen Sonntagsarbeit. Baden-Baden 1990.

Berlepsch, Hans-Jörg von: „Neuer Kurs" im Kaiserreich? Die Arbeiterpolitik des Freiherrn von Berlepsch 1890 bis 1896. Bonn 1987.

Bethge, Herbert, in: Josef Isensee und Paul Kirchhof (Hrsg.): Handbuch des Staatsrechts, Bd. VI. Heidelberg 1989.

Bibel nach der Übersetzung Martin Luthers, revidierte Fassung von 1984. Stuttgart 1985.

Bijsterveld, Sophie van: Staat und Kirche in den Niederlanden. In: Robbers, Gerhard (Hrsg.): Staat und Kirche in der Europäischen Union. Baden-Baden 1995, S. 233 ff.

Blum, Nikolaus: Die Gedanken-, Gewissens- und Religionsfreiheit nach Art. 9 der Europäischen Menschenrechtskonvention. Berlin 1990.

Blomeyer, Arwed: Gesetzesprivilegien im Vertragsrecht. In: JZ 1954, S. 309 ff.

Bolay, Martin, Albrecht Eisenreich und Markus Isele: Arbeitsförderung SGB III. Baden-Baden 2002.

Böckenförde, Ernst-Wolfgang: Das Grundrecht der Gewissensfreiheit. In: VVDStRL Bd. 28, 1970, S. 33 ff.

Böckenförde, Ernst-Wolfgang: „Kopftuchstreit" auf dem richtigen Weg? In: NJW 2001, S. 723 ff.

Brecht, Johann Viktor: Neues evangelisches Kirchenrecht für Preußen. Berlin 1922.

Brockhaus Enzyklopädie. Leipzig und Mannheim 1996.

Brockhaus Enzyklopädie. Leipzig und Mannheim 2002.

Bubeck, Thomas, und Philipp Schneider: Arbeitsförderungsrecht. Freiburg 1990.

Burtscheidt, Franz: Der Sonn- und Feiertagsschutz nach der Reichsverfassung vom 11. August 1919. Diss. Köln 1932.

Busch, Bernhard: Das Verhältnis des Art. 80 Abs. 1 S. 2 GG zum Gesetzes- und Parlamentsvorbehalt. Berlin 1992.

Buschmann, Rudolf: Arbeitszeitrechtsgesetz, 2. Aufl. Köln 1994.

Campenhausen, Axel Freiherr von: Staat und Kirche in Frankreich. Göttingen 1962.

Campenhausen, Axel Freiherr von: Offene Fragen im Verhältnis von Staat und Kirche am Ende des 20. Jahrhunderts. In: Heiner Marré (Hrsg.): Essener Gespräche, Bd. 34. Münster 2000, S. 105 ff.

Campenhausen, Axel Freiherr von: Handbuch des Staatsrechts. In: Josef Isensee und Paul Kirchhof (Hrsg.). Heidelberg 1989.

Campenhausen, Axel Freiherr von: Handbuch des Staatskirchenrechts (HStKirchR). München 1996.

Campenhausen, Axel Freiherr von: Handbuch des Staatskirchenrechts (HStKirchR). München 2006.

Campenhausen, Axel Freiherr von, in: Hermann von Mangoldt und Friedrich Klein: Grundgesetz. München 1999.

Canas, Vitalino: Staat und Kirche in Portugal. In: Gerhard Robbers (Hrsg.): Staat und Kirche in der Europäischen Union. Baden-Baden 1995, S. 281 ff.

Casey, James: Staat und Kirche in Irland. In: Gerhard Robbers (Hrsg.): Staat und Kirche in der Europäischen Union. Baden-Baden 1995, S.164 ff.

Conring, Hans-Tjabert: Korporative Religionsfreiheit in Europa. Diss. Marburg. Frankfurt am Main 1998.

Däubler, Wolfgang: Sonntagsarbeit aus technischen und wirtschaftlichen Gründen. In: DB 1988, Beilage 7, S. 1 ff.

Deutscher Bundestag (Hrsg.): Der Parlamentarische Rat 1948–1949, Protokolle. Bonn 2003.

Diederichsen, Uwe: Gewissensnot als Schuldbefreiungsgrund. In: Hans-Martin Pawlowski und Franz Wieacker (Hrsg.): Festschrift für Karl Michaelis. Göttingen 1972.

Dieterich, Thomas: Erfurter Kommentar zum Arbeitsrecht. München 2004.

Dirksen, Gebhard: Das Feiertagsrecht. Diss. Göttingen 1961.

Dreier, Horst: GG-Kommentar, 2. Aufl. Tübingen 2004.

Dübeck, Inger: Staat und Kirche in Dänemark. In: Gerhard Robbers (Hrsg.): Staat und Kirche in der Europäischen Union. Baden-Baden 1995, S. 39 ff.

Dürig, Günter, in: Theodor Maunz, Günter Dürig und Roman Herzog: Kommentar zum Grundgesetz. München 1998.

Ehrlich, Ernst Ludwig: Kultsymbolik im Alten Testament und im nachbiblischen Judentum. Stuttgart 1959.

Ehrke, Hansjörg: Kleines Lexikon der Kirchen in Deutschland. Karlsruhe 2003.

Engelken, Klaas: Schulgesetzregelung der Länder zum Kopftuch. Winterbach 2004.

Ennuschat, Jörg: „Gott" und Grundgesetz. In: NJW 1998, S. 953 ff.

Erlenkämper, Arnold, und Wolfgang Fichte: Sozialrecht. München 2003.

Essen, Georg: Der „Präambelgott" – Verfassungsanker oder Verfassungsstörer? In: KuR 110, S. 143 ff.

Feller, Hans: Sonn- und Feiertage im Recht von Staat und Kirche. Frankfurt am Main1990.

Ferrari, Silvio: Staat und Kirche in Italien. In: Robbers, Gerhard (Hrsg.): Staat und Kirche in der Europäischen Union. Baden-Baden 1995, S. 185 ff.

Fock, Michael, in: Arnold Erlenkämper und Wolfgang Fichte: Sozialrecht. München 2003, S. 758.

Frey, Martin: Konflikt um den Sonntag. Köln 1989.

Freytagh-Loringhoven, Axel Freiherr von: Die Weimarer Verfassung in Lehre und Wirklichkeit. Breslau 1924.

Gagel, Alexander: SGB III Arbeitsförderung. München 2003.

Gebhard, Ludwig: Handkommentar zur Verfassung des Deutschen Reichs vom 11. August 1919. München 1932.

Gemeinsame Erklärung der Deutschen Bischofskonferenz und des Rates der Evangelischen Kirche in Deutschland: „Unsere Verantwortung für den Sonntag" vom 25. Januar 1988. EKD-Texte, Nr. 22. Hannover 1988.

Generalkonferenz der Siebenten-Tags-Adventisten (Hrsg.): Was Adventisten glauben. Lüneburg 1996.

Giese, Friedrich: Die Verfassung des Deutschen Reiches. Berlin 1925.

Gitter, Wolfgang, und Jochen Schmitt: Sozialrecht. München 2001.

Görisch, Christoph: Staatskirchenrecht am Ende? In: NVwZ 2001, S. 885 ff.

Gottwald, Peter, in: Kurt Rebmann (Hrsg.): Münchner Kommentar zum BGB, Bd. 2a, 4. Aufl. München 2003.

Grube, Andreas: Der Sonntag und die kirchlichen Feiertage zwischen Gefährdung und Bewährung. Frankfurt 2003.

Guardini, Romano: Der Sonntag gestern, heute und immer. Mainz 1992.

Häberle, Peter: Feiertagsgarantien als kulturelle Identitätselemente des Verfassungsstaats. Berlin 1987.

Häberle, Peter: Der Sonntag als Verfassungsprinzip. Berlin 1988.

Häberle, Peter: Kulturverfassungsrecht im Bundesstaat. Wien 1980.

Habschied, Walter: Arbeitsverweigerung aus Glaubens- und Gewissensnot? In: JZ 1964, S. 248 ff.

Hauth, Rüdiger: Adventisten. Evangelischer Presseverband von Bayern, 3. Auflage. München 1994.

Heckmann, Friedrich: Arbeitszeit und Sonntagsruhe. Stellungnahmen zur Sonntagsarbeit als Beitrag kirchlicher Sozialkritik im 19. Jahrhundert. Essen 1986.

Heikkila, Markku: Staat und Kirche in Finnland. In: Gerhard Robbers (Hrsg.): Staat und Kirche in der Europäischen Union. Baden-Baden 1995, S. 303 ff.

Heilfron, Eduard: Die Deutsche Nationalversammlung im Jahre 1919/20. Berlin 1921.

Heine, Peter: Kulturknigge für Nichtmuslime. Freiburg 1999.

Heine, Peter: Halbmond über deutschen Dächern, Muslimisches Beten in unserem Land. München und Leipzig 1997.

Heinemann, Jan: Grundgesetzliche Vorgaben bei der staatlichen Anerkennung von Feiertagen. Diss. Düsseldorf 2003.

Heinig, Michael: Art. 13 EGV und die kooperative Religionsfreiheit nach dem Grundgesetz. In: Michael Heinig (Hrsg.): Religion und Weltanschauung im säkularen Staat. Stuttgart 2001, S. 215 ff.

Heintzen, Markus: Die Kirchen im Recht der Europäischen Union. In: Josef Isensee, Wilhelm Rees und Wolfgang Rüfner (Hrsg.): Dem Staate, was des Staates – der Kirche, was der Kirche ist. Festschrift für Joseph Listl zum 70. Geburtstag. Berlin 1999, S. 29 ff.

Hemmrich, Ulfried, in: Ingo von Münch und Philip Kunig (Hrsg.): Kommentar zum Grundgesetz, 5. Auflage. München 2003.

Hennig, Werner: Handbuch des europäischen Arbeits- und Sozialrechts. München 2002.

Herzog, Roman, in: Theodor Maunz, Günter Dürig und Roman Herzog (Hrsg.): Kommentar zum Grundgesetz. München 1996.

Herzog, Roman, in: Theodor Maunz, Günter Dürig und Roman Herzog (Hrsg.): Kommentar zum Grundgesetz. München 2001.

Herzog, Roman, in: Roman Herzog, Matthias Herdegen, Hans Klein und Rupert Scholz (Hrsg.): Kommentar zum Grundgesetz. München 2006.

Hesse, Konrad: Grundzüge des Verfassungsrechts der Bundesrepublik Deutschland, 20. Aufl. Heidelberg 1995.

Heubach, Joachim: Sonn- und Feiertage. In: Roman Herzog (Hrsg.): Evangelisches Staatslexikon, 3. Aufl. Stuttgart 1987, S. 3147 ff.

Höfling, Wolfram: Vertragsfreiheit. Eine grundrechtsdogmatische Studie. Heidelberg 1991.

Hoeren, Thomas, und Andreas Mattner: Feiertagsgesetze der Bundesländer. Synoptischer Kommentar. Köln 1989.

Hollerbach, Alexander: Religion und Kirche im freiheitlichen Verfassungsstaat. Bemerkungen zur Situation des deutschen Staatskirchenrechts im europäischen Kontext. Schriftenreihe der Juristischen Gesellschaft zu Berlin, Nr. 156. Berlin und New York 1998.

Hornby, Helen: Lights of Guidance. Neu Delhi 1988.

Hromadka, Wolfgang: Das Leistungsbestimmungsrecht des Arbeitsgebers. In: DB 1995, S. 1609 ff.

Huber, Hans: Geist und Buchstabe der Sonntagsruhe. Studia theologiae moralis et pastoralis. Salzburg 1958.

Huber, Ernst Rudolph: Deutsche Verfassungsgeschichte. Stuttgart: Band I (1957), Band III (1988).

Huber, Ernst Rudolph und Wolfgang: Staat und Kirche im 19. und 20. Jahrhundert. Berlin 1973–1995.

Hughes, Thomas Patrick: Lexikon des Islam. Dreieich 1995.

Hummel, Liljegren: Zumutbare Arbeit. Berlin 1981.

Iban, Ivan: Staat und Kirche in Spanien. In: Gerhard Robbers (Hrsg.): Staat und Kirche in der Europäischen Union. Baden-Baden 1995, S. 104 ff.

Ipsen, Jörn: Staatsrecht II, 2. Aufl. Neuwied 2003.

Irmischer, Johann K.: Staats- und Kirchenverordnungen über die christliche Sonntagsfeier. Erste Abteilung: Von Constantin dem Großen bis zum Trientiner Concilium. Zweite Abteilung: Von den Zeiten der Reformation bis auf unsere Tage. Berlin 1839.

Isensee, Josef: Die Zukunftsfähigkeit des deutschen Staatskirchenrechts. In: Josef Isensee, Wilhelm Rees und Wolfgang Rüfner (Hrsg.): Dem Staate, was des Staates – der Kirche, was der Kirche ist. Festschrift für Joseph Listl zum 70. Geburtstag. Berlin 1999, S. 72 ff.

Jane, Heribert: Gesetzbuch der lateinischen Kirche, 2. Aufl. Heidelberg 1952.

Junker, Abbo: Brennpunkte des Arbeitszeitgesetzes. In: ZfA 1998, S. 105 ff.

Kahleyss, Margot: Muslime in Brandenburg, Kriegsgefangene im 1. Weltkrieg. Ansichten und Absichten. Veröffentlichungen des Museums für Völkerkunde. Neue Folge 66. Berlin 1998.

Kaisenberg, Georg: Art. 139 – Feiertagsschutz. In: Hans Carl Nipperdey (Hrsg.): Die Grundrechte und Grundpflichten der Reichsverfassung, Bd. 2. Berlin und Mannheim 1930.

Kappus, Matthias: Wirtschaftliche und technische Notwendigkeiten als Ausnahme vom gewerblichen Verbot der Sonntagsarbeit. Böblingen 1987.

Kästner, Karl-Hermann: Die „zweiten“ Feiertage als politische Manövriermasse? In: NVwZ 1993, S. 148 ff.

Kästner, Karl-Hermann: Der Sonntag und die kirchlichen Feiertage. In: Joseph Liste und Dietrich Person (Hrsg.): Handbuch des Staatskirchenrechts der Bundesrepublik Deutschland, Band II, 2. Aufl. Berlin 1995, S. 337 ff.

Kienner, Christina, Christiane Ochs und Hanmut Seifen: Deregulierung im Arbeitszeitrecht: Lockerung des Sonntagsarbeitsverbots. WSI-Mitteilungen. Frankfurt 1997, S. 582 ff.

Kim, Sangdai: Zunehmende Wochenendarbeit in industriellen Bereichen in der Bundesrepublik. Diss. Frankfurt am Main 1991.

Kirchenamt der EKD und Sekretariat der Deutschen Bischofskonferenz: „Zum Verhältnis von Staat und Kirche im Blick auf die Europäische Union". Gemeinsame Stellungnahme zu Fragen des europäischen Einigungsprozesses (Gemeinsame Texte 4). Hannover und Bonn 1995.

Kirchenamt EKD und Sekretariat der Deutschen Bischofkonferenz (Hrsg.): Für eine Zukunft in Solidarität und Gerechtigkeit. 15. 11. 1999. Hannover und Bonn 1999.

Kissel, Otto Rudolf: Gerichtsverfassungsgesetz. Kommentar, 3. Auflage. München 2001.

Kissel, Otto Rudolf: Arbeitswelt und Meinungsfreiheit. In: NZA 1988, S. 145ff.

Kitáb-i aqdas, das heiligste Buch. Hofheim: Bahá'i-Verlag 2000.

Klein, Friedrich, in: Hermann von Mangoldt und Friedrich Klein (Hrsg.): Grundgesetzkommentar. München 1999.

Konzen, Horst, und Hans Heinrich Rupp: Gewissenskonflikte im Arbeitsverhältnis. Berlin 1990.

Koran. Übersetzung von Adel Theodor Khoury und Muhammed Salim Abdullah, 3. Auflage. Gütersloh 2001.

Korioth, Stefan, in: Theodor Maunz, Günter Dürig und Roman Herzog: Kommentar zum Grundgesetz. München 1996

Krings, Günter: Von strikter Trennung zu wohlwollender Neutralität. In: ZevKR 2000, S. 505 ff.

Kuhr, Helmut: Die Sonntagsruhe im Arbeitszeitgesetz aus verfassungsrechtlicher Sicht. In: DB 1994, S. 2186 ff.

Kunig, Philip: Der Schutz des Sonntags im verfassungsrechtlichen Wandel. Berlin 1989.

Kunig, Philip, in: Ingo von Münch und Philip Kunig (Hrsg.): Kommentar zum Grundgesetz, 3. Aufl. München 1996.

Kunze, Thomas: Zur Dogmatik des wichtigen Grundes im Sperrzeitrecht. In: VSSR 1997, S. 259 ff.

Landé, Walter: Religionsunterricht. Leipzig 1929.

Landé, Walter: Aktenstücke zum Reichsvolksschulgesetz. Leipzig 1928.

Lecheler, Helmut: Ansätze zu einem „Unions-Kirchen-Recht“ in der Europäischen Union? In: Josef Isensee (Hrsg.): Freiheit und Eigentum. Festschrift für Walter Leisner zum 70. Geburtstag. Berlin 1999, S. 39 ff.

Leggewie, Claus, Angela Joost und Stefan Rech: Der Weg zur Moschee. Eine Handreichung für die Praxis. Bad Homburg von der Höhe 2002.

Lemmen, Thomas: Muslime in Deutschland – eine Herausforderung für Kirche und Gesellschaft. Baden-Baden 2001.

Lenz, Carl Otto, und Klaus Dieter Borchardt: EU- und EG-Vertrag. Kommentar, 3. Aufl. Köln 2003.

Leßmann, Jochen: Die Grenzen des arbeitgeberseitigen Direktionsrechts. In: DB 1992, S. 1137 ff.

Leve, Manfred, Eckhard Stothfang und Heino Arnold: Arbeitsförderungsgesetz Kommentar. Baden-Baden 1996.

Link, Christoph: Staat und Kirche im Rahmen des europäischen Einigungsprozesses. In: ZevKR 42, 1997, S. 123 ff.

Listl, Joseph, und Dietrich Person: Handbuch des Staatskirchenrechts der Bundesrepublik Deutschland, Band II, 2. Aufl. Berlin 1995.

Loritz, Karl-Georg: Möglichkeiten und Grenzen der Sonntagsarbeit. Stuttgart 1989.

Lübbe, Hermann: Das Christentum, die Kirche und die europäische Einigung. In: Heiner Marré (Hrsg.): Essener Gespräche, Bd. 31. Münster 1997, S. 107 ff.

Lücke, Jörg: Die (Un-) Zumutbarkeit als allgemeine Grenze öffentlich-rechtlicher Pflichten des Bürgers. Berlin 1973.

Mager, Ute, in: Ingo von Münch und Philip Kunig (Hrsg.): Kommentar zum Grundgesetz, 3. Aufl. München 1996.

Mangoldt, Hermann von, in: Hermann von Mangoldt und Friedrich Klein: Das Bonner Grundgesetz. München: Bd. 14 (3. Aufl. 1996), Bd. 1 (4. Aufl. 1999).

Mattner, Andreas: Sonn- und Feiertagsrecht, 2. Aufl. Köln 1991.

Maunz, Theodor, in: Theodor Maunz, Günter Dürig und Roman Herzog: Kommentar zum Grundgesetz, Bd. 1. München 1998.

Mayer, Reinhold: Der Talmud. Auswahl, Übersetzung, Erläuterung. München 1999.

McClean, David: Staat und Kirche im Vereinigten Königreich. In: Gerhard Robbers (Hrsg.): Staat und Kirche in der Europäischen Union. Baden-Baden 1995, S. 333 ff.

Microsoft Europäische Union (EU): Microsoft Encarta Enzyklopädie. 1993 bis 2003. CD-Rom. Reading, USA, Microsoft Encarta Corp. 2003.

Mitteilungsblatt der Deutschen Post AG, Nr. 38 vom 19. 06. 1997.

Morlok, Martin, und Hans Michael Heinig: Feiertag! Freier Tag? Die Garantie des Sonn- und Feiertagsschutzes als subjektives Recht im Lichte des Art. 139 WRV. In: NVwZ 2001, S. 846–851.

Morlok, Martin, in: Horst Dreier (Hrsg.): Grundgesetzkommentar, 2. Aufl. Tübingen 2004.

Mörsdorf, Klaus: Lehrbuch des Kirchenrechts auf Grund des Codex Juris Cononici, Bd. 2, 11. Aufl. Paderborn 1967.

Muckel, Stefan, in: Karl Heinrich Friauf (Hrsg.): Berliner Kommentar zum Grundgesetz. Berlin 2002.

Muckel, Stefan: Religionsfreiheit für Muslime in Deutschland. In: Josef Isensee, Wilhelm Rees und Wolfgang Rüfner (Hrsg.): Dem Staate, was des Staates – der Kirche, was der Kirche ist. Festschrift für Joseph Listl zum 70. Geburtstag. Berlin 1999, S. 239 ff.

Muckel, Stefan: Muslimische Gemeinschaften als Körperschaften des öffentlichen Rechts. In: DÖV 48, 1995, S. 313 ff.

Muckel, Stefan: Streit um den muslimischen Gebetsruf – Der Ruf des Muezzin im Spannungsfeld von Religionsfreiheit und einfachem Recht. In: NWVbL, 1/1998, S. 1 ff.

Münch, Ingo von, und Philip Kunig (Hrsg.): Kommentar zum Grundgesetz, 3. Aufl. München 1996.

Murmann, Klaus: Die Arbeitszeit flexibler gestalten – gegen die starren Schemata. Der Arbeitgeber 1987, Heft l, S. 4 ff.

Musielak, Hans-Joachim: Kommentar zur Zivilprozessordnung mit Gerichtsverfassungsgesetz, 3. neubearbeitete Auflage. München 2002.

Neureither, Georg: Recht und Freiheit im Staatskirchenrecht. Dissertation Berlin 2002.

Niesel, Klaus: Arbeitsförderungsgesetz. Kommentar. München 1995.

Obermayer, Klaus, in: Rudolf Dolzer (Hrsg.): Bonner Kommentar zum Grundgesetz, zu Art. 140. Heidelberg 2002.

Pagels, Carsten: Schutz- und forderungsrechtliche Aspekte der Religionsfreiheit. Diss. Marburg. Frankfurt am Main 1999.

Pahlke, Armin: Sonn- und Feiertagsschutz als Verfassungsgut. In: Joseph Krautscheidt u.a. (Hrsg.): Essener Gespräche zum Thema Staat und Kirche, Bd. 24. Münster 1990, S. 53 ff.

Papastathis, Charalambos: Staat und Kirche in Griechenland. In: Gerhard Robbers (Hrsg.): Staat und Kirche in der Europäischen Union. Baden-Baden 1995, S. 79 ff.

Pas, Nikolaus van der: Europa – Verschiedenheit als Identiät. In: Herbert-Quandt-Stiftung (Hrsg.): Interkulturelles Schulwissen und europäische Identität. Berlin 2003, S. 21 ff.

Pauly, Alexis: Staat und Kirche in Luxemburg. In: Gerhard Robbers (Hrsg.): Staat und Kirche in der Europäischen Union. Baden-Baden 1995, S. 211 ff.

Pernice, Ingolf: Europäisches und nationales Verfassungsrecht. In: VVDStRL, Bd. 60, 2001, S. 148 ff.

Pernice, Ingolf: Religionsrechtliche Aspekte im Europäischen Gemeinschaftsrecht. In: JZ 1977, S. 777 ff.

Pfeiffer, Gerd: Karlsruher Kommentar zur Strafprozessordnung und zum Gerichtsverfassungsgesetz mit Einführungsgesetz, 5. neub. Aufl. München 2003.

Pieroth, Bodo, und Thorsten Kingreen: Das Verbot von Religions- und Weltanschauungsgemeinschaften. In: NVwZ 2001, S. 841 ff.

Pirson, Dietrich: Sonn- und Feiertage. In: Roman Herzog (Hrsg.): Evangelisches Staatslexikon, 2. Aufl. Stuttgart 1975, Sp. 3150 ff.

Plöchl, Willibald M.: Kirchliche Sonn- und Feiertagsgesetzgebung und Arbeitsruhe. In: Theo Mayer-Maly (Hrsg.): Festschrift für Hans Schmitz, Band 1. Wien 1967, S. 284 ff.

Potz, Richard: Staat und Kirche in Österreich. In: Gerhard Robbers (Hrsg.): Staat und Kirche in der Europäischen Union. Baden-Baden 1995, S. 251 ff.

Ratzinger, Joseph: Zum Sinn des Sonntags. Pastoralblatt für die Diözesen Aachen, Berlin, Essen, Hildesheim, Köln und Osnabrück. Bonn 1985, S. 258 ff.

Rebmann, Kurt (Hrsg.): Münchner Kommentar zum BGB, 2. Aufl. München, 1985.

Rebmann, Kurt (Hrsg.): Münchner Kommentar zum BGB, 4. Aufl. München 2003.

Religionsfreiheit. Amtliche Dokumente „Worte führender Männer“, 5. Auflage. Berlin 1935.

Rengeling, Hans-Werner: Anmerkung zu Prais/Rat. In: DÖV 1977, S. 409 ff.

Renck, Ludwig: Sonn- und Feiertagsschutz im bekenntnisneutralen Staat. In: Sebastian Dette u.a. (Hrsg.): Thüringer Verwaltungsblätter, Bd. 11. Stuttgart 1992–2006

Reuter, Dieter: Das Gewissen des Arbeitnehmers als Grenze des Direktionsrechts des Arbeitgebers. In: BB 1986, S. 385 ff.

Richardi, Reinhard: Der Sonn- und Feiertagsschutz im Arbeitsleben. In: Joseph Krautscheidt u.a. (Hrsg.): Essener Gespräche zum Thema Staat und Kirche, Bd. 24. Münster 1990, S. 117 ff.

Richardi, Reinhard: Grenzen industrieller Sonntagsarbeit. Bonn, 1988.

Richter, Dagmar: Relativierung universeller Menschenrechte durch Religionsfreiheit. In: Rainer Grote und Thilo Marauhn (Hrsg.): Religionsfreiheit zwischen individueller Selbstbestimmung, Minderheitsschutz und Staatskirchenrecht. Völker- und verfassungsrechtliche Perspektiven. Berlin und Heidelberg 2001.

Rittweger, Stephan: Das neue Recht der Arbeitsförderung. München 1998.

Robbers, Gerhard (Hrsg.): Staat und Kirche in der Europäischen Union. Baden-Baden 1995.

Robbers, Gerhard: Partner für die Einigung. Die Kirchenerklärung der Europäischen Union. Freiburg 1997.

Robbers, Gerhard: Das Verhältnis von Staat und Kirche in Europa. In: ZevKR 42, 1997, S. 177 ff.

Robbers, Gerhard: Europa und die Kirchen. In: Stimmen der Zeit 1998, S. 147 ff.

Robbers, Gerhard: Religionsfreiheit in Europa. In: Josef Isensee, Wilhelm Rees und Wolfgang Rüfner (Hrsg.): Dem Staate, was des Staates – der Kirche, was der Kirche ist. Festschrift für Joseph Listl zum 70. Geburtstag. Berlin 1999, S. 201 ff.

Roxin, Imme: Die Rechtsfolgen schwerwiegender Rechtsstaatverstöße in der Strafrechtspflege, 3. Auflage. München 2000.

Rüfner, Wolfgang: Die institutionelle Garantie der Sonn- und Feiertage. In: Karl-Hermann Kästner, Knut Wolfgang Nörr und Klaus Schlaich (Hrsg.): Festschrift für Martin Heckel. Tübingen 1999, S. 448 ff.

Rupp, Hans Heinrich: Verfassungsprobleme der Gewissensfreiheit. In: NVwZ 1991, S. 1033 ff.

Sacksofsky, Ute: Die Kopftuchentscheidung – von der religiösen zur föderalen Vielfalt. In: NJW 2003, S. 3297 ff.

Salice-Stephan, Christian: Zumutbarkeit. In: Microsoft Europäische Union (EU): Microsoft Encarta Enzyklopädie 2004.

Schatzschneider, Wolfgang: Sammlungsrecht und Freiheit der Religionsausübung. In: NJW 1980, S. 2118 ff.

Schliemann, Harald: Arbeitszeitgesetz. Kommentar mit Nebenrecht. Neuwied u.a. 2004.

Schnabel, Patrick Roger: Die Stellung der Kirchen im Verfassungsvertrag der EU. In: KuR 2003, S. 155 ff.

Schneider, Lothar, und Theodor Herr: Arbeit teilen – den Sonntag schützen. Berlin 1988.

Schoch, Dietrich: Sozialhilfe. München 1995.

Scholler, Heinrich: Die Grundrechtsdiskussion in der Paulskirche. Darmstadt 1982.

Schött, Robert: Staat und Kirche in Schweden. In: Gerhard Robbers (Hrsg.): Staat und Kirche in der Europäischen Union. Baden-Baden 1995, S. 319 ff.

Schulze-Fielitz, Helmuth, in: Horst Dreier (Hrsg.): GG-Kommentar, Bd. 3. Tübingen 2000.

Seiters, Rudolf: Die Aufgaben europäischer Politik in den neunziger Jahren. Kirche und Gesellschaft 187. Köln 1992.

Siebenten-Tags-Adventisten: Auf einen Blick. Gemeinschaft der Siebenten-Tags-Adventisten (Hrsg.). Hamburg 2006.

Söllner, Alfred, in: Kurt Rebmann (Hrsg.): Münchner Kommentar zum BGB, 2. Aufl. München 1985.

Soergel, Hans Thomas, und Manfred Wolf: Kommentar zum BGB. Stuttgart 1999.

Solveen, Klaus: Die rechtlichen Grundlagen der Sonn- und Feiertagsarbeit in der Eisen- und Stahlindustrie. Diss. Köln 1962.

Spellbrink, Wolfgang, und Wolfgang Eicher: Kasseler Handbuch des Arbeitsförderungsrechts. München 2003.

Starck, Christian, in: Hermann von Mangoldt, Friedrich Klein und Christian Starck (Hrsg.): Grundgesetzkommentar. München 1999.

Starck, Christian, in: Hermann von Mangoldt, Friedrich Klein und Christian Starck (Hrsg.): Grundgesetzkommentar. München 2005.

Steiner, Udo: Der Grundrechtsschutz der Glaubens- und Gewissensfreiheit, Art. 4 I, II GG. In: JUS 1982, S. 157 ff.

Stern, Klaus: Staatsrecht III. München 1977.

Steinmeier, Horst, in: Alexander Gagel (Hrsg.): SGB III Arbeitsförderung. München 2003.

Stier-Somlo, Fritz: Die Verfassung des Deutschen Reichs vom 11. August 1919. Bonn 1919.

Stratz, Hans-Wolfgang: Sonn- und Feiertage. In: Ernst Friesenhahn, Ulrich Schluner und Joseph Listl (Hrsg.): Handbuch des Staatskirchenrechts der Bundesrepublik Deutschland, Bd. 11. Berlin 1975, S. 801 ff.

Suthaus, Christiane: Sonntagsarbeit aus wirtschaftlichen Gründen? Diss. Erlangen. Nürnberg 1997.

Talmud, übersetzt von Reinhold Mayer. München 1999.

Thüsing, Gregor: Vom Kopftuch als Angriff auf die Vertragsfreiheit. In: NJW 2003, S. 405 ff.

Toparkus, Karsten: Zumutbare Beschäftigung im Arbeitsförderungsrecht § 121 SGB III. Frankfurt am Main 1999.

Torfs, Rik: Staat und Kirche in Belgien. In: Gerhard Robbers (Hrsg.): Staat und Kirche in der Europäischen Union. Baden-Baden 1995, S. 15 ff.

Ullmann Angela, in: Deutscher Bundestag (Hrsg.): Findbuch zum Bestand „Parlamentarischer Rat". Bonn 2002.

Vachek, Marcel: Das Religionsrecht der EU im Spannungsfeld zwischen mitgliedstaatlichen Kompetenzreservaten und Art. 9 EMRK. Frankfurt am Main 2000.

Vignon, Jerome: Europa eine Seele geben. In: Ökumenische Vereinigung für Kirche und Gesellschaft (Hrsg.): Herausforderung für Europa, Versöhnung und Sinn. Brüssel 1996, S. 43 ff.

Voelzke, Thomas, in: Wolfgang Spellbrink, Wolfgang Eicher (Hrsg.): Kasseler Handbuch des Arbeitsförderungsrechts. München 2003, S. 868 ff.

Voit, Wolfgang, in: Hans-Joachim Musielak (Hrsg.): Kommentar zur Zivilprozessordnung mit Gerichtsverfassungsgesetz, 3. neubearbeitete Aufl. München 2002.

Weber, Alfred: Die Entwicklung der deutschen Arbeiterschutzgesetzgebung seit 1890. In: Gustav von Schmoller (Hrsg.): Jahrbuch für Gesetzgebung, Verwaltung und Volkswirtschaft im Deutschen Reich, Bd. 21. Leipzig 1897, S. 1145 ff.

Winkler, Ute, in: Alexander Gagel (Hrsg.): SGB III Arbeitsförderung. München 2003.

Winter, Jörg: Die Kopftuchentscheidung – Das Bundesverfassungsgerichtsurteil in der öffentlichen Debatte. In: KuR 2003, S. 129 ff.

Winter, Jörg: Das Verhältnis von Staat und Kirche als Ausdruck der kulturellen Identität der Mitgliedstaaten der EU. In: Joachim Bohnert (Hrsg.): Verfassung – Philosophie – Kirche. Festschrift für Alexander Hollerbach. Berlin 2001a, S. 893 ff.

Winter, Jörg: Staatskirchenrecht der Bundesrepublik Deutschland. Neuwied u.a. 2001b.

Winter, Jörg: Zum rechtlichen Schutz von Sonn- und Feiertagen. In: KuR 160, S. 1 ff.

Yonan, Gabriele: Die Zeugen Jehovas in Deutschland. Bemühungen einer Religionsgemeinschaft um Anerkennung. In: Gerhard Besier und Erwin K. Schenk (Hrsg.): Die neuen Inquisitoren. Osnabrück 1999, S. 486 ff.

Zaragoza, Frederico Mayor: Zwischen Konflikt und Convivencia. In: Interkulturelles Schulwissen und europäische Identität. Berlin 2003, S. 14 ff.

Ziegler, Wilhelm: Die Deutsche Nationalversammlung. Berlin 1932.

Zippelius, Reinhold, in: Rudolph Dolzer (Hrsg.): Bonner Kommentar zum Grundgesetz. Heidelberg 2002.

Zmarzlik, Johannes, und Rudolf Anzinger: Kommentar zum Arbeitszeitgesetz. Heidelberg 1995.

Dokumente, Zeitungen und Zeitschriften

Amtsblatt der Europäischen Gemeinschaften. Brüssel u.a. 1994

Arbeitsrechtliche Praxis (AP). Alfred Hueck u.a. (Hrsg.). München 1950–2006.

Arbeitsrecht in Stichworten (ARSt). Alexander Krebs (Hrsg.). Bad Homburg und Berlin 1966–1996.

Arbeit und Recht (AuR). Deutscher Gewerkschaftsbund (Hrsg.). Köln-Deutz, 1953–2006.

Bayerische Verwaltungsblätter (BayVBl). Hans Angerer u.a. (Hrsg.). München 1955–2006.

Betriebsberater (BB). Hermann Heimerich u.a. (Hrsg.). Heidelberg 1946–2006.

Betrieb, Der (DB). Friedrich Vogel (Hrsg.). Düsseldorf, Frankfurt am Main, 1951–2006.

Deutsches Verwaltungsblatt (DVBl). Kurt Blaum (Hrsg.). Köln und Berlin, 1950–2006.

Entscheidungen des Bundesarbeitsgerichtes (BAGE). Herausgegeben von den Mitgliedern des Gerichtshofes. Berlin u.a. 1955–2006.

Entscheidungen des Bundesgerichtshofes in Strafsachen (BGHSt), Herausgegeben von den Mitgliedern des Bundesgerichtshofes und der Bundesanwaltschaft, Köln u.a. 1950–2006.

Entscheidungen des Bundesgerichtshofes in Zivilsachen (BGHZ). Herausgegeben von des Mitgliedern des Bundesgerichtshofes und der Bundesanwaltschaft. Köln u.a. 1951–2006.

Entscheidungen des Bundesverfassungsgerichtes (BVerfGE). Herausgegeben von den Mitgliedern des Bundesverfassungsgerichtes. Tübingen 1952–2006.

Entscheidungen des Bundesverwaltungsgerichtes (BVerwGE). Herausgegeben von den Mitgliedern des Gerichtes. Berlin 1955–2006.

Entscheidungen in Kirchensachen (KirchE). Carl Joseph Hering u.a. Berlin 1946–2006.

Europäische Grundrechtszeitung (EUGRZ). Norbert Paul Engel (Hrsg.). Kehl am Rhein 1974–2006.

Focus. Helmut Markwort (Hrsg.). München 2005.

Juristenzeitung (JZ). Herbert Roth, Christian Starck, Rolf Stürner und Joachim Vogel (Hrsg.). Tübingen 1951–2006.

Juristische Schulung (JUS). Christoph Knauer, Georg Neureither und Klaus-Peter Schroeder (Hrsg.). München und Frankfurt am Main 1961–2006.

Kirche und Recht (KuR). Guido Amend, Jörg Winter u.a. (Hrsg.). Neuwied 1995–2006.

Monatsschrift des Deutschen Rechts (MDR). Rolf Alpes u.a. (Hrsg.). Köln und Hamburg 1947–2006.

Neue Juristische Wochenschrift (NJW). Alfred Flemming u.a. München und Frankfurt am Main 1947–2006.

Neue Zeitschrift für Arbeitsrecht (NZA). Klaus Schmidt, Hans Spiegelhalter, und Achim Schunder (Hrsg.). München und Frankfurt am Main 1988–2006.

Neue Zeitschrift für Verwaltungsrecht (NVwZ). Achim Schunder und Christiane Prause (Hrsg.). München und Frankfurt am Main 1982–2006.

Öffentliche Verwaltung (DÖV) Heinrich Siedentopf u.a. (Hrsg.). Stuttgart 1948–2006.

Recht der Arbeit (RdA). Klaus Bepler und Rolf Dietz u.a. (Hrsg.). München und Berlin 1948–2006.

Sammlung arbeitsrechtlicher Entscheidungen (SAE). Bundesvereinigung der Deutschen Arbeitgeberverbände (Hrsg.). Reinhard Göhner u.a. (Schriftleitung). Düsseldorf 1952–2006.

Spiegel. Rudolph Augstein und Stefan Aust (Hrsg.). Hamburg 2005.

Stuttgarter Zeitung (SZ). Peter Christ (Chefredakteur). Stuttgart 2005.

Unser Königreichdienst. Zeugen Jehovas (Hrsg.). Selters am Taunus 2004.

Veröffentlichungen der Vereinigung der Deutschen Staatsrechtslehrer (VVDStRL). Friedhelm Hufen (Hrsg.). Berlin 1951–2006.

Vierteljahresschrift für Sozialrecht (VSSR). Winfried Boecken und Rainer Pitschas (Hrsg.). Köln u.a. 1973–2006.

Wachtturm. Zeugen Jehovas (Hrsg.). Selters am Taunus 2003.

WSI – Mitteilungen, Zeitschrift des Wirtschafts- und Sozialwissenschaftlichen Instituts des Deutschen Gewerkschaftsbundes (WSI). Hans-Böckler-Stiftung (Hrsg.). Heide Pfarr u.a. (Schriftl.). Frankfurt am Main 1972–1997.

Zeitschrift für Arbeitsrecht (ZfA). Günter Bensinger u.a. (Hrsg.). Köln u.a. 1970–2006.

Zeitschrift für Beamtenrecht (ZBR). Matthias Pechstein und Rudolf Summer (Hrsg.). Stuttgart und Köln 1954–2006.

Zeitschrift für evangelisches Kirchenrecht (ZevKR). Axel Freiherr von Campenhausen (Hrsg.). Tübingen 1951–1997.

Verwendete Abkürzungen

a.A.	anderer Ansicht
Abl.	Amtsblatt
Abs.	Absatz
ACK	Arbeitsgemeinschaft Christlicher Kirchen in Deutschland
a.F.	alte Fassung
AFG	Arbeitsförderungsgesetz
AFRG	Arbeitsförderungs-Reformgesetz
AG	Amtsgericht
ÄndG	Änderungsgesetz
Anm.	Anmerkungen
AP	Arbeitsrechtliche Praxis
ArbG	Arbeitsgericht
ARSt.	Arbeitsrecht in Stichworten
Art.	Artikel
ASchO	Allgemeine Schulordnung
Aufl.	Auflage
AuR	Arbeit und Recht
BAG	Bundesarbeitsgericht
BAGE	Entscheidungen des Bundesarbeitsgerichts
BayEuroAnpG	Bayerisches Europa-Anpassungsgesetz
BayVBl	Bayerische Verwaltungsblätter
BayVerfGH	Bayerischer Verfassungsgerichtshof
BB	Betriebsberater
Bd.	Band
Bearb.	Bearbeitung
Bek	Bekanntmachung
BerlVerfGH	Berliner Verfassungsgerichtshof
betr.	betrifft
BGB	Bürgerliches Gesetzbuch
BGBl	Bundesgesetzblatt
BGH	Bundesgerichtshof
BGHSt.	Entscheidungen des Bundesgerichtshofes in Strafsachen
BGHZ	Entscheidungen des Bundesgerichtshofes in Zivilsachen
BK	Bonner Kommentar
Bl.	Blatt
BSHG	Bundessozialhilfegesetz
BSG	Bundessozialgericht
BT-Druck	Bundestagsdrucksache
BVerfG	Bundesverfassungsgericht

BVerfGE	Entscheidungen des Bundesverfassungsgesetzes
BVerfGG	Bundesverfassungsgerichtsgesetz
BVerwG	Bundesverwaltungsgericht
BVerwGE	Entscheidungen des Bundesverwaltungsgerichts
bzgl.	bezüglich
bzw.	beziehungsweise
ca.	circa
d.h.	das heißt
DB	Der Betrieb
Diss.	Dissertation
DÖV	Die öffentliche Verwaltung (Zeitschrift)
Dr.	Doktor
DVBl	Deutsches Verwaltungsblatt
EG	Europäische Gemeinschaft
EGMR	Europäischer Gerichtshof für Menschenrechte
EGV	Vertrag über die Europäische Gemeinschaft
Einl.	Einleitung
EKD	Evangelische Kirche in Deutschland
EMRK	Europäische Menschenrechtskonvention
ErfK	Erfurter Kommentar
ErklMR	Erklärung der Menschenrechte
EU	Europäische Union
EUGH	Europäischer Gerichtshof
EuGRZ	Europäische Grundrechtezeitung
e.V.	eingetragener Verein
EUV	Vertrag über die Europäische Union
EWG	Europäische Wirtschaftsgemeinschaft
f.	folgende
FAZ	Frankfurter Allgemeine Zeitung
FTG	Feiertagsgesetz
ff.	fortfolgende
GBl.	Gesetzblatt
GewO	Gewerbeordnung
GG	Grundgesetz
GVBl	Gesetz- und Verordnungsblatt
GVNRW	Gesetz- und Verordnungsblatt des Landes Nordrhein-Westfalen
h.L.	herrschende Lehre

h.M.	herrschende Meinung
HBStKirchR	Handbuch des Staatskirchenrechts
HdbStR	Handbuch des Staatskirchenrechts der Bundesrepublik Deutschland
HFeiertagsG	Hessisches Feiertagsgesetz
Hrsg.	Herausgeber
HStR	Handbuch des Staatsrechts
i.S.	im Sinne
i.V.	in Verbindung
i.V.m.	in Verbindung mit
i.w.S.	im weiteren Sinne
i.A.	im Auftrag
JUS	Juristische Schulung
JZ	Juristenzeitung
Kap.	Kapitel
KdöR	Körperschaft des öffentlichen Rechts
KirchE	Entscheidungen in Kirchensachen
KSchG	Kündigungsschutzgesetz
KuR	Kirche und Recht
KWMBl	Blätter des Ministeriums für Kultus und Wissenschaft Baden-Württemberg
LAG	Landesarbeitsgericht
LFtG	Landesfeiertagsgesetz
LG	Landgericht
LSG	Landessozialgericht
m.w.	mit weiteren
MDR	Monatsschrift des Deutschen Rechts
Nachw.	Nachweis
NdsGVBl	Niedersächsisches Gesetz- und Verordnungsblatt
NFeiertagsG	Niedersächsisches Feiertagsgesetz
NJW	Neue Juristische Wochenschrift
Nr.	Nummer
NRW	Nordrhein-Westfalen
NvwZ	Neue Zeitschrift für Verwaltungsrecht
NwVbL	Nordrhein-Westfälische Verwaltungsblätter
NZA	Neue Zeitschrift für Arbeitsrecht
OPD	Oberpostdirektion

ÖRK	Ökumenischer Rat der Kirche
OVG	Oberverwaltungsgericht
OVGNW	Oberverwaltungsgericht Nordrhein-Westfalen
RdA	Recht der Arbeit
Rdnr.	Randnummer
RS	Rechtssache
RVA	Reichsversicherungsamt
Rz	Randziffer
S.	Seite
SächsGVBl	Sächsisches Gesetz- und Verordnungsblatt
SächsFG	Sächsisches Feiertagsgesetz
SAE	Sammlung arbeitsrechtlicher Entscheidungen
SG	Sozialgericht
SGB	Sozialgesetzbuch
Slg.	Sammlung
sog.	sogenannt
SOZR	Sozialrecht
Sp	Spalte
StaatsR	Staatsrecht
StPO	Strafprozessordnung
SurlV	Sonderurlaubsverordnung
u.	und
v.	von
VBlBW	Verwaltungsblätter Baden-Württemberg
VGH	Verwaltungsgerichtshof
vs.	versus
VSSR	Vierteljahresschrift für Sozialrecht
VV	Verwaltungsverordnung
VVDStRL	Veröffentlichung der Vereinigung Deutscher Staatsrechtslehrer
WPfG	Wehrpflichtgesetz
WRV	Weimarer Reichsverfassung vom 11.08.1919
WSI	Zeitschrift des Wirtschafts- und Sozialwissenschaftlichen Instituts des Deutschen Gewerkschaftsbundes
ZBR	Zeitschrift für Beamtenrecht
ZevKR	Zeitschrift für evangelisches Kirchenrecht
ZfA	Zeitschrift für Arbeitsrecht
Ziff.	Ziffer
ZPO	Zivilprozessordnung

Friedensauer Schriftenreihe

Herausgegeben von Johann Gerhardt, Wolfgang Kabus,
Horst Rolly, Udo Worschech

Reihe B: Gesellschaftswissenschaften

Band 1 Ralph Tuchtenhagen: Religion als minderer Status. Die Reform der Gesetzgebung gegenüber religiösen Minderheiten in der verfaßten Gesellschaft des Russischen Reiches 1905 - 1917. 1995.

Band 2 Winfried Noack: Die NS-Ideologie. 1996.

Band 3 Horst Friedrich Rolly: Participatory Planning of Sustainable Development Projects. A Practical Guide for the Field Worker. 2001.

Band 4 Manfred Böttcher: Dialog und Zeugnis. Interkonfessionelle Kontakte und Konflikte einer Freikirche in der DDR. 2001.

Band 5 Horst Friedrich Rolly: Bildungsrecht und Bildungspraxis religiöser und linguistischer Minderheiten in Indien. 2002.

Band 6 Horst Friedrich Rolly: Die Modernisierung von Madrasas (Koranschulen) in Indien. 2002.

Band 7 Bernhard Oestreich (Hrsg.): Der Fremde. Interdisziplinäre Beiträge zu Aspekten von Fremdheit. 2003.

Band 8 Horst Friedrich Rolly: Mizoram. Land, Leute und nachhaltige Entwicklung. 2004.

Band 9 Manfred Böttcher: Gratwanderungen einer Freikirche im totalitären Regime. Die Gemeinschaft der Siebenten-Tags-Adventisten in der DDR von 1945 bis 1990. 2006.

Band 10 Uta Bäse: Verlassene Eltern – Wenn das eigene Kind zum Trebegänger geworden ist. 2006.

Band 11 Andreas M. Huber: Feiertagsschutz für Minderheiten. 2007.

www.peterlang.de

FSC
www.fsc.org
MIX
Papier | Fördert
gute Waldnutzung
FSC® C083411

Kolibri 360 GmbH
Ferdinand-Jühlke-Straße 7
99095 Erfurt, Deutschland
produktsicherheit@kolibri360.de

Druck:
CPI Druckdienstleistungen GmbH
im Auftrag der
Kolibri 360 GmbH
Ferdinand-Jühlke-Str. 7
99095 Erfurt